司法部法治建设与法学理论研究部级科研项目：《立法与实践：家事纠纷国家解决机制的近代变迁》（项目编号：20SFB2016）资助成果

上海政法学院学术文库

家事程序法研究

江　晨◎著

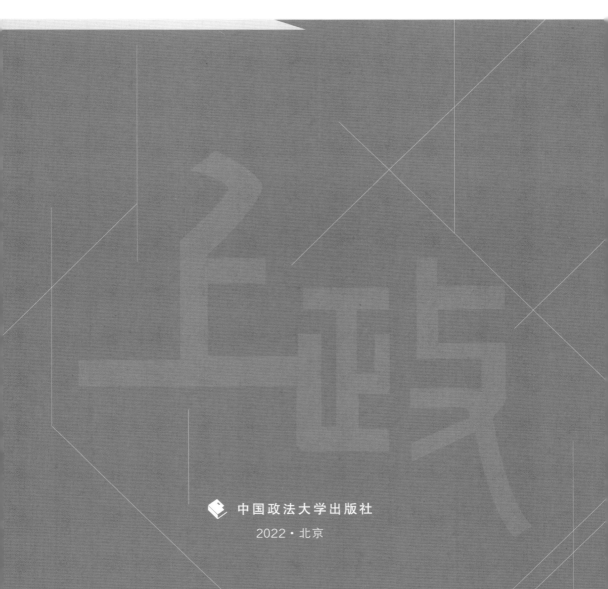

中国政法大学出版社

2022·北京

图书在版编目（ＣＩＰ）数据

家事程序法研究/江晨著. —北京：中国政法大学出版社，2022.6
ISBN 978-7-5764-0493-7

Ⅰ.①家… Ⅱ.①江… Ⅲ.①家庭问题－亲属法－研究－中国 Ⅳ.①D923.924

中国版本图书馆 CIP 数据核字(2022)第 100500 号

出 版 者	中国政法大学出版社
地　　址	北京市海淀区西土城路 25 号
邮寄地址	北京 100088 信箱 8034 分箱　邮编 100088
网　　址	http://www.cuplpress.com (网络实名：中国政法大学出版社)
电　　话	010-58908285(总编室) 58908433 (编辑部) 58908334(邮购部)
承　　印	固安华明印业有限公司
开　　本	720mm×960mm　1/16
印　　张	13.25
字　　数	220 千字
版　　次	2022 年 6 月第 1 版
印　　次	2022 年 6 月第 1 次印刷
定　　价	62.00 元

上海政法学院学术著作编审委员会

序

　　大学者，大学问也。唯有博大学问之追求，才不负大学之谓；唯有学问之厚实精深，方不负大师之名。学术研究作为大学与生俱来的功能，也是衡量大学办学成效的重要标准之一。上海政法学院自建校以来，以培养人才、服务社会为己任，坚持教学与科研并重，专业与学科并举，不断推进学术创新和学科发展，逐渐形成了自身的办学特色。

　　学科为学术之基。我校学科门类经历了一个从单一性向多科性发展的过程。法学作为我校优势学科，上海市一流学科、高原学科，积数十年之功，枝繁叶茂，先后建立了法学理论、行政法学、刑法学、监狱学、民商法学、国际法学、经济法学、环境与资源保护法学、诉讼法学等一批二级学科。2016 年获批法学一级学科硕士点，为法学学科建设的又一标志性成果，法学学科群日渐完备，学科特色日益彰显。以法学学科发端，历经数轮布局调整，又生政治学、社会学、经济学、管理学、文学、哲学，再生教育学、艺术学等诸学科，目前已形成以法学为主干，多学科协调发展的学科体系，学科布局日臻完善，学科交叉日趋活跃。正是学科的不断拓展与提升，为学术科研提供了重要的基础和支撑，促进了学术研究的兴旺与繁荣。

　　学术为学科之核。学校支持和鼓励教师特别是青年教师钻研学术，从事研究。如建立科研激励机制，资助学术著作出版，设立青年教师科研基金，创建创新性学科团队，等等。再者，学校积极服务国家战略和地方建设，先后获批建立了中国-上海合作组织国际司法交流合作培训基地、最高人民法院民四庭"一带一路"司法研究基地、司法部中国-上海合作组织法律服务委员会合作交流基地、上海市"一带一路"安全合作与中国海外利益保护协同创新中心、上海教育立法咨询与服务研究基地等，为学术研究提供了一系列重要平台。以这些平台为依托，以问题为导向，以学术资源优化整合为举措，涌现了一批学术骨干，取得了一批研究成果，亦促进了学科的不断发展与深化。在巩固传统学科优势的基础上，在国家安全、国际政治、国际司法、国际贸易、海洋法、人工智能法、教育法、体育法等领域开疆辟土，崭露头角，获得了一定的学术影响力和知名度。

学校坚持改革创新、开放包容、追求卓越之上政精神，形成了百舸争流、百花齐放之学术氛围，产生了一批又一批科研成果和学术精品，为人才培养、社会服务和文化传承与创新提供了有力的支撑。上者，高也。学术之高，在于挺立学术前沿，引领学术方向。"论天下之精微，理万物之是非"。潜心学术，孜孜以求，探索不止，才能产出精品力作，流传于世，惠及于民。政者，正也。学术之正，在于有正气，守正道。从事学术研究，需坚守大学使命，锤炼学术品格，胸怀天下，崇真向美，耐得住寂寞，守得住清贫，久久为功，方能有所成就。

好花还须绿叶扶。为了更好地推动学术创新和学术繁荣，展示上政学者的学术风采，促进上政学者的学术成长，我们特设立上海政法学院学术文库，旨在资助有学术价值、学术创新和学术积淀的学术著作公开出版，以褒作者，以飨读者。我们期望借助上海政法学院学术文库这一学术平台，引领上政学者在人类灿烂的知识宝库里探索奥秘、追求真理和实现梦想。

3000 年前有哲人说：头脑不是被填充的容器，而是需要被点燃的火把。那么，就让上海政法学院学术文库成为点燃上政人学术智慧的火种，让上政学术传统薪火相传，让上政精神通过一代一代学人从佘山脚下启程，走向中国，走向世界！

愿上海政法学院学术文库的光辉照亮上政人的学术之路！

上海政法学院校长　刘晓红

目 录 / CONTENTS

导　论

一、问题的提出

科学越发达，理论越深入，学科也就越是高度地分化，随着社会生活纷繁复杂、对司法审判不断提出的新诉求和新期待，以及民事诉讼法理的发达，民事诉讼程序的高度分化在所难免。婚姻、家庭、继承等家事案件在我国法院审理的民事案件中占比达到 1/3，这类案件有一个典型的共性特点，都涉及家庭身份关系要素。我国自 1982 年出台《中华人民共和国民事诉讼法（试行）》［以下简称《民事诉讼法（试行）》］以来，民事诉讼的程序规则总体是以财产关系纠纷为出发点设置的，运用的是私权自治、契约自由的基本逻辑，《中华人民共和国民事诉讼法》（以下简称《民事诉讼法》）经过数次修订，基本趋势是弱化超职权主义诉讼模式，强化当事人主义诉讼模式，当事人主义诉讼模式是以偶发的、理性的财产关系纠纷为案件基本模型的立法选择，过去几十年的有效运行证实了其时代合理性。由于没有专门适用于家事案件的特别诉讼法，目前法院审理家事案件适用的是《民事诉讼法》及其司法解释，其中关于身份关系纠纷的特殊规则只有少量条款散布其中，并未单独设立体系性的家事诉讼和家事非讼程序法。

家事案件虽然是平等私主体之间的民事权益纠纷，但它有着不同于一般民事财产关系案件的本质属性，这种本质属性是决定性的。例如，家事纠纷表面上是当事人之间的私益纷争，但关于未成年人利益、婚姻是否有效的判断涉及公共利益；家事案件当事人不能做理性经济人假设，相反，由于长期的共同生活，他们对纠纷如何解决充满了情感的判断和需求；家庭成员不仅仅是独立的人格人，同时也是家庭中的伦理身份人等。中国传统法律在婚姻家庭领域的影响最深、遗留最多，普通民众认同的家庭法律文化其实是偏向传统的，现代与传统之间的张力是造成目前家事司法审判诸多困境的一个潜在原因。用当前的民事诉讼程序规则审理具有伦理、公益属性的家事案件，已经出现了体系性危机。例如，家庭生活往往没有证据意识，而审理中因举证不能要承担败诉风险，此时的胜诉败诉判决基于的是法律真实，与实质真实可能有较大出入。再如，目前民事诉讼主要采用实体请求权识别诉讼标的，法官根据当事人的诉讼请求确定诉讼标的，即裁判的对象，既不能遗漏诉讼请求，也不能超越诉讼请求判决。而家事案件牵涉的纠纷往往是一个生活纠纷群，如果以单个诉讼标的作为审理对象，则相关纠纷会因既判力遮断而使当事人丧失了另诉权利，将损害对家事利益的保护。还有，目前离婚损害赔偿制度的理论前提是民法上的"过错责任"理论，在司法实践中因为无差别地适用当事人主义、证明责任等造成适用无力的困境，已有学者提出离婚补偿制度予以取代。显而易见，离婚补偿制度所依据的不是民法"过错责任"理论，而是基于家庭之伦理性所特有的"扶养功能"理论。

2016年6月起最高人民法院开展了家事审判改革试点工作，标志着国家层面开始重视家事诉讼程序的理论构建和立法探索，为家事程序法理研究的开展奠定了基础。家事审判方式改革需要完备的家事程序法理作为指导，其中包括家事程序规则和一般民事诉讼规则的基本逻辑关系、家事程序的范畴、家事程序如何对一般民事诉讼中的处分权原则、辩论主义等基本原则进行修正等基本理论架构和规则设置。试点工作已经开展了几年，关于试点成果的报道，主要集中在单独设立专业化的审判组织和用调解、回访等柔性措施缓和诉讼程序的刚性两个方面，有些地方还出台了遴选家事法官的规则。对于前者，审判组织的专业化，如同法院系统已经单独设立知识产权法院、金融法院，更早的民事案件也分民一、民二庭等，这是从案件业务集中的角度进行的物理区分，但是所谓专业化的核心是专门审理这类案件的家事法官能够把握和运用专业化家事审判法理，否则专业化徒有其表。学界的讨论能够围绕家事程序的特征遵循法理规则展开，但是相关的研究呈现出零星化的特点，例如，尚未对家事程序的范畴形成基本共识导致在讨论证明标准、职权调查等规则时显得操作性不够；对家事程序的讨论也未能在民事诉讼法理关于诉权、诉讼标的、证明、判决效力、救济的脉络体系中展开；对家事程序的比较研究主要局限于德、日、英、澳等国家的横向比较，虽能发现"家事因素"的共通之处，却忽视了家事程序对一国传统的严重依赖，导致缺乏从历史的角度去发掘"中国因素"的研究。如此种种，根本原因都在于缺乏对家事程序法理的体系性研究。

家事程序专指启动国家司法程序解决家事纠纷，作出裁判的国家程序。将家事程序纳入我国现代化治理体系中，首要问题是应否遵循国家逻辑，在多元化家事纠纷解决机制中构建国家司法程序的核心地位，核心不意味着司法解决家事纠纷在所有家事纠纷机制中占比庞大，而意味着辐射和引领其他社会解决机制，使得其他纠纷机制有章可循。要构建家事程序理论，还要对家事案件的本质属性有准确的把握，进而能够区分出哪些亲属间的纷争属于家事案件，应当适用家事特别程序规则解决，哪些只是普通民事案件。这些都是构建家事程序法的理论起点。家事诉权及诉的成立、家事诉讼标的如何确定、处分权原则以何标准在家事程序中予以修正、辩论原则在家事程序中对法院有无约束效力、家事裁判的既判力范围等，都是家事程序法理不可回避的基础性问题，而目前对此研究探讨得很少，司法实践中也出现了混乱的情形。

我国历史上早在清末民初就制定并颁行了比较完备的家事程序规则，在1921年北洋政府《民事诉讼条例》第六编中专门规定了人事诉讼程序规则，其中既包括婚姻、亲子等诉讼程序，也包括宣告亡故等非讼程序，结合近代社会变革对其制度价值的挖掘将对当下家事程序法理的构建起到历史证成的作用。世界上许多国家和地区都将婚姻家庭关系视为一种最重要的社会关系和法律关系，设置专门的规则调整。例如，日本早在1898年就制定了《人事诉讼程序法》，规范调整家事诉讼案件，1947年制定了《家事审判法》，并于2011年修订并更名为《家事事件程序法》，主要规范调整家事非讼案件。2008年德国将家事事件内容从德国《民事诉讼法》中独立出来，与德国《非讼事件程序法》放在一起制定了《家事事件和非讼事件程序法》。韩国1990

年就制定了《家事诉讼法》，并在 2015 年全面修正。另外，美国、澳大利亚、新加坡等国家，都对家事案件进行了特殊的立法。在世界范围来看，不少国家和地区的家事诉讼程序法理已经建立，立法已经完成，家事法院、家事法庭等组织机构也有效运行。这一方面警醒着我们，再继续采用单一诉讼法理处理家事案件，不符合社会发展的基本规律、难以实现家事司法审判的根本目的；另一方面也给我国的家事审判方式改革提供了大量的经验、教训。

总体而言，在我国与财产型诉讼的立法和研究相比，关于身份型家事诉讼的立法与研究较为薄弱；与争讼型的诉讼程序立法和研究相比，关于非讼程序特别是家事非讼程序的立法和研究较为薄弱。家事案件中既包括具有权利义务争议的家事诉讼案件，也包括不具有权利义务争议的家事非讼案件，对非讼程序的研究和讨论在家事领域格外具有意义，故"家事诉讼法"的表述不能完整涵盖家事案件的程序规则体系，"家事程序法"的表述方为完整，包括了家事诉讼程序和非讼程序法。另外，这里探讨的家事程序和相关程序法理、制度构建等专指民事方面，少年刑事司法方面的程序问题并不作为考察对象。

二、研究现状

关于家事程序的理论研究和立法，在域外早已有之。相对于我国家事程序的理论和实务研究而言，德国、日本、英国、澳大利亚等国家和地区的研究起步更早，也更加深入和广泛。

（一）大陆法系

就大陆法系而言，早在 1877 年，德国《民事诉讼法》就将婚姻事件和禁治产事件的诉讼程序，作为专门一编加以规定，适用不同于普通民事案件的程序审理。1898 年的德国《非讼事件程序法》是大陆法系第一部非讼事件程序法典。2002 年德国司法部启动了对《非讼事件程序法》的修改，2008 年 12 月 17 日通过了《关于改革家事事件和非讼事件的程序的法律》，将家事事件全部纳入非讼事件程序法的调整范围。1983 年，在德国召开的第七次诉讼法国际会议专门将"家庭事件裁判制度——法院在家事纠纷解决中的作用"作为大会的主题之一。此次会议中，德国学者卡尔·费尔施恩发表了"法官在家事诉讼管辖中的任务"的主题论文；日本著名学者中村英郎就受邀作此主题报告，并在会后邀约了德国、美国、韩国、意大利、巴西等世界各国学者作家事裁判问题的报告，形成了"家庭事件裁判制度的比较法研究"，发表于1985年的《比较法学》。日本学者小岛武司在1992年份发表了"家庭裁判所的手续法课题"，专门对家事法院的诉讼法意义进行阐述。日本在1898年就制定了《人事诉讼程序法》，该法规定了身份型诉讼程序，后于2003年修订，松本博之等多名学者都著有人事诉讼程序的专著。日本在1947年以维护家庭和睦及健全亲属共同生活为目的，制定了《家事审判法》，该法规定了家事非讼事件程序，后于2011年修订为《家事事件程序法》。日本学者沼边爱一在20世纪90年代撰写了关于家事审判与家事法院的系列文章和专著，如《家事案件的理论与实务》（日本评论社1990年版）、《家事案件的现状与问题二》《家事调停中家事法官的责任五》等。日本学者野田爱子在《家事月报》第38卷第8号上发表了"家庭法的世界潮流与家事法院"。法国《民事诉讼法》第3卷"某些案件的特别规定"中，对离婚、亲子关系、收养、亲权、未成年人的监护、成年人的保护制度、宣告失踪等有关家事案件的程序作出了特别规定。应当说，大陆法系一直有将人事诉讼程序、家事非讼程序与一般的民事诉讼程序区分研究的传统，经过多年的立法和实践，对家事程序的内在规律和价值有比较广泛深入的研究。

（二）英美法系

由于专设家事法院或家事法庭的传统，英美法系国家对于家事纠纷的解决也有较为丰富的研究成果，英国在1973年制定了《婚姻诉讼法》，1984年制定了《婚姻和家事诉讼法》，1991年制定了《家事诉讼程序规则》，英国学者Stephen Cretneyzai在2003年出版的"Family Law in the Twentieth Century：A History"中对英国20世纪70年代在高等法院创建家事审判庭的论证及争论进行了系统的介绍，2011年英国戴维·诺格罗夫（David Norgrove）爵士主持了一个不依附于任何党派的项目——"家事司法审查"，出版了《英国家事司法的发展前景》，列举了许多英国家事司法已取得的显著成就，后2012年2月，英国司法部也发布了"《家事司法审查》：政府的回应"。澳大利亚在 1959 年制定了《联邦婚姻案件程序法》，在 1975 年制定了《家事法案》，这两部法律对澳大利亚的家事案件程序作出了比较详尽的规定，21 世纪初期，修订的《家事法案》对家事案件程序中的非诉讼家庭服务、家庭顾问、子女利益独立代理等制度作出了新的规定，2018 年，澳洲司法系统再次启动了对家事程序规则的大规模修订。

（三）中国

我国对家事程序的理论和实务研究成果在 2016 年以前可谓凤毛麟角。由于历史的种种原因，我国民事诉讼理论出现过断层，尽管在清末的《大清民事诉讼律（草案）》中，已经拟定了比较完备的人事诉讼制度；早在 1937 年，宣巽东编写的《非讼事件程序法》就已经对诉讼程序法理和非讼程序法理进行了清晰的区分。但在新中国成立初期立法和理论全面沿袭苏联法，清末修法时学习的大陆法系理论和制度并未得到持续、完整地发展。不论是 1954 年《中华人民共和国法院组织法》还是 1982 年的《民事诉讼法（试行）》，均未再对身份型诉讼程序和审判组织作出单独的规定，更没有详尽的家事诉讼程序立法和理论。自 21 世纪以来，已有部分民事诉讼法学界学者关注到身份型诉讼的特征，对其程序法理进行了研究，同时，也有学者提出了诉讼法理和非讼法理的司法二元论，充实和完善了非讼程序的基本理论。著作方面主要有南京师范大学陈爱武教授所著的《人事诉讼程序研究》《家事法院制度研究》，张晓茹副教授所著的《家事裁判制度研究》，赵蕾教授所著的《非讼程序论》，郝振江教授所著的《非讼程序研究》。译著方面有西南政法大学的郭美松教授翻译的日本学者松本博之所著的《日本人事诉讼法》。较早关注家事程序的陈刚教授，在其主编的《比较民事诉讼法》2003 年卷中将家事诉讼作为一个专题，收录了"英国家事诉讼制度""德国家事法院管辖制度若干问题考察""日本人事诉讼法的改革动向——兼谈家事审判制度的发展规律"三篇论文。较具代表性的论文有南京师范大学刘敏教授 2009 年发表的"论家事诉讼程序的构建"，北京大学傅郁林教授在 2011 年发表了"家事诉讼特别程序研究"，南京农业大学孙永军教授的"论非讼法理在家事诉讼中的适用"，厦门大学曹慧婷的"德国家事事件非讼化的发展及其启示"等。司法实务界主要借由少年审判制度，对家事程序和家事审判有所关注，成都市中级人民法院在 2005 年通过实地考察形成"日本、韩国考察少年司法制度的情况"。

自从 2016 年 4 月，最高人民法院发布了《关于开展家事审判方式和工作机制改革试点工作的意见》（法〔2016〕128 号）（以下简称《试点意见》）后，家事程序成了民事诉讼法学界研究的一个热点，相关成果出版的速度、数量和质量都有所提升。著作方面典型代表是南京师范大学刘敏教授、陈爱武教授 2018 年所著的《〈中华人民共和国家事诉讼法〉建议稿及立法理由书》、刘敏教授 2020 年所主编的《当代中国的家事司法改革：地方实践与经验》，南京师范大学汤鸣教授 2016 年所著的《比较与借鉴：家事纠纷法院调解机制研究》。译著方面有学者王葆莳等根据德国司法部官方网站发布的德文译本和英文译本，翻译的《德国家事事件和非讼事件程序法》。译文方面有唐豪臻律师翻译的英国西蒙·休斯（Simon Hughes）和爱德华·蒂姆普森（Edward Timpson）的"英国家事司法的发展前景"。博士论文方面有"山西省永济县家事审判实践变迁及启示——以永济县家事诉讼档案为基础（1949～1999）"等。较有影响力的论文有南京师范大学刘敏教授的"论新时代中国家事诉讼法学的建立和发展"，山东大学张海燕教授的"家事诉讼证据规则的反思与重构"，陈爱武教授的"论家事案件的类型化及其程序法理"，任凡副教授的"论家事诉讼中未成年人的程序保障"。巫若枝博士的两篇相关论文"三十年来中国婚姻法'回归民法'的反思——兼论保持与发展婚姻法独立部门法传统"及"30 年来我国家事纠纷解决机制的变迁及其启示——基于广东省某县与福建省厦门市五显镇实践的分析"虽然不是严格意义上的家事程序研究论文，但对家事程序研究亦有重要价值。司法实务界对家事审判改革的关注和反思也逐步显现，广西高级人民法院民事审判一庭编著了《家事审判理论与实践》。2018 年 6 月，中国民事诉讼法学研究会常务理事会审议通过，决定成立"家事及非讼程序理论研究专业委员会"，这对于我国建立和发展家事程序法学会起到有力的推动作用。质言之，我国的家事程序理论研究和制度建设工作才刚刚起步，对婚姻、家庭等亲属制度和身份型诉讼的本质属性的探讨尚不深入，对于家事程序法理、原则以及制度构建的研究还比较零散，学者们有的偏重比较研究、制度构建的研究，如家事审判组织、家事调解制度、未成年人利益保护、家事证据规则等具体的制度。但是这些零散的制度如何形成一个逻辑自洽的理论体系，家事诉讼程序和非讼程序的基本理论问题，包括家事诉权、诉讼标的、既判力等还处于无人涉足的状态。司法实务界的试点改革可谓如火如荼，相关试点成果虽不乏创举，但仍然停留在"新点子、新做法"的层面，缺乏对审判案例背后一般性法理的概括和抽象。

（四）跨学科相关研究

早在19世纪，恩格斯的《家庭、私有制和国家的起源》就对家庭的本质属性进行了深刻的分析，英国国家学术院院士约翰·伊克拉著有《家庭法和私生活》对家庭关系中的"权利""真实"等有深入的阐释。美国学者萨利·安格尔·梅丽在其著作《诉讼的话语——生活在美国社会底层人的法律意识》中阐释了法律意识的范围，和法律对社会改造、社会对法律改造两个过程。澳大利亚学者帕特里克·帕金森在其著作《永远的父母：家庭法中亲子关系的持续性》中对家庭法和离婚的内涵，以及从社会变迁的角度看待婚姻结束后家庭的持续性问题进行了法学的阐释。白中林教授的社会历史学研究成果"亲属法与新社会——陶希圣的亲属法研究及其社会史基础"、陈进华教授的政治学研究成果"治理体系现代化的国家逻辑"等为从个人、家庭和国家的互动关系角度看待家庭法提供了治理的视野。张翔教授的《自然人格的法律构造》对家庭中人格人的独立性和伦理人的身份依赖性进行历史源头的剖析，西南政法大学陈苇教授多年持续研究婚姻家庭实体法，也同时关注家事司法程序，主编的《21世纪家庭法与家事司法：实践与变革》。这些跨学科的研究成果对构建家事程序理论大有裨益。

（五）总体述评

总体而言，国内外对于家事程序法的研究已经达成了一些共识。首先，家事案件应当由专业的审判组织审理，有的国家和地区采取单独设置家事法院的方式，较为彻底地将家事案件从一般民事案件中剥离；有的国家和地区采取在普通法院内部设置家事法庭的方式。我国目前尚未单设家事法院，人民法院内部根据实际情况，有的设置了家事审判庭，有的将家事审判和少年司法合并，设置家少庭；有的在民事审判庭内单设了家事审判合议庭。上述举措都认可了家事案件具有自身的特点，应由专业的审判组织审理。其次，应当依照专门的家事程序规则审理家事案件，域外国家和地区对家事程序进行专门立法已有多年历史，经过不断修订日趋成熟，我国最高人民法院家事审判方式改革试点的系列文件，虽然不是正式的立法，但也对家事司法审判的程序规则作出了特殊的要求。再其次，家事程序立法和司法实践中都认可除了"个人"是法律需要考虑的要素外，应当将"家庭"作为考虑要素，家庭在现代法律体系中的地位得到了充分认可。最后，家事程序立法和司法实践都以"儿童最佳利益"为重要原则，这是时代发展变迁的必然要求，应当在家事程序中予以贯彻落实。

上述已有的研究共识，是进一步深入研究我国家事程序法的重要基础，在此基础之上，我国的家事程序法的研究尚存在一些空白和不足之处。首先，国内相关成果较侧重于德、日、英、澳等国的家事诉讼立法、家事法院和法庭制度等横向比较研究，对于构建我国家事解纷程序法理和制度的研究还比较零散，缺乏从家事解纷机制的历史变迁、社会背景、对国家治理的意义等方面的系统性研究。其次，目前的比较研究基本都是横向国别比较，能够对"家事"因素的共同特征予以发现，借鉴较多，但如德、英等国，固然法律发达，但系宗教国家，家庭领域中宗教教义影响很大，横向比较借鉴意义十分有限。目前的研究中比较缺乏以时间轴开展的纵向比较研究，家事解纷机制有极强的传统依赖性，不探寻家事程序的历史，就难以对家事领域"中国"因素做到有效传承，容易造成家事审判方式改革的盲目性。再其次，对家事诉讼程序的基本法理需深入探讨和体系性构建，已有成果缺乏从民事诉讼法的"本位观"去研究家事程序特色的意识。家事程序是民事诉讼的特别程序，因此对其程序法理进行探讨离不开民事诉讼程序从起点之诉权理论到终点之判决既判力理论的全过程分析。只有对每个程序法理进行充分的阐释后，才有可能构建家事程序法的规则体系，这个规则体系是作为民事诉讼法的程序特则而存在的，在方法论上应当遵循"先特殊、后一般"的法则。最后，家事程序社会化已有一些研究成果，基于家事程序对社会效果的需求、对社会资源的运用，以及法学自始就不是一门可以"自给自足"的学科等原因，对家事程序的理论研究无法仅囿于在诉讼法、非讼程序法的范畴内开展。而如何对家事程序社会化命题进行概念的厘清、理论立足点的阐释和秩序框架的构建，目前成果尚少，需要予以弥补，以防家事程序以社会化之名脱离了法治的轨道。

三、主要研究方法

1. 比较研究方法。法学理论的不断发展中，固然有大陆法系和英美法系的基本区分，各国的社会历史背景各不相同，但随着国际法学界的频繁交流，民事诉讼法学亦呈现出现代化的融合趋势。一些法治发达国家如德国、日本、英国等已经开展了近百年的家事诉讼和非讼程序理论研究，必有值得借鉴和学习之处。在比较研究中需要注意两点，一是在比较研究的同时要结合历史分析方法，对各国的家事程序追根溯源，进而分析其具体制度适用的土壤，避免纯粹地介绍和借鉴；二是保有"法系意识"的警惕性，东西方"经验"和"逻辑"的基本哲学观差异、农耕文明和海洋文明国家地区的区别、宗教信仰国家亲属法的特殊性、事实出发型和规范出发型的诉讼模式等，都是需要在比较研究时予以甄别的，避免草率建议。

2. 历史法学分析法。制度由历史积淀而成，法律也不例外。历史不是简单地针对过去事实陈述，而是为人们提供标准和目标的经验宝库。历史法学分析方法立足于社会生活，包括我国家事纠纷解决的历史，尤其是官方发布的家事审判所产生发展的社会文化背景、家事审判历史与现代化的联结点，立足于家事案件的本质，把源自生活的具体案件事实与法律适用的联系，上升为概念之间的联系。这样，抽象的概念之间的联系遂得摆脱具体而固定下来，事实与权利间的理论上的因果结构遂告建立，随着社会生活的发展，新的案件又经抽象形成新的事实与权利间的因果结构，新的结构遂与原有结构有机整合，再建立起结构之间的逻辑联系，由此形成法学的体系。在历史法学方法论的视野下，法学概念和原理，绝非任意妄断的产物，实为真实之存在，并经由长期而精深的探求。[1] 通过历史指引当下和未来的行动，具有重

---

〔1〕 参见［德］弗里德里希·卡尔·冯·萨维尼：《论立法与法学的当代使命》，许章润译，中国法制出版社 2001 年版，第 23 页。

要的规范和证成意义。

3. 实证研究方法。实证研究方法主要是指在进行家事程序研究的过程中需要通过具体的家事审判案例来开展实证研究，这些案例的选取有多种渠道，包括：（1）最高人民法院发布的家事审判指导性案例；（2）受到社会强烈关注，被媒体广为报道的家事审判案例；（3）在裁判文书公开网上用指定案由随机抽取的案例；（4）随法庭旁听、记录、跟踪的家事审判案例。家事审判案例虽然很多，但是通过文字准确记载并能够予以总结提炼的资料却并不丰富，需要进行大量的实证搜集和比对分析工作，方能对目前家事审判实践的运行状况、效果和趋势，概括司法实践遇到的问题，提炼出有价值的判断。

4. 系统分析方法。家事程序不是孤立的现象，研究家事程序理论，必须将其放在社会、国家甚至国际背景下展开。既要考虑到司法解决家事纠纷，也要考虑到社会解决家事纠纷。既要顾及家事程序内部的理论完备，也要顾及家事程序之外的，与家事调解等其他纠纷解决机制、家事行政事务的逻辑衔接。既要关注家事纠纷的私益性，也要关注家事纠纷的公益性。

5. 制度与思想相结合的方法。人们表面上看到的是制度，实际上制度背后都有强烈的思想运动，研究家事程序的制度设计，同样要结合特定历史时期、特定社会背景下的主流思想形态，用思想作为制度的支撑，用制度落实思想的实践。

家事程序作为民事诉讼
法研究对象的意义

　　家事程序是指当事人起诉请求法院通过司法裁判解决家事纠纷的程序，既包括家事诉讼程序，也包括家事非讼程序。关于家事程序的理论研究和立法，在域外早已有之，不少国家和地区的家事程序法理已经建立，立法已经完成，家事法院等专门审判组织机构也已有效运行。民事诉讼法研究的是公民、法人、其他组织等平等主体之间因财产关系和人身关系提起的诉讼的程序、法理和规则。家事程序也是平等主体之间的私权纠纷，属于民事程序法研究对象，但又与合同、侵权等民事诉讼不同，需要单独对其进行研究，这里的基本前提就是家事程序的意义，以此衍生的家事程序法和实体法的研究对象和研究范式问题。也即，为什么以家庭为单位产生的诉讼，在程序法上具有单独研究的价值和意义？这个问题需要放在治理现代化的视域中去研究，从国家治理和社会治理的角度，家事纠纷无论是私力解决、社会解决还是国家解决，所期待的治理效果都是纠纷之解决、秩序之恢复、权益之保障，但是这种治理目标不可能通过散乱的"综合"治理达成，治理体系应当有基本的价值判断和逻辑展开。随社会发展和社会认同的变化，法律会选择和承认不同的价值。家事立法和司法之间需要一个基础性价值判断，基础性价值确定了，价值之间的冲突便没有不可调和的，而是可以通过理性计算和权衡来加以完成。日常生活价值多元化需要法律加以解决，家事纠纷解决机制也需要经历以国家为核心的治理逻辑的展开，进行基础性价值的决断，才能完成从事实到规范的转换，因此，以国家逻辑展开，建构家事诉讼理论和制度是推动整个家事纠纷解决体系化的核心。

第一节　治理视域下的家事纠纷解决机制及其逻辑

家事纠纷属于民事私权纠纷的一种，但在私权领域有其特殊性，以家庭为基础单元产生的纠纷及其司法解纷程序，在民事程序法中具有单独研究的价值和意义。在国家治理视域下，百余年社会的动荡和变迁中，身份关系及家庭是国家治理交锋的阵地，身份关系的调整规则直接决定着个人、家庭和国家的关系，引导着社会发展方向和治理模式。我国在治理现代化背景下，以国家逻辑展开、探寻家事程序法的基础价值、构建家事程序理论和制度是推动整个家事纠纷解决机制体系化的核心。以国家逻辑为核心塑造社会共同价值，将导向最大多数人的良法善治，而社会解纷的碎片化将导致治理价值和效果的碎片化。解决纠纷有层次位阶，当下中国面临的不可回避的现实问题是传统解决家庭纠纷的宗族家法不复存在，在法治国家、法治政府、法治社会的背景下，司法是家事秩序和正义的最后屏障，其引领和辐射作用不言而喻。国家核心的治理逻辑意味着社会解决纠纷法治化，法律原则在社会解决纠纷中渗透到基层社会治理中，国家法一边在留白区域容忍民间家庭秩序的存在，一边潜移默化地改造着民间家庭秩序，使其符合国家法的规范和要求。家事纠纷的解决具有面向未来和公益性的特点，妥善解决家事纠纷需要统筹政府和社会的资源，只能由国家组织才能够完成。因此，需要构建国家层面的家事程序法，选择、确定国家司法所遵循的基本原理和制度。

一、家事纠纷和纠纷解决机制

（一）家事纠纷和家事案件

家事纠纷，是指家庭成员因为利益冲突、情感纠纷等产生的双方或多方的争议、争端、冲突。家事案件，是指家庭成员之间的纠纷，具有法律上的可诉性，是当事人或关系人请求国家启动司法审判予以解决的法律争议。社会学意义上，家事纠纷的范畴要远远大于家事案件，家庭成员之间因情感、道德、宗教、子女教育观念等发生的争执属于家事纠纷，但往往因为不适合通过法律解决、不具有可诉性而无法成为家事案件。何为家事案件，何为家事纠纷的可诉性，随着社会发展和观念变化，制定法也在不断进行调整，总体趋势是纳入法律调整的家事纠纷范围越来越大。例如，传统上因维护婚姻的价值和功能以及科学技术原因，并未设置否认婚生推定亲子关系的诉讼，而随着子女最佳利益、国家亲权等社会观念的变迁和科学技术的发展，否认亲子关系的纠纷具备了可诉性，被纳入家事诉讼程序调整范畴。

家事纠纷不仅是家庭内部个人之间的行为，也是一种社会现象。作为人类社会的客观现象，只有承认纠纷与冲突的客观性和价值，才能发现和遵循社会运行的规律。首先，纠纷是不可避免的；其次，纠纷有助于进步。在纠纷甚至冲突的作用下，更人道、更理性、更具协作性的形式将取代那些不够人道、不够理性、协作性较差的形式。[1]从宏观角度看，家庭出现冲突预示着新的价值和利益调整的必要，冲突激化时，可能是个人、家庭和国家关系变革的重要动力。社会转型时期，往往伴随着家庭纠纷的频发和尖锐化，说明了传统社会规范和社会治理的失灵，表达着新旧规范秩序之间的博弈。通过健全的家事纠纷解决机制，既可以使现存的权利义务和社会规范得到遵守，也可以成为确认新的权利和利益以及进行社会资源再分配的契机，促成调整家事关系程序规则的发展。肯定这种意义，不是简单地以家事纠纷的数量、激化程度作为社会进步尺度，而是不必认为纠纷频发、冲突激烈就意味着社会倒退和国家治理失灵，通过妥善解决这些纠纷而形成新的规则或利益分配格局，反而可以推动社会进步。从微观角度看，家庭生活纷争中产生了新的诉求，往往具有超越个案的社会意义，例如关于未成年子女的监护、抚养费的给付方式等，通过纠纷的发生和解决，能够促成国家对家庭关系中所要保护的权益位阶的思考和判断，及时予以调整，能够更好地健全家庭秩序、实现社会稳定和国家良法善治。

（二）家事纠纷解决机制

纠纷解决是指在纠纷发生后，解纷主体依据一定的规则、手段和程序，

---

〔1〕 参见梁洪明："马锡五审判与中国革命"，载《政法论坛》2013 年第 6 期。

消除冲突状态，对损害进行救济，恢复秩序的活动和过程。纠纷解决既可以是双方当事人之间的行为，如协商谈判，也可以是当事人在中立第三人（调解人、仲裁人、法官）的参与主持下进行的调解和裁决；既可以通过民间社会力量解决纠纷，如家族长者的调解，也可能需要国家权力机关及职权行为解决纠纷，如通过法院审判家事案件。家事纠纷解决机制是指一个社会为了解决家事纠纷而建立的由解纷主体、规则、制度和程序等构成的系统。家事纠纷解决主体、程序规则、协同机制等诸多要素之间的不同组合，会产生不同的法律效果和社会效果，这就是多元化的家事纠纷解决机制。

　　人类历史上的纠纷解决方式经历了私力解决、公力解决和社会解决三种形态。纠纷往往由一方或双方的不满引起，认为自己的利益受到了侵害，产生不满情绪，提出救济要求，这时就产生了对纠纷解决的需求。当事人可以根据自己的判断选择忍受、回避、妥协来自我解决纠纷，无时无刻不在的家庭纠纷中，大量当事人采取忍让、放弃的方式自我解决，从古至今，国家和社会对家庭内部的自我处理均给予充分的自由和空间。另一种私力解决方式是双方或者多方参与解决的，通过同态复仇结束纠纷，或者通过私了、协商谈判等方式达成和解等。不过，自从国家和国家司法机制产生后，通常对同态复仇的自力救济机制往往采取限制甚至禁止的态度，所以比较常见、得到认可的私力解决方式是通过双方或多方的协商、谈判，最终达成和解。公力解决即通过国家公权力来解决纠纷，一般认为，国家公权力包括三种：立法权、司法权和行政权。其中立法权不直接参与具体纠纷的解决，但立法通过利益分配和规则设置引导着纠纷解决的格局和方向。现代法治社会中，国家司法权和诉讼机制在家事纠纷解决和家事"综合"治理中具有不可或缺乃至核心的作用，这是毋庸置疑的。同时，行政权也在一定程度上发挥着辅助解决纠纷的作用，例如，婚姻、收养等身份关系的登记、解除等。社会解决则是公力解决和私力解决之外的部分，是指由民间社会第三方介入纠纷，根据相关的法律规范和社会习俗，帮助家事纠纷主体理性协商对话，从而促使纠纷主体达成和解方案的方式和过程。家事纠纷的社会解决在传统社会中主要是由家族、宗族长者进行调解，在现代社会中主要是人民调解组织在基层开展家事调解。

二、治理现代化的新视域

治理体系是国家运行的制度载体和机制保障，国家治理和社会治理是一国治理最重要的组成部分，探索治理现代化，根本上就是探讨治理主体及其相互作用和关系的过程。[1]治理与管理不同，它不完全是自上而下或单向的存在，而是一种多维度体系性的存在。正如习近平主席所强调的，治理和管理一字之差，体现的是系统治理、依法治理、源头治理、综合施策[2]。一个国家选择什么样的治理体系，是由这个国家的历史传承、文化传统、经济社会发展水平决定的，是由这个国家的人民决定的。[3]不同国家具有自身的逻辑结构和利益偏好。传统社会中，对社会治理的控制被授权给宗族家长等组织，解决纠纷规则是由身居关键地位的族长乡绅决定的，这种情况下，充斥着碎片化的社会结构无须借助国家治理就可以实现社会控制和稳定效果，也意味着不太可能构建能够有效实施国家性规则和政策的解纷、治理机制。不同解决纠纷主体发挥作用的能力和方式，取决于各个主体在不同历史时期的发展状态和组织能力。[4]新中国成立后，集中的国家治理模式出现，这种高度集权的"强制性管理"与新政权建立、集全国之力发展工业的时代紧迫任务，以及回应严峻的国际环境的压力是相适应的。随着国家发展目标的调整，国家和社会治理的方式也在发生着变化。中共中央十八届三中全会提出了"国家治理体系和治理能力现代化"的战略任务，"社会治理"概念第一次在中央文件中正式提出。党的十九届四中全会审议通过了《中共中央关于坚持和完善中国特色社会主义制度　推进国家治理体系和治理能力现代化若干重大问题的决定》，提出了加强和创新社会治理、完善党委领导、政府负责、民主协商、社会协同、公众参与、法治保障、科技支撑的社会治理体系，建设

〔1〕 参见陶秀丽："'国家在场'的社会治理：理念反思与现实观照"，载《学习与实践》2019年第9期。
〔2〕 参见陈进华："治理体系现代化的国家逻辑"，载《中国社会科学》2019年第5期。
〔3〕 参见《习近平谈治国理政》，外文出版社2014年版，第105页。
〔4〕 参见陶秀丽："'国家在场'的社会治理：理念反思与现实观照"，载《学习与实践》2019年第9期。

人人有责、人人尽责、人人享有的社会治理共同体的明确要求，开辟了"中国之治"的新境界。

在我国治理现代化视域下，现阶段的核心逻辑应当是以国家为基本逻辑出发点，由国家引导社会治理和个人自治的共治模式。原因在于，首先，治理理念兴起于西方服务型政府改革，主张"小政府、大社会""国家退场"的理念，但其治理实践的内在困境已经凸显无疑。例如，不同利益群体产生冲突无法协调时，决策难以达成，甚至产生此起彼伏的社会骚乱和动荡。一些发展中国家治理实践的失败，也正是由于其在治理实践中主张国家退场、消解国家逻辑造成的。[1]其次，从我国现阶段的具体国情来看，"强政府、弱社会"特征明显，社会组织和民间自治组织作为治理主体发展不足、社会参与意识不强、社会自治能力有限的情况下，应该突出和充分利用我国当前社会治理中的"国家在场"优势。再其次，治理体系现代化面临的核心问题是构建有效应对和化解国家与社会关系问题的治理秩序。这种高度复杂的综合治理秩序需要全方位整合一个国家的治理资源，这一目标的实现有赖于国家治理的核心位置，否则将导致要素分散和功能零碎的低效系统，无法完成家事秩序治理现代化的目标。最后，坚守国家逻辑在治理体系现代化进程中的价值和功能，有助于走出"多元治理"的困境。党的十九大报告明确法治国家、法治政府、法治社会推进的任何一个方面、任何一个环节，都要注重全局统筹、顶层设计。在任何国家，基于国家利益的国家治理在价值位阶上都高于社会治理，作为"组成部分"的社会治理需服从国家利益，采取国家利益允许的治理方式。

西方治理的困境和中国治理实践表明，国家主导是我国现阶段治理体系现代化的内在逻辑，但它不是国家权力的主观意志，也不是简单延续我国传统"集权管理"的母版，而是构建以国家逻辑为核心，全社会共同动员的国家良法善治。其逻辑进路不是单一的，而是发挥国家效能，整合各种治理主体、治理方式的优势和资源，在国家主导下将要素分层和功能叠加的治理功能更好地发挥出来。家庭秩序的治理也必然遵循这个逻辑，从长远看，在面

---

〔1〕　参见陈进华："治理体系现代化的国家逻辑"，载《中国社会科学》2019年第5期。

向新时代的中国特色社会主义治理体系中，国家逻辑、社会逻辑、家庭身份逻辑等因素需要有机结合起来，打造科学有效的现代家庭治理模式。[1]

三、治理现代化视域下家事纠纷解决机制构建的逻辑

中国传统社会的纠纷解决中强调"重刑轻民"，国家层面并不十分关注民间家庭矛盾和纠纷，以执行道德为目标的国家法视"户婚田土钱债"一类事务为"薄物细故"从来不予重视[2]，而是把这一领域让民间调解等"乡土规则"来解决。[3]传统社会中的家事纠纷多是由家族或宗族内部解决的，家庭秩序的生成主要依"礼"和"俗"而治。这些宗族家法、乡土规则中既有善良风俗，也有与现代法律及人格权原理格格不入的"恶俗"，例如妻子和子女作为附属物依附于夫和父，无独立人格权等。新中国法治建设经历了四次大规模的司法改革，对现代公民法治和规则意识的养成有着重要贡献。然而，具体到解纷机制和家庭秩序的健全，不论是我国历史上，还是当代各个国家对家事纠纷解决的态度和选择，都绝不是国家司法一元垄断纠纷解决。在家事纠纷解决领域，个人自治、社会解决和国家司法共同发挥着健全家庭秩序的重要功能。这是治理视域下构建家事纠纷解决机制的逻辑前提。

随着社会经济生活的不断发展、科学技术的不断突破、中国城市化的进程，家庭结构和功能的变迁、亲子关系的单一稳定性等都不断挑战着家庭治理秩序。最高人民法院于2016年启动了家事审判方式改革试点工作，从国家治理体系和治理能力现代化的视角来看待此次家事审判方式改革试点，不难发现，在家事秩序"综合"治理中、在家事纠纷解决机制的体系性构建中，各种纠纷解决形式自我发展、自行发挥解纷作用的"散乱"实践已无法满足社会生活的实际需要。家事"综合"治理需要家事诉讼程序给出代表国家立场的基本裁判程序和标准，作为其他解纷程序的参考。然而，在我国立法上，家事诉讼并没有单独的程序规则体系，长期以来，家事诉讼按照《民事诉讼

---

[1] 参见陈进华："治理体系现代化的国家逻辑"，载《中国社会科学》2019年第5期。

[2] 参见梁治平：《清代习惯法：社会与国家》，中国政法大学出版社1996年版，第15页。

[3] 参见于语和、刘志松："我国人民调解制度及其重构——兼论民间调解对犯罪的预防"，载《浙江大学学报（人文社会科学版）》2007年第2期。

法》、最高人民法院《关于适用〈中华人民共和国民事诉讼法〉的解释》（以下简称《民诉法解释》）、最高人民法院《关于民事诉讼证据的若干规定》（以下简称《证据规则》）等程序规则进行。这些程序规则是按照遵循"理性经济人"假设、强调个人权利和意思自治的财产关系纠纷的内在规律和原理去设置的，导致家事诉讼的裁判方式和裁判结果，并未达到期待的法律和社会效果，作为其他解纷程序的参考价值也大打折扣。在法治国家、法治政府、法治社会的背景下，构建以国家司法程序为核心的多元化家事纠纷解决机制，并不意味着通过国家家事司法程序解决的家事纠纷绝对数量多或所占比例大，而意味着通过国家家事司法程序塑造社会共同价值、辐射和引领其他社会解决机制，令其他解纷机制有章可循。

（一）国家为核心的逻辑塑造社会共同价值

价值与政策、体制的适应度决定了法律制度的效率和效果。价值从来都不是一个抽象无解的概念，它具体地表达着治理使哪些人受益、哪些人受损，哪些因素使家庭和谐、哪些因素使家庭破裂？人们秉持何种共同的价值处理他们自身在家庭、社会和国家中的位置。例如，当秉承子女最佳利益的家庭法观念，引入国家亲权对父母亲权予以监督时候，国家所塑造的价值取向有时与社会组织或者家庭、个人的取向是相悖的。国家治理的价值导向是最大多数人的良法善治，而社会组织的碎片化决定了社会治理价值的碎片化。尤其是家事纷争领域，传统的惯性极强，塑造符合现代文明的家庭价值以及保护弱者等公益方面，在中国当下社会很难说已经形成共同的价值观念和行为准则。国家治理和社会治理虽然都直接作用于解决纠纷，但国家司法具有确认、实现和发展法律规范，保证法律调整机制有效和正常运转，建立、维护稳定的法律秩序进而达到维护整个社会秩序的功能。在这个意义上，通过国家立法和司法判决所解决的一次纠纷及其确认的一个规则或原则，其意义和重要性可能远远超过其他解决方式所达成的无数和解的结果。[1]

然而，必须明确的是，现代福利国家对于社会生活的有力干预，与极端

---

〔1〕 参见马新福、宋明："现代社会中的人民调解与诉讼"，载《法制与社会发展》2006年第1期；参见范愉：《非诉讼纠纷解决机制研究》，中国人民大学出版社2000年版，第32~33页。

的、不受限制的国家权力的观念有本质区别。两者之间区别的关键，就在于现代福利国家在强调国家的积极作用的同时，并没有否认国家以及国家法律在道德上的可评判性，因而其立法与行动始终是受制于"正义"的价值观念的。这首先意味着国家司法程序的出发点，必须是基于家庭伦理价值之维护、促进的目的，即必须与伦理价值的方向相一致，不得相反。其次还意味着国家必须考虑以其意志为转移的法律和政策，与不以其意志为转移的个人家庭伦理价值以及与此相关联的私人生活的固有特性之间关系的协调。因此，如果说现代福利国家的积极的政策在一定程度上限制了个人的自由和自治的范围，那这种限制也是以个人福利的增长作为补偿的。由此，在现代国家，国家的强势及其对社会生活的积极干预并未导向私法人格的"国家决定论"，恰恰相反，先验的理论价值得到了充分的肯定与可靠的保障，并成为决定国家政策和法律走向的根本性因素。

（二）纠纷的轻重和解决纠纷的层次位阶

健全的家事纠纷解决机制应该是"多主体、多途径的"，个人、家庭自力解决是纠纷最主要的解决途径；国家纠纷解决途径是不得已而为之的最后途径，[1]只有在社会无法自行恢复秩序的情况下，国家司法才开始运作，从而有效形成个人、社会和国家之间的家事解决纠纷格局。当下中国面临的一个不可回避的现实问题是，传统宗族家法已几乎不复存在，社会解决所依赖的合法解纷主体在当下是十分欠缺的。70多年前费孝通在《乡土中国 生育制度》中说，现行的司法制度在乡间发生了很特殊的副作用，它破坏了原有的礼治秩序，但并不能有效地建立起法治秩序。[2]70多年过去后，建立家庭生活秩序的根本点不再是恢复传统家庭礼治，法治秩序的建立已成为必然的选择。目前解决纠纷领域国家倡导和扶持的社会治理模式主要依托人民调解，而人民调解组织以及调解人具有亦"官"亦"民"的双重色彩，例如，人民调解组织作为典型的民间解纷组织隶属于司法行政部门，在人民法院设立办

---

〔1〕 参见陈会林：《地缘社会解纷机制研究——以中国明清两代为中心》，中国政法大学出版社2009年版，第19页。

〔2〕 参见费孝通：《乡土中国 生育制度》，北京大学出版社1998年版，第58~59页。

公场所；而民间调解人往往是退休的法院法官或是街道干部，或是政府购买服务的调解人员，具有"官方"背景。从这个角度来看，家事纠纷解决的民间社会机制仍然是以国家为核心的逻辑展开，一方面，国家治理目标有可能通过民间组织或调解人居间协调变通为社会和个人易于接受的行为规范；另一方面，在如此运作的同时，经由了一个自下而上的利益表达、利益综合和民意输送的过程，对国家的政策和决策产生影响。[1]

（三）国家为核心的治理逻辑意味着社会治理的法治化

现代调解的正当性来源在于双方自愿、合意的纯粹性，这里的自愿包括两个层面，一个是启动调解程序解决纠纷是双方自愿的选择，另一个是双方达成的调解结果是自愿协商的。并且，双方基于纯粹自愿而达成的调解，若需要得到法院强制执行力的保障，还需要经过审查，在没有侵害公共利益和第三人权益时，方为正当。传统民间家事纠纷的调解并不是建立在程序和实体正义基础上的，纠纷双方接纳解决纠纷方式和调解结果从而结束了争议，往往不是因为解决纠纷结果充分体现了自愿合意这一正当化要素，而是源于"德治""教化""威慑"等基层社会治理方式，基于权威的强制而终止了纠纷。进入现代社会以后，国家明确了法治国家、法治政府、法治社会一体建设目标，这意味着在家事纠纷解决的社会机制中，依然是按照法治精神，在国家司法的阴影下进行。诚如顾培东所言，诉讼审判手段的存在，现实地提高了其他冲突解决手段的适用机率和适用效果，没有诉讼审判，其他手段将会是苍白无力的。[2]国家家事程序规则使纠纷双方对处理结果有了较为一致的合理预期，在具有普遍实用性的国家法框架下，理性的当事人能够预期纠纷交由法院裁判可能的结果以及诉讼成本，纠纷双方不会提出无理的、不切实际的要求，并且能够预测对方让步的底线，无疑促进了双方的协商、谈判进程和最终解决方案的达成。

---

〔1〕 参见熊易寒："人民调解的社会化与再组织——对上海市杨伯寿工作室的个案分析"，载《社会》2006年第6期。

〔2〕 参见马新福、宋明："现代社会中的人民调解与诉讼"，载《法制与社会发展》2006年第1期；参见顾培东：《社会冲突与诉讼机制》，法律出版社2004年版，第42页。

国家和社会虽然具有相对独立的制度结构，但是在两者之间存在一种"治理性相互依赖"，因此能够形成有效的制度性连接。在家事纠纷社会解决的过程中，法律原则应渗透到基层社会的治理中去，国家法一边有限度地容忍民间秩序的存在，一边在潜移默化中改造着民间秩序，使现实生活逐步符合现代法的规范和要求。[1]社会治理模式固有的弊端需要通过国家司法予以规制和克服，一旦社会解决出现违背当事人意愿，强制、欺诈、显失公平或违反国家强制性禁止性规范，违反公共道德、侵害第三方或者公共利益等情况，国家应当干预，纠正贯彻国家法律时的偏差。坚持家事纷争应当以社会解决为核心的观点认为，通过社会可以解决国家难以解决的支配和服从难题，因而具有优势。其实，在纠纷解决后的执行层面，这也是个伪命题，传统社会看似当事人更接受社会司法的结果，但其也是通过道德教化等手段，而到了当今社会，调解协议不履行、强制执行率高[2]反向证明了社会治理模式面对后续的支配和服从问题同样无能为力。

（四）国家的资源整合能力和效率机制

家事纠纷由于具有面向未来性和公益性，妥善解决家事纷争需要统筹政府和社会的资源，国家核心的家事纠纷解决逻辑能够有效整合国家权力资源、保障资源调动的效率，实现家事纠纷解决社会化的平台搭建作用。例如，最高人民法院等十五部委曾联合发文建立家事审判联席会议机制[3]，充分调动一切资源服务于家事审判和家事治理。作为正式部门的政府组织，具有完整的科层制组织结构，有严格的规章制度和等级制度、专业素养的成员、法理权威做保障，在获取资源、动员资源方面具有"效率机制"。[4]而社会组织之间组织性低、联系性弱、彼此之间呈现无权威和服从的松散状态，能力十

---

〔1〕 参见史长青："调解与法制：悖而不离的现象分析"，载《法学评论》2008 年第 2 期。

〔2〕 参见李浩："当下法院调解中一个值得警惕的现象——调解案件大量进入强制执行研究"，载《法学》2012 年第 1 期。

〔3〕 最高人民法院、中央综治办、最高人民检察院、教育部、公安部、民政部、司法部、国家卫生计生委、新闻出版广电总局、国务院妇儿工委办公室、全国总工会、共青团中央、全国妇联、中国关工委、全国老龄办在 2017 年联合发布了《关于建立家事审判方式和工作机制改革联席会议制度的意见》（法〔2017〕18 号）。

〔4〕 参见周雪光：《组织社会学十讲》，社会科学文献出版社 2003 年版，第 11 页。

分受限。

家事纠纷解决机制中国家、社会、家庭（家族）解决纠纷有其自身的逻辑秩序。从微观的个案纠纷解决，到宏观的家庭社会秩序，社会自身的力量从未缺席，国家司法程序亦从未垄断"解纷—秩序"两大命题。在治理现代化视域下的家庭纠纷解决和家庭秩序构建中，坚持国家为核心的治理逻辑不是国家司法一元论，而是强调国家在多元化纠纷解决机制构建中的逻辑核心作用。因此，亟需构建国家层面的家事程序法，选择、确定国家司法所遵循的基本原理和制度，这对于我国的家事纠纷解决机制的构建具有不可替代的重要性。在此逻辑下，家事纠纷社会解决才能在体系性治理中能够有效发挥作用，成为国家司法的前置和过滤器，使国家的归国家、社会的归社会，各行其是，互为补充，和谐共鸣。

第二节 家庭作为法律的对象范畴

家庭不同于家庭中的每个个人，家庭和家庭中的每个人作为法律对象具有彼此独立的价值和意义。法律从来不是一个现象、一个事实，法律是价值的判断和选择。曾经的非法行为在今天可能是合法的，曾经合法的行为在今天可能是非法的，如武松打虎，在当时是为民除害，而如果放在今天，打死老虎可能是触犯刑法的行为。不是因为行为本身变了，而是在所有的行为背后都存在一个意义的问题，也就是法的评价，真正改变的是我们对一个行为意义的理解和评价。法既不是事实，也不是一般而言的意义，是对意义的设定。[1]历史上曾经对家庭的自治包括家庭（家族）自治解决纠纷赋予了正当化的评价，在近代以后的社会变革和变法修律中，法律经历了对家庭和家庭解纷评价的否定，否定后面临的是法如何重新评价家庭以及家庭身份关系的问题。

现代法理认为家庭中每个个体既是理性的人格人，也是伦理性的身份人。

---

〔1〕 参见张龑："何为我们看重的生活意义——家作为法学的一个基本范畴"，载《清华法学》2016 年第 1 期。

人格人为家庭身份带来了平等的要素，但是否定不了个体的伦理身份本身。于是，家庭身份始终是市民社会领域中的特殊领域，是家庭中的人不同于社会生活的人的另一种存在状态。因而仅以人格人为出发点的民事诉讼程序机制无法回应对因伦理身份纠纷产生的解纷需求。家事实体法基于家庭自治仅仅作了底线的规定，留出了大量家庭自由处置的空间，这也是家庭矛盾易发的原因之一。家庭作为设置家事程序法规则所应考虑的维度，意味着实体法留白的弹性自治空间内，并非所有家庭之间的纷争，国家均有义务启动司法审判予以解决，因而需要确认家事纷争可诉性的范围。当可诉性纠纷请求司法解决时，司法不能因为无实体法规定而拒绝裁判。家事程序法不能够再以"理性人格人"的假设，运用不告不理、处分权主义、证明责任等权利保障、契约自由和自我责任等原理进行诉讼，为司法机关职权启动程序、职权调查、弱势群体诉讼能力补足等举措提供了合理的弹性空间。不同于传统的宗族家法，当代社会关注到家庭作为最根本性的社会单元和法律关系，在家事纷争的国家司法程序中所具有的缓冲、调节、自治等功能，并对家庭的价值重新予以评估和权衡，是在现代平等人格权的理论基础上进行的探索和演绎。

一、家庭领域个人主义的失范

中国传统社会中，家庭扮演了一个很重要的角色，个人的家庭身份和角色是辨析个体存在的认识论基础。"我是谁"，不是通过我与生俱来的权利义务相关联，而是于我与他人（最初为家人）的关系来界定。个人和国家法律很少直接发生关联，个人通过其所属的家族和国家法律发生连接，而且这种连接是微弱的，正如哲美森在其《中国家庭法》的导论中强调"古代社会的单位是家族"，而非像"现代社会的单位是个人"[1]。我国传统刑事法律多是以身份关系为基础建立的，例如，干名犯义、存留养亲、无夫奸及亲属相奸等问题，子孙违反教令、卑幼的防卫权设置和处置都是以亲属间身份关系为基础的法律。从世界范围来看，工业革命后的家长制，丧失了其此前得以

---

〔1〕 See G. Jamieson, *Chinese Family and Commercial Law*, Kelly and Walsh, Limited, 1921, pp. 189~190.

存在的经济基础——由于机器生产方式的采用，丈夫、父亲在家庭经济上的决定作用已不再具有必然性。[1]因此，当人们立足于人格和身份的分离及人格平等原则，重新审视家庭成员之间的关系时，父权家长制不再具有正当性。相应地，清末我国社会的急剧转型，对传统国家、家族和个人的关系提出了尖锐的挑战，从国家和法律层面都颠覆了传统人格依附型的家庭制度，建立了尊重每个个体独立人格权的权利体系和治理模式，这既符合社会发展的需要，也是历史的必然选择。

从国家立法，尤其是民事实体和程序法的角度来看，中国在近代的"家庭革命"中摆脱传统社会宗族身份的桎梏后，大步革新走向了以个人权利和契约自由为核心的民事立法，自然人、法人等个人本位的话语体系把民事领域的直接经验对象——家庭给遮蔽了。[2]纯粹的个人权利体系话语下，对中国传统家庭所蕴含的合力价值完全予以否定。此时，源自西方的现代政治提供了一个明确直观的对象——个体。在个体主义遮蔽之下，家庭作为法律调整的对象已经悄然消逝在中国法律现代化的进程中。西方的个人主义，其出发点是理性之下的人都是一样的，人和人的感情也是一样的（没有亲疏远近）。但这完全是一种虚假的设定，或者说它只是西方文化的设定。[3]事实上，现代西方政治由于没有以家庭和身份关系作为思考的出发点和法律调整的对象，导致的困境并非地区性问题，而是世界普遍性问题。

个人本位的契约社会，固然存在注重个人权利、个性自由的优势，但也可能带来追逐自利，情感淡漠的弊端，尤其是在家庭法领域。不可否认的是，现代化进程普遍削弱了家庭的伦理性，使得家庭成员关系走向松散和个体化，中国也未能例外。自从改革开放以来，中国家庭出现了一些与其他国家类似的情形，比如结婚率走低而离婚率增加、家庭规模变小，父母子女平等交往方式、父母赡养模式变化等现象，个体化与契约化的婚姻关系已经从根本上

---

〔1〕 参见张翔："论家庭身份的私法人格底蕴及其历史演变"，载《法律科学（西北政法大学学报）》2011年第2期。

〔2〕 参见张龑："何为我们看重的生活意义——家作为法学的一个基本范畴"，载《清华法学》2016年第1期。

〔3〕 参见张龑："何为我们看重的生活意义——家作为法学的一个基本范畴"，载《清华法学》2016年第1期。

挑战了婚姻家庭的正当性，导致了现代家庭法律的"总体性危机"。[1]但是，在家庭领域，个人的自由从来不是核心话语，恩格斯说：人来源于动物界这一事实已经决定人永远不能完全摆脱兽性，所以问题永远只能在于摆脱得多些或少些，在于人性和兽性的程度上的差异。[2]因此，人性不可能被消灭，只能在社会化中被伦理文化、道德规则和法律所适度控制，没有伦理法律规范，任何人的生存发展都是不可能的。纯粹的个人自由（意志）将导致伦理性的丧失，自然人借由家庭完成的伦理化和社会化的传统模式将失效，必然造成婚姻制度的虚无和家庭的灾难，西方传统守夜人国家理论无法应对这种局面，福利国家的产生一定程度上是对家庭领域道德危机的回应。

自从近代以来的"家庭革命"以及国家司法机制否定了私力救济的合法性后，在家庭纠纷解决中，传统社会的家法族规处置家族成员之间的纠纷也丧失了合法性根基，家事纠纷的处理越来越依赖国家司法机制。我国现代民事诉讼的理论在新中国成立初期主要来自苏联民事诉讼法理，自 1982 年出台《民事诉讼法（试行）》以来，民事诉讼的程序规则是以个人权利和私权自治为基本逻辑出发点的，这部程序法经过数次修订，理论来源主要是大陆法系民事诉讼法理，也有部分借鉴英美法系正当程序法理。其理论的一个基本出发点是强调个人权利和契约自由的现代私法精神，修订的基本趋势是弱化超职权主义模式，强化当事人主义模式，这种理论的构建和制度的设置都是以私人间偶发的、理性的财产关系纠纷为案件基本模型的立法选择，并没有关注到家庭和个人作为法律调整对象的根本性差异，因而也未设立单独的人事（身份关系）诉讼程序、没有对家事纠纷处理的特殊界定和程序规则。

缺乏国家强制力保障的婚姻家庭关系大多不能长久。日本学者国分康孝指出，见异思迁是人类的普遍心理，是社会生活中普遍存在的现象。亦即人的贪欲是没有边缘、无止境的，在婚姻家庭领域同样如此。每个人的自律性程度不同，道德修养有高低之别，为维护家庭生活秩序的稳定，需要法律手

---

〔1〕 参见李泽厚：《哲学纲要》，中华书局 2015 年版，第 40 页。
〔2〕 参见侯子峰、周学智："论人的本质与人性"，载《福建论坛（社科教育版）》2010 年第12 期。

段调控、规范和约束人们的行为。[1]以个人之自由为出发点理解家事诉讼程序，家事关系与一般民事关系均为平等主体之间的人身关系和财产关系，主张在家事领域全面建立当事人意思自治的权利体系，贯彻契约自由及个人财产神圣的私法理论，以排除国家权力的干预，不仅会导致片面的婚姻自由观念，而且从实践后果来看，已经成为婚姻、亲子等家事领域自由泛滥的制度原因，误导了立法、司法和社会舆论，貌似平等的个人权利制度，实则剥夺或削弱了法律对家庭弱者的保护，加剧了当事人地位的不平等。[2]一个典型的逻辑误区在于，婚姻的缔结和解除，或许可以理解为夫妻双方的个人权利和契约自由，但家庭不同于婚姻，尤其是涉及子女时，子女并非因为意思自治或契约自由而进入家庭。此时，若仍然只将个人纳入法律调整范畴，排除家庭作为法律对象，从个体自由而非家庭伦理的角度去立法和司法，必然会产生根本的逻辑误区，以及司法实践社会效果的减损。

事实上，许多研究表明，梅因所描述的以个人取代家庭的契约本位社会，并非人类最完美的选择，只是阶段性的选择，即便将其视作一种进步，也只是一种"进行时"，而非"完成时"。[3]2001年《中华人民共和国婚姻法》修订中，由于离婚补偿制度明显有悖于民法的过错责任原则，最终入选的方案是根植于民法理论基础上的离婚损害赔偿制度。司法实践表明，无过错方获得损害赔偿率极低，在家庭纠纷案件中，由于适用一般民事财产诉讼"证明责任分配规则"，该类证据具有隐蔽性，无过错方因举证不能承担败诉风险，很难获得损害赔偿，离婚损害赔偿形同虚设。该制度在适用过程中的障碍暴露出其法理根源上的偏差，因为，损害赔偿制度的理论基础为民法上的债权理论，基于合同违约或者侵权行为，导致的损害应当予以赔偿。在家庭关系中引入离婚过错损害赔偿制度，仍然是将家庭中的个人作为法律调整对

---

〔1〕 参见雷春红："婚姻家庭法的定位：'独立'抑或'回归'——与巫若枝博士商榷"，载《学术论坛》2010年第5期。

〔2〕 参见巫若枝："三十年来中国婚姻法'回归民法'的反思——兼论保持与发展婚姻法独立部门法传统"，载《法制与社会发展》2009年第4期。

〔3〕 参见于明："晚清西方视角中的中国家庭法——以哲美森译《刑案汇览》为中心"，载《法学研究》2019年第3期。

象，将家庭关系视为缔结的合同、将婚姻中的过错视为家庭成员违反合同或民事侵权，而未将家庭作为法律调整对象。如果将家庭作为调整对象，应当设置的是离婚补偿制度，离婚补偿制度所依据的不是民法债权理论，而是基于婚姻家庭生活共同体特有的扶养功能理论。从这个角度看，没有将家庭作为法律调整的对象范畴，在司法实践的运用中已经产生了违反实质正义的恶果。

二、家庭重新进入法律调整的视野

家事事件是一国法律与其司法传统联系最为紧密的一个领域，与社会领域的急剧变革形成鲜明对照的，是家庭结构的超稳定性，家庭仿佛总能够置身于社会变动之外，一如既往地在固有的轨道上运行，家庭这一自然人的本质联合体，其基本逻辑总是具有很强的延续性和稳定性。[1]

（一）对家庭进行法律调整的意义

从历史上看，人可以没有国，没有市民社会，却不能没有家。因为国是虚构的，市民社会是可以逃离的，唯有家，是每个人存在之根。[2]家庭是一切国家的真正由来和起源。家庭是最早的社会单位，经过适当规制的家庭是国家的真正原型，国家就是从家庭开始形成的。[3]现代社会中的家庭的存在，远远不只是单纯的血缘事实之存在，纯粹自然血缘事实关系由于只具有科学之意义、不具有法律之属性而丧失了法律调整的必要性。波兰的人类学家布·马林诺夫斯基指出：家庭不是生物团体的单位，婚姻不是单纯的两性结合，亲子关系亦绝不是单纯的生物关系。[4]人类早期的氏族是以血缘作为人格基础的，但是，随着氏族社会的发展，血缘对于氏族成员身份的取得，并不是绝对的，收养外人为本氏族成员的情况也会发生。按照摩尔根对于居住于北

---

〔1〕 参见张翔：《自然人格的法律构造》，法律出版社 2008 年版，第 155 页。

〔2〕 参见张龑："何为我们看重的生活意义——家作为法学的一个基本范畴"，载《清华法学》2016 年第 1 期。

〔3〕 参见严存生主编：《西方法律思想史》，法律出版社 2010 年版，第 112 页。

〔4〕 参见［英］布·马林诺夫斯基：《文化论》。转引自费孝通：《生育制度》，上海世纪出版集团 2007 年版，第 423 页。

美洲的易洛魁人多氏族社会的描述，为了弥补战争中氏族人的减少，氏族通常将战争中抓获的俘虏，收养为本氏族的成员，这个被收养的原先的敌人，获得了氏族成员的身份和一切权利。[1]由此可见，在氏族社会时期，人们已经意识到"主动地"运用法律上的人格技术，以达到某种现实的需要。家庭制度在人类历史上的起源已经表明，家庭在其固有的天然属性之外，还承担起了确定家庭成员、维持家庭私有财产等使命。[2]

　　20世纪各国在家庭领域的革命，以及我国新旧社会秩序更迭中对家庭关系和家庭结构定位的变化，带来了家庭中个体人格人的独立性。换言之，家庭作为人格人的结合体，人格人的权利性为家庭身份带来了平等的要素。但是，理性人格人否定不了家庭身份本身，因为个人除了是人格人以外，还是家庭关系中的伦理身份人。于是，家庭身份始终是市民社会中的特殊领域，家庭中的人不同于社会生活中的人，这就是所谓人身关系中人格与家庭身份之分立的由来。罗马共和国初期即区分公法人格和私法人格，在私法人格作用的家庭领域，家庭身份——家父、妻以及家子，乃是人拥有私法上的权利与义务的基本前提，构成了私法人格的基础。在家庭身份发生变动时，必然会引起私法人格的相应变化。比较而言，在公法人格发生作用的政治国家领域，人是作为"国家的人"而存在的，并不包含家庭身份的要素，因此罗马法上有言：公法上无家父。例如，公法上父与子均可享有选举权与官职权，国家领域把"父"与"子"从个人角度视为具有平等权利的市民。[3]从现代视角来看，家庭仍然是人们长期保持亲密关系的组织结构。共同生活的维持，依然是家庭最高的目标，而这个目标正是由人类繁衍、幼童抚养的客观规律以及家庭成员间彼此扶持、长相厮守的心理要求所决定的。[4]无论是社会福利发达的国家还是社会福利欠缺的国家，婚姻家庭法都会无例外地规定一定

---

　　〔1〕　参见［美］路易斯·亨利·摩尔根：《古代社会》，杨东莼等译，江苏教育出版社2005年版，第78页。

　　〔2〕　参见张翔："论家庭身份的私法人格底蕴及其历史演变"，载《法律科学》2011年第2期。

　　〔3〕　参见张翔：《自然人格的法律构造》，法律出版社2008年版，第159页。

　　〔4〕　参见张翔："论家庭身份的私法人格底蕴及其历史演变"，载《法律科学》2011年第2期。

范围的亲属有相互抚养、相互继承遗产的权利、抛弃家人构成遗弃罪等。[1]家庭并没有也不可能因此为社会、国家所淹没。婚姻制度也许会消失，但只要人类社会仍需繁衍后代，家庭的消失就是一种空想，家庭的功能不是能够任意终结的，家庭的文明作用是不可替代的。

对于强调家庭作为法律调整的核心，亚洲文化圈中的典型是新加坡。新加坡是亚洲社会较早提出建立系统家庭政策的国家，李光耀曾指出，政府或存或亡，但家庭是永久的。[2]政府治理功能运行中更多的是将家庭作为基本单位，而不是公民个人，国家鼓励家庭成员之间的相互照顾，强调国家不应该取代家庭，承担照顾家庭成员的责任。将家庭视为社会治理的基本单位之一，几十年来政府对家庭规模、家庭关系以及家庭生计的调控，其根本目的是尝试将家庭作为社会治理的起点，进而对全社会的经济、政治以及意识形态进行有效治理。对于经济高速发展、社会政策又秉持"反福利"传统的新加坡，"家庭"无疑在新加坡的整个国家建设过程中，为公民心理、情绪以及感情提供了充足的弹性空间。[3]由于对家庭的价值认同和政治依赖，新加坡的家庭政策往往可以真实地体现政府对社会多元力量的创造性整合与再分配，以家庭为轴来平衡政府、社会、市场与公民个人之间的关系，这种逻辑不仅取得了实际的效果，而且也吻合于具有一定文化共性的我国国情。

（二）家庭的程序法的意义及其现代性

通常法律对一般民事私权关系仅作最低限度的规定，在私权领域遵循的是"法无禁止即可为"的模式。在婚姻家庭领域还不仅限于此，基于"法不入家门"的理念，实体法对于家庭生活中各种身份关系的建立和变更、家庭成员之间的权利义务、如何协商共处等留出了更大的弹性自治空间，大量的

---

〔1〕 参见蒋月："人权视野下婚姻家庭法最近六十年的变迁及其对我国的启示"，载《厦门大学法律评论》2009年第Z1期。

〔2〕 Lee, K. Y., S. N. Archives, The Papers of Lee Kuan Yew: Speeches, Interviews and Dialogues, Singapore: Cengage Learning Asia Pte Ltd, 2012.

〔3〕 参见刘笑言："通过家庭的治理——新加坡以家庭为轴的社会治理机制分析"，载上海市社会科学界联合会编：《全面深化改革与现代国家治理——上海市社会科学界联合会第十二届学术年会论文集》，上海人民出版社2014年版，第402页。

家庭生活是当事人"商量着办"，可以遵循意思自治去完成。家庭成员之间是妥协而不是竞争、是伦理而不是权利。法治现代化的背景下，妥协和伦理的实现方式，由传统家庭中家长、族长的命令转变为家庭成员的协商。现代家庭关系由命令到协商的变革，并没有导致"家庭身份"概念的消除，虽然在国家法的角度，丈夫、妻子、子女的身份差异被抹平，均具有独立人格，但家庭身份依然不同于一般的人格关系——其所蕴含的两性间密切的联系以及不计报酬的"相互忠诚、相互帮助与救助"的权利义务内容，是无法通过相互对立的人和人之间精明、冰冷的债权契约派生出来的。[1]为了尊重"人之常情"，2012年修正后的《中华人民共和国刑事诉讼法》（以下简称《刑事诉讼法》）增设了亲属出庭作证义务豁免权，这是一种立法上的进步，也是法律对家庭意义的肯定。法律不是用来互相伤害的，更不是用来破坏我们所依赖的生活意义的，家庭作为法律调整对象的意义，在近代"家庭革命"之后，正朝着理性的方向逐步回归。

　　家事程序法是规定人们如何通过国家司法解决家庭纷争的规则，此时将家庭纳入程序法视野，意味着不是仅仅从理性人格人的单一维度去设置家事程序规则，而应当从理性人格人和伦理身份人的多重维度去设置家事程序规则，如此方能为家事司法程序和家庭生活治理均带来有益的弹性空间。

　　例如，家事实体法基于家庭自治仅仅作了底线的规定，留出了大量家庭自由处置的空间，这也是家庭矛盾易发的原因之一。实体法的留白，一方面意味着国家认可家庭领域内的弹性自治空间，并非所有家庭之间的纷争均可以启动国家司法程序进行诉讼，例如，父母关于子女教育观点的冲突，此时便不能将父、母、子女分别作为人格人，作为一个普通的个人之间纷争看待。因为，如果将其看作独立个人之间的纷争，国家就有义务启动司法程序予以解决，这是公民所享有的裁判请求权决定的。而将其作为家庭中的一个协商问题时，这个纠纷就不具有法律上的可诉性，留给家庭这个弹性空间予以自治。可见，将家庭中的伦理身份人作为家事程序立法的对象，将产生不同于一般民事诉权理论的家事诉权，即确定家事纷争可诉性的范围。国家启动司

---

　　〔1〕　参见张翔："论家庭身份的私法人格底蕴及其历史演变"，载《法律科学》2011年第2期。

法审判义务是有界限的，不是所有家庭成员协商不成的情形，国家都有义务司法予以解决。另一方面，当事人将具有可诉性的家事纠纷呈交给法院，请求司法解决时，司法就不能因为无实体法规定而拒绝裁判，例如，关于抚养费金额、监护权归属等都要司法予以裁量，这时程序法要指引法官作出合理的裁判。

再如，将家庭中的伦理身份人纳入家事程序法的调整范畴，意味着家事程序法需要明确国家干预家庭关系及其限度。即使是以"个人自由"为根基的西方法律，根据罗马法传统所划归民法的亲属法，也未受抽象的"私法自治"原则支配，无论在实体还是程序上仍受到国家意志相当程度的干预，特别是有关离婚程序方面。西方国家曾经基于宗教、家庭的抚育扶养功能等原因延续了多年严格离婚主义。直到 20 世纪 60 年代，大多数西方国家对离婚法作了相对宽松的修改，美国除了学界开始关注并反思家庭法中国家权力从婚姻领域的退出造成大量社会问题和文化道德败坏，新的国家法律更是强调了国家保护家庭稳定，在婚姻关系破裂时将冲突降至最低并着重儿童利益保护的责任。[1]因而将家庭纳入设置程序法规则所应考虑的维度，意味着程序法不再以"理性人格人"的假设，运用不告不理、处分权主义、证明责任等自我责任原理进行诉讼，而为司法机关作为公权力职权启动程序、职权调查、弱势群体诉讼能力补足等举措提供了合理的弹性空间。

中国进入现代社会以来，传统家庭因为宗族家制存在剥夺妻及子的独立人格、具有不合理的依附性等原因，作为一个完整的思想和制度范式被打碎了。但是，在理论根基和价值取向中，注重人伦和情感的法文化仍有其合理性，并蕴含对上述以个人权利和契约自由为出发点的民事诉讼程序现代性危机的反省与启示。不同于传统的宗族家法，当代社会关注到家庭作为最根本性的社会单元和法律调整的对象范畴，是在现代平等人格权的理论基础上进行的探索和发展，家庭在家事纷争的国家司法程序中具有缓冲、调节、自治等功能，司法程序亦需要对纷争家庭关系的未来重新予以评估和权衡。现代

---

〔1〕 参见巫若枝："三十年来中国婚姻法'回归民法'的反思——兼论保持与发展婚姻法独立部门法传统"，载《法制与社会发展》2009 年第 4 期。

家庭关系的和传统家族关系的性质、状态、交互方式决定了家庭组织的结构、功能和变迁，例如，传统家族关系中的人格依附关系决定了家庭交互方式是支配性的，而现代家庭中的人格独立关系决定了家庭交互方式是协作性的。家庭固然有其传统惯性和牢固性，但是改革开放以来，社会转型、工业化、城市化、人口流动、生育政策、老龄化、住房条件、户籍和其他政策等多方面因素叠加，缩小了家庭规模、改变了家庭结构，重塑了家庭结构和家庭关系。今时今日对家庭纷争处理的程序规则，面向的是新的复杂的家庭关系的失调问题。此时强调将家庭作为程序法研究的重要维度，绝不是对传统宗族家法下解决家事纠纷的回归，而是对家事诉讼全新的定义和功能，具有深刻的现代性。

第三节　家事程序在民事诉讼中的地位

在今天的中国，从本源、核心到外围、边缘，从土地、住房、财政、税收、户籍、就业到婚姻、生育、养老，家庭所连接着的这一系列问题，充分表明了家庭在社会治理中的核心地位。[1]2011年修改的最高人民法院《民事案件案由规定》，将婚姻家庭、继承纠纷合并为一类案件，与合同案件、权属侵权案件并列，成为三大民事案件类型之一。[2]根据民政部统计数据显示，我国离婚率2016年已经增至348.6万对，2017年增至437.4万对，2018年为380万对，2019年为415.4万对。伴随着离婚数量的不断增长，婚姻结束、家庭破裂所产生的财产分割、未成年人监护和抚养、妇女权益保护、老年人赡养等一系列社会问题频发，家事案件数量和占比都持续大幅度增长。

事实上，很少有法律领域或公共政策像家庭法领域存在如此多的冲突和动荡，能够对婚姻家庭关系施加影响的，除法律之外，固然还有其他各种复杂的主观和客观因素，例如，经济发展水平、国家福利保障、社会道德准则等，法律只是其中一个重要的因素。但是在依法治国的背景下，通过法律对社会基础性初级关系的调节和对社会价值的导向是根本性的，这种法律既包

---

〔1〕　参见欧树军："重归家庭：福利国家的困境与社会治理新出路"，载《文化纵横》2011年第6期。

〔2〕　参见傅郁林："家事诉讼特别程序研究"，载《法律适用》2011年第8期。

括婚姻亲属继承方面的实体法，如我国《中华人民共和国民法典》（以下简称《民法典》）中的婚姻家庭继承编，也包括出现了家事纠纷时运用国家司法予以解决的程序法。

百年前中国在推翻帝制、建立共和的关键时刻，在激荡的社会变革中，国家治理的核心就是重新定义个人、家庭和国家的关系，家庭改革有重要的政治意义，要想建立和稳固新政体，就不得不先通过法律改革原有的家庭模式。[1] 当时的法律家们基于社会背景和法学知识，通过人事诉讼程序及亲属法确立了完整的人格权体系和平等的身份关系，以发扬契约精神和私权保护，进而方能促进经济社会的发展、摆脱贫穷。即使在这种时代背景和对个人权利的迫切需求下，立法者仍然保持了清醒的头脑，身份关系诉讼的程序规则并不能准用财产型诉讼法理，否则将彻底打破中国人长期以来对家的归属和依赖，将彻底走向对家庭的颠覆，将会造成难以预计的后果。也是在百年前，社会学家陶希圣就指出，在社会发展的任何阶段，法学家们必须意识到身份关系法治规则所承载的社会治理和政策导向等重要的政治功能。[2]百年来的社会动荡和变革中，身份关系及家庭是社会治理交锋的阵地，身份关系的调整规则直接引导着社会发展方向和政治治理模式。在中国可以说亲属法一直发挥着支配性的作用：就传统宗法家族所承载的实质亲属法来讲，它不惟规定了亲属之间的身份关系问题，更拱卫着传统社会的纲常秩序。[3]另一方面，从现代亲属法的形成过程以及亲属法所处理的亲属关系构造来看，其所体现的传统伦常秩序与权利义务秩序之间激烈而复杂的碰撞也昭示着亲属法的实质不仅仅是亲属之间的身份和财产关系问题，更关涉现代中国人伦秩序和政制的重新奠基问题。[4]

---

〔1〕 参见朱明哲："毁家建国：中法'共和时刻'家庭法改革比较"，载《中国法律评论》2017年第6期。

〔2〕 参见白中林："亲属法与新社会：陶希圣的亲属法研究及其社会史基础"，载《社会学研究》2014年第6期。

〔3〕 参见白中林："亲属法与新社会：陶希圣的亲属法研究及其社会史基础"，载《社会学研究》2014年第6期。

〔4〕 参见白中林："亲属法与新社会：陶希圣的亲属法研究及其社会史基础"，载《社会学研究》2014年第6期。

《中共中央关于坚持和完善中国特色社会主义制度，推进国家治理体系和治理能力现代化若干重大问题的决定》中指出：要注重发挥家庭家教家风在基层社会治理中的重要作用。最高人民法院 2016 年启动家事审判方式和工作机制改革试点，其所持基本理念即倡导文明进步的婚姻家庭伦理道德观念，维护健康向上的婚姻家庭关系，积极培育和践行社会主义核心价值观，弘扬中华民族传统家庭美德，维护公序良俗。适应家事案件特点，全面保护当事人的身份利益、财产利益、人格利益、安全利益和情感利益。[1]家事案件无论是绝对数量还是相对数量都是一个庞大的案件类型，是在民事案件中占比不容忽视的案件类型，对家事程序法的研究，目前在中国还非常薄弱，学界普遍认为"家庭琐事"的家事案件和"人命关天"刑事案件相比不值得花大量精力研究，也和动辄标的额上千万的合同、商事诉讼不可同日而语，这种误解和忽视可能导致极其严重的后果。家庭关系对每个个体的影响的广度和深度都是前所未有的，不仅是"从摇篮到坟墓"，更是"从胚胎到后代"。家事纠纷尽管表面上纯属私人间的问题，但实质上与国家和社会的根本利益息息相关。因为家庭是社会的基本构成要素，家庭关系的稳定是社会安定的基础，家事纠纷如果得不到及时合理的解决，往往会酿成个人、家庭甚至社会的悲剧，转化为暴力的私力救济甚至复仇，对社会秩序造成威胁。[2]因此，家庭成员之间的纠纷是一种最为初级、根本的社会关系和法律关系，家庭领域的纠纷解决就不能如同财产关系那样由当事人自由处分，往往采取国家介入，以维持家庭秩序和伦理公益的做法。在司法实践中，婚姻家庭案件是基层法院案件的重要组成部分，每一个程序规则都将改变一个人甚至一家人一生的生活状态，都将引导着社会中的其他人在家庭生活中的选择和做法，甚至对个人、家庭和国家之间的关系潜移默化地产生着影响，进而对治理模式产生至关重要的影响。

中国当代社会中，对身份关系的理解和需求依然以各种要素、碎片的形式存在于社会。如何防止理性经济穿透身份伦理，当前的任务就是要"发现"

---

〔1〕　最高人民法院《关于开展家事审判方式和工作机制改革试点工作的意见》，2016 年 4 月 21 日发布。

〔2〕　参见张晓茹："家事裁判制度研究"，中国政法大学 2004 年博士学位论文。

这些分散的、零碎的知识，抽象概括出完整的、体系化的身份关系诉讼程序规范，通过家事审判方式改革，切实建立起一套不同于"财产型诉讼"规则的"身份型诉讼"规则，探索以家庭为基本范畴的身份关系纠纷程序规则，但它不再以"君臣父子、宗族家法"的身份依附关系和非独立人格为遵循，而是一套以尊重人类血缘身份的伦理本质和现代人格权为基础的符合司法功能的规则体系，是法律及社会治理模式的价值判断和理性选择。

第四节　离婚后家庭的程序法意义

不论是在哪一种社会结构下，家庭纷争总是附着于我们的日常生活中，它始自过去，并联结到未来。家事纠纷一个很重要的原型就是离婚，并且附带请求未成年子女抚养费、亲权、会面交往权，是一个核心家庭崩裂之后需要面对的种种法律纠纷。婚姻关系解除或因离婚所产生的问题都在法院一刀两断地解决了以后，家庭并不是就这样结束了，如果裁判允许离婚，则日后这个家庭应该何去何从，成员应该如何安置，这些问题当然可能影响到家事程序规则的设置。当事人将自己的纠纷置于法院的掌控之下，特别是法律职业人用法律语言把当事人的"社会生活事实"转换、替代为"法律事实"的过程，使当事人有可能丧失了自己对纠纷的诠释权利。[1]即使在国家司法判决一对夫妻离婚后，国家对此后他们的生活安定及幸福，仍然应具有积极的义务。例如，子女并不会因为夫妻离婚而丧失父母与子女之间的亲子法律关系。家事诉讼程序规则，不可避免地需要将所有应考虑的因素全部涵括在一个程序中一次去解决。

关于婚姻结束后是否仍然存在"家庭"，这个问题有两种不同的观点：一种观点认为婚姻结束后，仍然存在持久的家庭关系；另一种观点则认为婚姻的结束意味着一切关系的结束，离婚不仅结束了婚姻，也解散了家庭。上述第二种观念自 20 世纪 80 年代已经悄然开始发生变化。对"婚姻的结束——家庭的

---

〔1〕 参见 [美] 萨利·安格尔·梅丽：《诉讼的话语——生活在美国社会底层人的法律意识》，郭星华等译，北京大学出版社 2007 年版。

解散"关系的重新评估正是从上述两种观念之间存在的紧张关系的探索中产生的，这种紧张关系是现代家庭法的演变史，解决二者紧张关系要求国家作出明确的选择，而不能夹在这两种不可调和的概念中继续蒙混过关。[1]当今世界主要国家关于婚姻和家庭的模式都预设了离婚后人们可以继续他们各自的生活，与他们的"前合伙人"只有残余的联系，父母双亲之间的关系会结束。但是，过去几十年的经验表明，婚姻可以自由解除，然而亲子关系不会。这反映在家事程序法中即将父母和子女视为一个持久性的家庭单元，无论他们的关系可能会变成什么样以及他们会形成什么样的新的关系。[2]在司法实践中，这种观念的探索和变迁已经有所体现，例如，传统监护权分配的理论支撑是，孩子们至少需要与一方父母保持连续性关系，并且如果这种连续性得到了保证，孩子们在父母离异后的生活中亦会生活得很好。这里隐含的前提是只要有父或母一方抚育，国家就免除了替代性抚育的"国家亲权"责任，其出发点并不是子女的最佳利益，而是国家责任的减轻。但随着上述关于"离婚后家庭"观念的形成，离异后如何养育子女的新的家庭关系模式正在形成，这就是持久性家庭的概念，即并非在父母之间作出谁是监护人的选择而是青睐共同亲权。

　　20世纪国家通过职权干预介入家庭关系的根本出发点在于维系身份关系的安定、实现家庭治理，采取禁止离婚、过错离婚等方式尽可能维系婚姻家庭关系。但21世纪以来，随着福利国家的理念兴起、国家亲权原则的不断完善，以及关于维系家庭和婚姻自由孰轻孰重思潮的变迁，国家通过司法职权干预、调控家庭领域的焦点发生了转移，新的焦点是国家在未成年人利益最大化、确保亲子关系的安定性上积极地发挥作用，这从"父母亲权"向"父母责任"的表述转变上可窥一斑。例如，美国科罗拉多州是完全避免监护权语言的美国司法辖区之一，立法将监护权诉讼改为"父母责任分配的诉讼"。[3]

---

〔1〕　参见［澳］帕特里克·帕金森：《永远的父母：家庭法中亲子关系的持续性》，冉启玉等译，法律出版社2015年版，第12页。

〔2〕　参见［澳］帕特里克·帕金森：《永远的父母：家庭法中亲子关系的持续性》，冉启玉等译，法律出版社2015年版，第14页。

〔3〕　参见［澳］帕特里克·帕金森：《永远的父母：家庭法中亲子关系的持续性》，冉启玉等译，法律出版社2015年版，第63页。

欧洲家庭法委员会——由来自 22 个国家的代表于 2001 年成立的一个组织——寻求制定跨司法辖区的家庭法共同原则，在设定养育子女原则时，它使用了父母责任这一通用语言。该原则规定：父母责任既不应该受到婚姻解除或婚姻无效或其他正式关系解除的影响，也不应该受到父母双亲在法律或事实上分离的影响。这是家庭法的新口号，婚姻可以解除，父母双亲可能会分手，但亲子关系仍然不受影响。[1]

综上所述，"离婚后家庭"在家事诉讼程序法上的意义只有在当代背景下才有机会显现。在我国，这种国家对于家庭概念认识的变化，也已经悄然发生在家事程序规则中。例如，关于起诉否认亲子关系的原告资格，最高人民法院《关于适用〈中华人民共和国婚姻法〉若干问题的解释（三）》[以下简称《婚姻法解释（三）》（现已失效）]中规定的原告为"夫妻一方"，那么，如果夫妻已经离婚，不再具有"夫"或"妻"的身份时，是否就无权起诉了呢？在 2019 年《民法典婚姻家庭编（草案三次审议稿）》中，立法者已经意识到这个问题，将有权起诉的原告设定为"父或者母"，[2]现已规定于《民法典》中。这意味着夫妻离异后，仍然是家庭关系中的父母，因这个"离婚后家庭"而产生的亲子关系纷争，仍然属于家事纠纷的范畴，这是对"离婚后家庭"意识的立法表达。再如，父母离异后，一方负责抚养儿童，就有关儿童的重大决定同父母另一方进行商议方面，负有何种义务？如果产生诉讼，是否应当将抚养方的意愿推定为有效，由父母另一方负举证责任证明其对子女相关事项的干预或反对是正当的？如果持有"离婚后家庭"的观点，那么法院不应当受理这类争议，如同将婚姻存续夫妇之间的养育子女纠纷视为不具有可诉性一样，同样的原理应当适用于分居、离婚或未婚父母之间的此类纠纷。这类纠纷属于家庭自治范畴因而不具有可诉性，不适合由司法裁判解决。法院唯一能做的是作出不同的监护裁判，但他们没有权力解决有关养育孩子的其他争议。反之，如果不持"离婚后家庭"的观念，则另一方的

---

〔1〕 参见 [澳] 帕特里克·帕金森：《永远的父母：家庭法中亲子关系的持续性》，冉启玉等译，法律出版社 2015 年版，第 91 页。

〔2〕 参见《民法典婚姻家庭编（草案三次审议稿）》，载法律图书馆：http://www.law-lib.com/fzdt/newshtml/20/20191102073901.htm，最后访问日期：2019 年 11 月 28 日。

干预或反对是对抚养一方监护权的侵犯，法院可以认定由享有监护权的一方作出决定。

　　另一方面，家事程序法亦无法将"离婚后家庭"视为和原家庭完全相同的样态，对其作为家庭处置的界限应该设定为亲子关系、亲权等涉及子女的纠纷中，如果没有这个清晰的界限，可能会影响当事人离婚后的新生活。例如，离婚后的当事人已经成立了新的家庭，关于原婚姻剩余财产的分割，如果仍然作为家事案件按照家事诉讼处置，会令当事人及其新配偶感受到似乎离异的两人仍为国家法律所看待的"家庭"，也许不是最妥适的选择。如果此时当事人合意选择放弃这种"离婚后家庭"的对待，适用于一般民事财产关系诉讼规则解决，法律可以考虑在程序规则中进行设置选择权，这是从相反的角度看待"离婚后家庭"在程序法上的意义。

家事程序法在中国的源起和变迁

自 2016 年最高人民法院启动家事审判方式改革试点工作后,相关成果逐渐面世,形成了一批具有代表性的成果。[1]但现有研究成果较侧重于德、日、英、澳等国的家事诉讼立法、家事法院和法庭制度等横向比较研究,对于构建我国家事解决纠纷程序法理和制度的研究还比较零散,缺乏从家事解决纠纷机制的历史变迁、社会背景、个体诉求、对国家治理的意义等方面的系统性研究。家事程序法对我国而言并非新生事物,早在百年前的清末民初就已经有了较为完整的立法和司法实践。历史不是简单地针对过去事实的陈述,而是为人们提供逻辑和成败的经验宝库。探寻历史上家事程序法变革和社会变迁的互动关系对研究我国当下家事程序原理和规则具有格外重要的作用。因为家事纠纷对一国历史传统的依赖性极强,尤其是婚姻、家庭、亲属关系受社会文化和宗教影响较大,仅仅中外横向比较借鉴意义十分有限。1921 年北洋政府颁布实施的《民事诉讼条例》是我国历史上第一部颁布实施的家事程序法。其中对身份关系诉讼不同于一般财产关系诉讼的法理和制度特点进行了体系性的规范,区分了诉讼事件和非讼事件程序;强调公益性、突出检察官莅庭监督和作为职务当事人的职责;确立了较高的级别管辖和专属的地域管辖;追求实质真实,采取职权干预调查取证;采取诉讼标的统合处理,

---

〔1〕 参见刘敏、陈爱武:《〈中华人民共和国家事诉讼法〉建议稿及立法理由书》,法律出版社 2018 年版;汤鸣:《比较与借鉴:家事纠纷法院调解机制研究》,法律出版社 2016 年版;王葆莳等译注:《德国〈家事事件和非讼事件程序法〉》,武汉大学出版社 2017 年版。

及时解决相关纠纷，防止矛盾裁判。司法实践在新制度和旧习俗之间虽有博弈，但是通过民初大理院的判例和解释，逐步落实新制度，改造旧习俗，为新秩序奠定了基础。可见，在家事程序首部立法中，已经对家事程序的伦理性本质和公益性特征有深刻认识和把握；从法律的角度对思想变革和社会结构变迁进行了有效回应。

"六法全废"后，我国现代民事诉讼的理论在新中国成立初期主要来自苏联民事诉讼法理，1982 年颁行《民事诉讼法（试行）》以及之后的历次修改，基本趋势是弱化超职权主义模式，强化当事人主义模式，这些都是以财产关系纠纷为基本模型的立法选择，并未设立单独的家事程序规则。运用财产型诉讼法理和规则解决身份关系诉讼，造成"个人主义"下身份关系契约化以及诉讼对抗化等诸多弊病，已经成为家事审判亟待改革的内容。

新中国成立后家事纠纷解决机制国家立法的断层，造成了需全新创设家事程序法的误解。因此学界的研究多是横向比较德、日、英、澳等国的立法，借鉴较多，传承不足。而德、英等国，固然法律发达，但系宗教国家，家庭领域中宗教教义影响很大，横向比较借鉴意义十分有限。家事解决纠纷机制有极强的传统依赖性，因此，应当弥补从历史的角度发掘家事纠纷"中国因素"的研究空白。与社会变革形成鲜明对照的是家庭结构的稳定性，家庭这一自然人的本质联合体，基本逻辑有很强的延续性和稳定性，无论社会如何变革，家庭总能在固有轨道上运行。对国家解决家事纠纷进行历史研究，有利于实现其生长于"民族精神"之中的社会效果。家事纠纷解决机制对于个人、家庭、社会及国家间关系具有不可替代的调节作用，是国家治理的重要内容。近代中国社会的"家庭革命"打破了父权家庭、健全了独立人格，对社会思想变革和社会结构变迁作出了有效的回应和保障，甚至重新定义了个人、家庭和国家的关系。今天我们同样面临着如何处置国家、家庭和个人的关系问题，历史成败经验对当下构建家事纠纷解决机制具有重要的参考意义。

清末变法修律中，修订法律馆编纂了《大清民事诉讼律（草案）》，该部法典未经颁布施行，清廷即告覆灭。民国初期，北洋政府在逐步公布民事诉讼单行法规的同时，经过广泛征询社会各界的立法建议，于 1921 年颁布，1922 年 7 月正式实施了《民事诉讼条例》，这是中国历史上第一部颁布实施的民事诉讼法典，其第六编为特别诉讼程序，规定了证书诉讼程序、督促程序、保全程序、公示催告程序和人事诉讼程序。其中，人事诉讼程序又分为婚姻事件程序、嗣续事件程序、亲子事件程序、禁治产及准禁治产事件程序（以下简称禁治产事件程序）以及宣示亡故事件程序共五种具体程序。这部民事诉讼法典中的人事诉讼程序规则一直适用，直至1931年2月南京国民政府颁布施行《民事诉讼法》后，适用新法的人事诉讼程序部分[1]。

人事诉讼是大陆法系法律及学理的分类，又称为身份关系诉讼，是关于自然人身份上权利义务关系的诉讼。与财产关系诉讼不同，它主要解决婚姻、亲子、收养等身份关系纠纷。人事诉讼也不同于家事诉讼，家事诉讼的范畴既包括人事诉讼，也包括涉及身份关系的财产诉讼，还包括家事非讼案件。不过，人事诉讼仍是家事诉讼的核心，德、日等国也是在人事诉讼的基础上不断发展，才形成了家事诉讼的概念和范畴。民国初期的人事诉讼程序规则是中国历史上首次颁布施行的人事诉讼程序立法，学界给予了充分关注，也对当时的司法实践和社会生活产生了很大影响。[2]南京国民政府《民事诉讼法》是在北洋政府《民事诉讼条例》基础上进行的修订，其中，人事诉讼程序规则大部分保留了原有内容，同时结合立法目的和社会实际进行了修订，如删去了嗣续事件程序。因此，本章将重点对北洋政府《民事诉讼条例》中的人事诉讼程序规则及其司法实践进行分析研究。

我国虽然在民国时期历史上存在过比较完备的民事诉讼法和家事诉讼程序规则，但新中国成立后，相当长一段时间内并没有一部民事诉讼法典，1982年《民事诉讼法（试行）》方才颁布施行，其后历次修订，主要都是围绕解决财产关系纠纷设置程序规则，并没有关于身份关系的程序规则。法院审理婚姻、亲子、收养等身份关系案件，适用的仍是以权利话语、契约自由

---

[1] 南京国民政府修订后的《民事诉讼法》分两次颁布施行，一是1930年2月颁布施行了第1条至第534条；二是1931年2月颁布施行了第535条至第600条即人事诉讼程序部分，其原因是民法典婚姻亲属、继承部分尚在制定中，需等实体法内容确定后保持衔接。

[2] 民初学者熊才出版了《特别诉讼程序法详论》，主要针对特别诉讼程序部分进行注解，其中婚姻诉讼一节还在《法律周刊》上系统发表出来，有力地回应了当时社会现实和民众生活对婚姻关系、亲子关系等身份关系诉讼的潜在需求。详见熊才："婚姻诉讼程序（续）"，载《法律周刊》1923年第26期。

和过错责任建立起来的一般民事诉讼法理，导致家事诉讼中的身份因素被忽视，造成"个人本位"下身份关系契约化以及诉讼对抗化等弊病，"家庭"要素被忽视已经成为家事审判亟待改革的内容。2016 年最高人民法院启动家事审判方式改革，自此之后，关于家事诉讼的研究日益增多，学界主要是从各国家事诉讼立法比较研究的视角开展。但是，比较研究不是只有横向地域比较一个维度，还包括纵向的历史上立法和司法实践的比较研究这一重要维度。家事诉讼程序中的"中国"要素即我国之传统被忽略，导致了家事诉讼中的"家庭"要素和"中国"要素被双重忽视。也许是因为家事诉讼法的历史断层，造成了家事诉讼法需全新创设的误解。当代中国法律人普遍认同的法律文化大体上是舶来的和现代的，而中国传统法律在婚姻家庭等身份关系领域的影响最深、遗留最多，正是身份关系极强的传统惯性，使得在家事诉讼领域进行历史研究更为必要。

第一节　民国初期家事（人事）诉讼立法的社会背景

一、传统法律体系中民刑不分及程序实体混同的局面被打破

中国传统法律既无实体法和程序法之分，亦无各部门法之别。所谓"民刑不分"，就内涵而言包括两个方面，首先它是指刑法和民法混合编在一部律典之内，其次它是指有关民事诉讼，如户婚、田宅、继承等，均是通过刑罚手段来予以调整的，[1]即用刑罚手段来处理民事纠纷。传统国家法视大量出现在社会基层的"户婚田土钱债"为"薄物细故"，让渡给民间调解运用乡土规则解决，但没有形成像刑事诉讼审判程序那样系统严密的制度框架，民事诉讼法因而没能成为一个独立自主的法律领域。清末《大清民事诉讼律（草案）》的奏折中，沈家本、俞廉三阐释了对民事诉讼法重要性认识，窃维司法要义，本匪一端，而保护私权，实关重要。东西各国，法制虽殊，然于人民私权秩序维持至周，既有民律以立其基，更有民事诉讼律以达其用。是

---

〔1〕　参见郭成伟主编：《中华法系精神》，中国政法大学出版社 2001 年版，第 49 页。

以专断之弊绝，而明允之效彰。中国民刑不分，由来已久。刑事诉讼虽无专书，然其规程尚互见于刑律。独至民事诉讼，因无整齐划一之规，易为百弊丛生之俯。若不速定专律，曲防事制，政平讼理，未必可期，司法前途，不无阻碍。[1]这段表述阐释了保护民事私权的重要性，为我国开启了民刑分离，私权纳入国家立法的历程。

1906年，《大清刑事民事诉讼律（草案）》编成，沈家本、伍廷芳在上奏《进呈诉讼法拟请先行试办折》中，对诉讼法与实体法的关系以及修订诉讼法的重要性提出了更为系统的看法，"窃维法律一道，因时制宜，大致以刑法为体，以诉讼法为用。体不全无以标立法之宗旨，用不备无以收行法之实功。二者相因，不容偏废。……若不变通诉讼之法，纵令事事规仿，极力追步，真体虽充，大妙未用，于法政仍无济也"。[2]20世纪20、30年代在朝阳大学讲授过民事诉讼法的李怀亮也持基本类似的见解："实体法不善，良民不至受害，程序法不善，则必害及良民。"[3]关于实体法与诉讼法"二者相因，不容偏废"的"体用"之论，深刻体现了法律家对程序法价值和作用的认可。

1917年9月，《指示关于非讼事件各款令》就有关非讼事件各款作出了解答，人事诉讼程序中的禁治产和宣示亡故事件性质上均为非讼事件，适用非讼法理，不同于权利争议性的婚姻、嗣续、亲子事件，非讼程序规则有了相对明确的界定。民国初期立法因外交内政之需要，整体性移植西方法理，对民事诉讼的构建是体系性的，民刑区分、程序法单设、界定非讼事件及其法理，这些都成为人事诉讼程序规则得以立法的必要前提。

二、"无讼"的理想和"好讼"的现实

人们通常认为，东方的文化受儒家思想支配，强调中庸之道、主张"和为贵"，而西方文化强调个人本位，主张"为权利而斗争"。其实，中国传统社会的"无讼"理念并不等于民众的实践行为，明清时，好讼和健讼已是普

---

〔1〕 参见陈刚主编：《中国民事诉讼法制百年进程（清末时期·第二卷）》，中国法制出版社2004年版，第4页。

〔2〕 参见李贵连：《沈家本传》，法律出版社2000年版，第280~281页。

〔3〕 参见朝阳大学编：《朝阳大学法律科讲义-民事诉讼法》，朝阳大学出版社1927年版，第1页。

遍的社会现象。"无讼"只是一种社会秩序的最高理想而已。对官员们来说，鼓励"息讼"是实现政治统治和社会控制的策略，为达目的，他们不惜夸大诉讼的种种弊害，以阻吓乡民，使得乡民产生"惧讼"的心态，官民之间形成了一种"顶层强化厌讼的理想状态，基层惧怕诉讼"的共同话语。事实上，无论是"厌讼"还是"惧讼"，都未能阻止百姓的诉讼需求，国人的权利意识也并不淡薄。黄宗智等人的研究表明，明清时期中国已经"诉讼爆炸"，徽商和江西商人好讼有大量的诉讼资料可以佐证，明初学者方孝孺曾说："人之情不能无欲也，故不能无争，争而不能自直也，故不能不赴诉者，非人之所得已也。"[1]陶承学任徽州知府时言"徽俗健讼，讼牒满簠，或数十年不结"。近代学者对清代县级法庭档案研究发现民事案件占到县法庭所有案件的1/3甚至一半。[2]户婚等事件，从国家视角来看是细故，但从百姓的视角来看，则关切自己利害，十分重要，而且任何一州一县，总是重案少、细故多，需要国家提供一套用以解决"细故"争执的程序规则。

三、财产关系诉讼和身份关系诉讼分别立法

民国初期社会变革的一个重要内容就是适应政治潮流对宗法伦理进行改造，甚至进行"家庭革命"。传统中国社会以农耕文明为主，血缘家族组织高度稳定，社会以"宗族家庭"为基本单位，自给自足的宗族生活更多依赖身份关系而生存发展。中国古代法律的主要特征表现在家族主义和阶级概念上，二者是儒家意识形态的核心和中国社会的基础，也是中国法律所着重维护的制度和社会秩序。[3]中国传统法律承认父权也承认夫权，家族成员之间的纠纷和侵犯、伤害等都是根据当事人在家族中的身份而裁决的，身份关系是中华法律体系中的核心关系。传统民事规范主要是乡规民约和家族法规，这些规则都是以身份关系为基础的权利义务规范。如果将民事诉讼的本质定位于契约精神和私权保护，这在中国古代社会是很匮乏的，国家颁布的"户婚田

---

〔1〕 参见（明）方孝孺：《逊志斋集》，宁波出版社 2000 年版，第 98~99 页。

〔2〕 参见［美］黄宗智：《清代的法律、社会与文化：民法的表达与实践》，上海书店出版社 2007 年版，第 48 页。

〔3〕 参见瞿同祖：《中国法律与中国社会》，商务印书馆 2010 年版，第 12 页。

土"等规范主要目的是对这些领域进行管理，和现代民事诉讼目的在于保障私权是异质的，尤其是身份制度在宗法势力下，并无权利性和自由性。在解决了刑民区分和程序立法等问题后，对改造的主要对象——宗法伦理下的身份关系迫切需要一套符合社会发展需要的程序规则予以解决。

另一方面，民国政府的立法面临来自国内外的压力，为了实现司法主权独立，成为一个法制健全的近代国家，国民政府需要快速且激进的立法方案，体系性移植具有一定文化同源性的日本等大陆法系立法成为当时的最佳选择。日本的民事诉讼立法专家松冈正义认为：民事诉讼之目的物，为私法关系，私法关系分为两种，一为纯粹之司法关系，二非纯粹之私法关系，公益私益，皆有关系。前者为财产权之关系，即普通关系，法律上不必有特别规定，后者之办法如何，必须有特别规定。[1]因为，财产上之盈虚，为个人之关系，甲得乙失，均之为国民所有。其有形之财产，乃可保存。公益事件，为国家运命上之关系，一有不正，则无形之秩序，受害已深。国家不能以自体之利害，委之私人之意见。[2]不同于财产关系的私益性、理性和契约性，身份关系往往具有血缘客观性、公益性、伦理性、情感性等特征，大陆法系各国均十分重视身份关系的调整规则，在民事诉讼程序中单独设置人事诉讼程序已是惯例，体系性移植时单独设置人事诉讼程序规则成为一种必然的选择。

四、个人、家庭和国家的关系的变革

中国传统伦理体系强调个人利益需服从于从家族到天下的各种集体利益，在宗法家国体系中，即使一个为人夫、为人父的成年男性能对妻及子的人格予以吸收，但其本身亦不具备完全独立的人格，只是以父的身份作为家长来代表家族这个共同体，类似于现代法理上团体的"法人代表"。家在个人和国家之间处于重要的枢纽地位，士大夫阶级作为家长率其家族成为政治结构中的支配阶级，但同时家长也不过是一个受制于家内外秩序的身份阶级。对于晚清为什么要改制变法这个问题，大体上以废除领事裁判权为直接理由，而

---

〔1〕 参见［日〕松冈正义口述，熊元襄编：《民事诉讼法》，上海人民出版社2013年版，第46页。

〔2〕 参见［日〕松冈正义口述，熊元襄编：《民事诉讼法》，上海人民出版社2013年版，第161页。

以传统社会经济结构的转型为根本原因。民国学者陶希圣通过对社会史的考察，追根溯源到士大夫阶级的特质及其现代失败上，这种失败不仅是士大夫阶级的特质所导致的晚清在政治和经济上面临的困局，更与士大夫担纲的宗法式亲属法所形塑的非独立性人格有关。[1]宗法阶级式的礼法系统中，因为缺乏人与人之间独立平等的水平关系而阻碍了私法的发展，因而无法促进社会经济发达。晚清民初社会变革的驱动和新文化思潮的影响，要求建立个人具有独立平等人格的新社会秩序，传统个人、家庭和国家的关系悄然发生着变化，家庭的绝对优位慢慢褪去，个人和国家直接发生联系。民初学者批判传统家族对儿童利益保护的缺失，纯粹为两亲及家长的利益而不是为儿童及社会的利益，[2]故在子女利益上，家长权应向亲权转化，国家在这里扮演的是监督者的角色，一旦亲权侵害了子女利益，国家就会以保护者的面目出现，即现代国家亲权理论。既然把家长权转化为了亲权，那么原来的家族权几乎没有了存在余地。个人和家国关系的变化需要设立对人与人之间身份关系调整的新规则，包括实体规则和程序规则，人事诉讼程序便是解决身份关系纠纷的程序规则。

第二节 民国初期家事（人事）诉讼程序规则的特征

《民事诉讼条例》人事诉讼程序部分共计 88 条，较为详尽地规定了人事诉讼的类型和程序规则。对于人事诉讼不同于一般民事诉讼的特殊法理和制度特点，进行了体系性地规范。

一、区分诉讼事件和非讼事件程序

非讼事件是指国家为保护人民私法上之权益，对私权关系之创设、变更、消减，在形成过程中，依申请或职权为必要干预的事件。与诉讼事件不同，

---

〔1〕 参见白中林："亲属法与新社会——陶希圣的亲属法研究及其社会史基础"，载《社会学研究》2014 年第 6 期。

〔2〕 参见陶希圣："立法政策与立法技术"，载《新生命》1928 年第 10 期。

诉讼事件旨在解决发生争执之民事纠纷，以确定私权，非讼事件旨在监督或监护，防止私权发生争执。通常而言，非讼事件具有非对抗性、准行政安排性等特征，因而适用的是非讼法理，包括非公开、非对审、职权干预、快速裁判等原则。[1]《民事诉讼条例》将婚姻、嗣续、亲子关系事件列为诉讼事件，适用诉讼法理；将禁治产、宣示亡故事件列为非讼事件，适用非讼法理，对非讼法理的运用有着清晰的理解和把握。例如，在称谓上，诉讼事件中当事人称为原告、被告；非讼事件当事人称为申请人和被申请人。再如，在级别管辖上，诉讼事件由较高级别的地方审判厅管辖，非讼事件由于没有权利对抗性，且需要快速裁判以使身份状态确定，一般由初级审判厅管辖。还有，在统合处理诉讼标的时，诉讼事件可以于变更、追加、反诉时统合在一个案件中处理，防止矛盾裁判，但是非讼事件程序中不得追加诉讼请求或反诉。

二、强调公益性，突出检察官职责

民国初期检察官在人事诉讼案件中承担着两重职责，一是莅场监督，二是作为适格当事人。早在清末 1907 年 10 月颁行的《各级审判厅试办章程》中就已规定检察官有"民事保护公益，陈述意见"的职责。《民事诉讼条例》人事诉讼规则规定，检察官对于婚姻、嗣续事件等民事诉讼之审判，必须莅庭监督，如审判官不待检察官莅庭而为判决者，则其判决无效。民国时期金绶先生阐释其法理在于，人事诉讼案件由于均涉及婚姻效力、废继、归宗、亲权丧失等身份利益，与公益有重大关系，故均应当由检察官莅厅陈述意见，事件及日期应提前通知检察官，检察官莅场者，应将其姓名及所为之声明记明笔录，体现出检察官监督公益性质的民事诉讼的职责。[2]

作为适格当事人是指检察官作为原告行使诉权和作为被告参与诉讼，即大陆法系所称"职务上的当事人"。对于有害公益的婚姻，检察官有权提起人事诉讼，且可以进行诉的合并、变更、追加或提起反诉。即使是他人提起之

---

〔1〕 参见陈桂明、赵蕾："比较与分析：我国非讼程序构架过程中的基本问题"，载《河北法学》2010 年第 7 期。

〔2〕 参见金绶：《民事诉讼条例详解》，中华印刷局 1923 年版。转引自陈刚主编：《中国民事诉讼法制百年进程（清末时期·第二卷）》，中国法制出版社 2004 年版，第 121 页。

诉，检察官也可以上诉，检察官提起上诉的，前审的各方当事人均为被上诉人；当事人中一人提起上诉的，应以前审其他当事人及为当事人的检察官为被上诉人。在撤销认领之诉中，作为被告的父或母亡故，可以检察官为被告，若在诉讼开始后判决确定前亡故，由检察官承受诉讼，因为对于身份关系，即使被告死亡，仍有必要使生存当事人身份关系明确，由检察官作为职务上当事人成为被告。

三、较高的级别管辖和专属的地域管辖

在级别管辖方面，《民事诉讼条例》规定受理一审案件的法院包括初级审判厅和地方审判厅两个级别，1000元以上价额实物及人事诉讼（如婚姻、继承、亲族分产等项），都属地方审判厅管辖，应向地方厅提起一审。因为婚姻事件、嗣续事件、亲子关系事件之诉，关系于人之身份甚大，裁判必须慎重，故使专属于较高级别的地方审判厅之管辖。禁治产及准禁治产事件、宣示亡故事件程序由初级审判厅管辖，因"事极简易，争执亦少，不宜以烦重手续使当事人靡费"[1]。在禁治产原因消灭后，撤销禁治产的申请，也是由初级审判厅管辖符合非讼事件无权利争议性、准行政性的基本法理。但若提起不服禁治产宣示之诉，或是对宣示亡故提起撤销之诉，则由宣示禁治产或亡故的法院所在地的地方审判厅提起，使审判可以郑重而行。可见，同样是撤销宣示，对宣示禁治产采取申请撤销（非讼程序）由初级审判厅管辖，而对宣示亡故采取撤销之诉（诉讼程序）由地方审判厅管辖，这是因为，"宣示亡故之判决效力至大，故实体上有所不当，亦将提起撤销之诉"。[2]

地域管辖方面，在《民事诉讼条例》中称为土地管辖，确立了原告就被告的原则，但人事诉讼的地域管辖采取专属管辖的方式，并详细列明不同事件的专属管辖。其中，婚姻事件专属于夫之普通审判籍所在地或其亡故时普通审判籍所在地管辖；嗣续事件以所后之亲（即嗣父、嗣母）之普通审判籍

---

〔1〕 参见金绶：《民事诉讼条例详解》，中华印刷局1923年版，转引自陈刚主编：《中国民事诉讼法制百年进程（清末时期·第二卷）》，中国法制出版社2004年版，第122页。

〔2〕 参见金绶：《民事诉讼条例详解》，中华印刷局1923年版，转引自陈刚主编：《中国民事诉讼法制百年进程（清末时期·第二卷）》，中国法制出版社2004年版。

所在之地或其亡故时普通审判籍所在地管辖；亲子关系事件专属子女之普通审判籍所在地或其亡故时普通审判籍所在地管辖；禁治产事件由禁治产人及准禁治产人普通审判籍所在地管辖；宣示亡故事件专属于失踪人住址地管辖，其缘由均是为了便于审判。此时的便于审判需放在当时的时代和社会背景下分析。例如，婚姻事件中，专属于夫之普通审判籍所在地，是因为当时绝大多数情况下，妻随夫而居。而亲子关系事件中专属子女之普通审判籍所在地则体现了当时已有对子女程序利益予以司法保护的意识。

四、追求实质真实、采取职权干涉

民事诉讼由于涉及私益，往往采取当事人处分主义和法律真实原则，《民事诉讼条例》也以此为原则进行了规定，在诉讼的各个阶段，当事人都有权处分自己的权利；法院对案件的审理受当事人处分权的制约，原告可进行诉的变更、追加和撤回，双方可以和解等；裁判上发现的真实是法律真实，当事人的自认对裁判具有约束力。例如，于当事人无争执之事实，认为事实加以裁判；于当事人有争执之事实，以当事人提出之证据为基础而决其真否。当言词辩论日期被告不到场，而原告为缺席判决之申请者，审判衙门视与原告之事实上供述与被告自认同。[1]

但是人事诉讼事关伦理及公益，不能任凭当事人处分，而应采取干涉主义，最大程度调查证据、发现实质真实。例如，甲对于乙提起离婚之诉，乙虽认诺而推事亦不能即以为是判其可离，必先调查事实，夫离婚条件合于法律之规定否，而后方能判断。其所以必如此审慎者，以其事关公益，不能与普通财产之诉类比。[2]也即，即使乙承认甲的诉讼请求，但是法官并不受该承认的约束，仍然要根据事实和法律裁判。在《民事诉讼条例》的规定中，一是不适用认诺效力的规定。在婚姻、嗣续和亲子关系事件中均不适用认诺效力，且在不服禁治产宣示和亡故宣示之诉中，也不适用认诺效力。二是不

---

〔1〕 参见金绶：《民事诉讼条例详解》，中华印刷局 1923 年版。转引自陈刚主编：《中国民事诉讼法制百年进程（清末时期·第二卷）》，中国法制出版社 2004 年版。

〔2〕 参见金绶：《民事诉讼条例详解》，中华印刷局 1923 年版。转引自陈刚主编：《中国民事诉讼法制百年进程（清末时期·第二卷）》，中国法制出版社 2004 年版。

适用审判上自认及不争事实的效力。因为婚姻事件为维持公益，裁判必求真实，不适用当事人处分主义的自认规则。不适用的程度又因事实的种类不同而异，婚姻案件在以下两种情形不受自认及不争事实效力约束：一是撤销婚姻、离婚或夫妻同居之诉，在撤销婚姻、离婚或拒绝同居的原因事实上，不得适用自认效力，否则就和维持婚姻的公益目的相背驰。二是在婚姻是否有效及是否成立的原因事实上不适用审判上自认及不争事实的效力。此时，在肯定和否定婚姻效力的事实上均不适用自认效力，而不是仅在否定婚姻事实中不适用自认效力，这是因为婚姻成立与否、有效与否必须符合公益所设定的权利状态，否则均有害公益。例如，未达法定婚龄、属于禁止结婚的近亲属等事实，即使当事人自认婚姻成立有效，法院也不受该自认约束。在嗣续事件中准用婚姻事件的规定，有条件的不予适用。在亲子关系事件、不服禁治产宣示、亡故宣示之诉中均不适用审判上自认及不争事实的效力。三是法院可以依职权调查证据，并斟酌当事人所未提出的事实。与前述类似，在婚姻事件中法院职权调查是有条件的，法院仅能为了维持婚姻职权调查，而不能为了离婚职权调查。但确定婚姻成立与否、有效与否时均可职权调查。嗣续事件准用婚姻事件的规定，在亲子关系事件、不服禁治产宣示、亡故宣示之诉中，法院均可以依职权调查证据，并斟酌当事人所未提出的事实。四是检察官可以提出事实及证据方法。在婚姻及嗣续事件中，仅因维持婚姻和嗣续时，检察官可提出事实及证据方法；在亲子关系事件中，检察官可不受限制地提出事实及证据方法，但禁治产和宣示亡故事件属于非讼事件，检察官无此职权。

五、诉讼标的统合处理

诉讼标的是民事诉讼当事人争议、法院审理和裁判的对象，即当时所言之"诉讼物"。人事诉讼处理身份关系纠纷，但因身份关系纠纷可能产生其他纠纷，如离婚案件中，不仅存在离婚诉讼，还存在未成年子女的抚养、夫妻财产分割，甚至损害赔偿纠纷。《民事诉讼条例》规定应该对这些争议进行统合处理，婚姻无效、撤销婚姻与确认婚姻成立或不成立及离婚并夫妻同居之诉，得合并提起，或于第一审或第二审之言词辩论终结前，为诉之变更、追加或提起反诉。非婚姻事件之诉，以扶养之请求、交付子女之请求、返还财礼或食物之请求及由诉之原因事实所生损害赔偿之请求为限，得与前项所揭之诉合并提起，或于其诉讼程序以新诉或反诉主张之。[1]目的是于婚姻诉讼所应提起之诉皆可合并于一诉讼，而不使其屡次提起者，防止出现矛盾判决、以维持公益也。在嗣续和亲子关系事件中准用该条规定，例如，确认亲子关系和由此产生的确认继承份额等请求，也可以统合在一个诉讼程序中处理。而禁治产和宣示亡故事件，由于其本身属于非讼事件，此时毫无节省费用劳力的利益，故对于不服禁治产宣示之诉，不得合并提起他诉，亦不得于其诉讼程序提起新诉或反诉。[2]家事案件统合处理也是现代各国家事诉讼法理的重要内容，有利于及时解决当事人之间的争议，防止作出矛盾判决，实现身份关系的稳定，节省司法资源。

第三节　民国初期家事（人事）诉讼的审判实践

民国初期，由清末法律移植带来的现代西方民事诉讼理念和制度开始全面付诸实施，但立法及其法理只有成为整个社会既存的司法实践后才能实现立法之目的。因此，民国初年最高审判机关——大理院在新旧糅杂的背景下，创造性地运用判例补充的方法应对立法欠缺和旧秩序惯性的现实，承担起"司法兼营立法"的双重任务，有力地推动了包括家事诉讼程序法在内的各项法律制度的现代化发展，大理院的各种判决例和解释件也被编成文，成为当时判案的依据之一。据不完全统计，大理院在 1912 年至 1927 年间汇编判例3900 多种、公布解释例 2000 多件，其中亲属和继承判解最多。[3]所以，对北洋政府《民事诉讼条例》颁行后的司法实践进行研究非常必要。民国初期人事诉讼的司法审判实践呈现出如下特征：

---

〔1〕　参见 1921 年《民事诉讼条例》第 672 条。

〔2〕　参见金绶：《民事诉讼条例详解》，中华印刷局 1923 年版。转引自陈刚主编：《中国民事诉讼法制百年进程（清末时期·第二卷）》，中国法制出版社 2004 年版。

〔3〕　参见汪维佳："通过私法的治理：近代以来我国政治秩序推进与家庭法变迁"，浙江大学2015 年博士学位论文。

一、家事诉权的专属性和平等性

专属性是指仅身份关系的当事人才有诉权，典型地体现在阻断宗族对婚姻、亲子等身份关系等支配，否认族长等第三人的诉权。平等性是指身份关系的双方或多方均享有诉权，而不专属于一方当事人，传统上往往是丈夫或父亲。

判解 1：顾清高等与唐永林等同居纠纷案[1]裁判中记载："夫妻同居之诉非第三人所可提起，又由夫或妻起诉者不得以第三人为被告，此民事诉讼条例第六百六十八条第一项已设有明文规定。原告顾清高、顾唐氏系顾开林之父母，被告唐永林系唐小宝因之父，均系第三人，而顾清高、顾唐氏竟与顾开林一同起诉，并以唐永林为被告，实难认为合法。"判决顾清高、顾唐氏之诉及顾开林其他之诉均驳斥。

判解 2：孔张氏与藏孔氏离婚纠纷案[2]："查夫妻离婚之诉与夫妻同居之诉，除民事诉讼条例有特别规定许第三人提起者外，唯夫对于妻或妻对于夫使得提起之。"

从上述两个判例中可见，能够提起婚姻纠纷告诉的仅限婚姻当事人两人，即丈夫为原告，妻子为被告；或者妻子为原告，丈夫为被告两种情况。在判解 2 中原告孔张氏不过为被告之养母，藏永安系被告之夫、藏永坤之兄，所以孔张氏与藏永安也以被告背夫潜逃为理由与原告藏永坤共同出头告诉，请求判令被告藏孔氏与藏永坤离婚，不合《民事诉讼条例》中当事人适格的规定。除了婚姻案件，在亲子身份关系案件中，同样强调诉权的专属性。

判解 3：民国五年统字第 455 号解释所涉案例（民国五年六月二十日大理院复江苏高等审判庭电）：[3]江苏高等审判厅原电"大理院钧鉴：甲死后，嫡妻乙以庶子丙名义发讣治丧。族长丁系已经认知之奸生子。遵照钧院统字

---

[1]　参见江苏省高级人民法院等编：《民国时期江苏高等法院（审判厅）裁判文书实录》，法律出版社 2013 年版，第 698 页。

[2]　参见江苏省高级人民法院等编：《民国时期江苏高等法院（审判厅）裁判文书实录》，法律出版社 2013 年版，第 673 页。

[3]　参见郭卫编：《大理院解释例全文》，成文出版社 1972 年版，第 257 页。

第 418 号解释，应以他无应继之人为限，援例得告争。现竟欲别图应继之人。丁以族长名义谓丙系异姓子，非甲亲生，应行另立继嗣起诉。并声明即仅求另立继嗣，告而不争。丁有无诉权，请解释是遵。江苏高等审判庭叩函。"大理院回函解释："查本院判例，自己及直系卑属无继承权者，无论现继之人是否异性均不得对之告争。丁既非应继，又非应继人代理，自可驳斥。大理院号印。"

在本案中，虽然寡妇择立的嗣子是异姓，按照当时法律规定属于"异姓乱宗"，实体上并不合法。但是，大理院经过审理认为，族长丁既然本人没有继承权，也不是有继承权之人的直系尊长，即使是族长也没有诉权，所以法院对其提起的诉讼予以驳斥，否认了族长对族内他人身份关系的诉权。在传统法律中，只要寡妇立嗣行为违法，反对者就可以告争，法律对诉权主体没有限制，并不区分实体正义和程序正义。大理院则从诉讼程序的角度，对诉权主体进行了限制。在随后的判解中，大理院反复强调继承权是告争权的基础，一方面强化了身份关系诉权具有专属性，另一方面已经有以现代民事诉讼中的诉的利益理论判断是否享有诉权的逻辑，即有继承利益的人才有诉的利益，其诉权方可成立，才有国家启动审判的必要性。

传统社会中，妻子的离婚诉权受到了严格的限制，民初的司法实践回应社会变革的理念，逐步接纳了身份关系诉讼中不区分性别，均享有平等家事诉权的观念，限制丈夫专擅离婚之诉权。具体体现：一方面，女性起诉的条件放宽，例如，受夫重大侮辱者，妻可请求离婚，[1]北平地方审判机构受理的离婚案件从 1917 年~1918 年间的 54 件，上升到 1931 年~1932 年间的 375 件，其中，女方主动提出离婚的比例也从 55.5%上升至 81%。天津市社会统计局统计，1929 年~1930 年间天津市离婚案件分别为 78 起和 112 起，女性提起诉讼的比例都超过 70%。[2]这在传统社会中是不可想象的。另一方面，民初大理院还通过判解限制丈夫以专擅离婚的"七出"为名任意离异，即使是

---

〔1〕 民国十四年上字第 44 号判例中的张陈氏因夫诬陷其通奸诉情与其夫张金生离婚的诉讼得到了大理院的支持，载《大理院公报》1927 年 3 月 30 日第 1 期。

〔2〕 参见朱汉国："从离婚诉讼案看民国时期婚姻观念的演进"，载《河北学刊》2013 年第 6 期。

丈夫请求离婚也必须符合法定条件，并限制有责配偶的离婚请求权，否则驳回诉讼。

民初大理院首次在司法实践中导入"限制有责配偶离婚请求权"原则，明确过错方不得提出离婚，这是近代民法以人格平等为基础的权利话语体系下的一项重要法律原则。由于民初夫妻社会地位、经济地位和身体力量的不对等，虐待者几乎都是男性，女性极为罕见，这一解释无疑是在限制丈夫的离婚请求权，目的在于避免丈夫为了达到和妻子离婚的目的反而加大对妻子的侵害。这些司法实践符合了当时社会变革的观念，以及重新设立身份关系法的基本价值判断，即个人替代宗族成为法律的主体，妻子也获得了程序法上的独立人格。

二、重视身份关系的公益性，维系身份关系的安定

家庭是社会的基本构成要素，家庭身份关系的稳定是社会安定的基础，立法专家们当时已提出"一国一家之组织，皆以婚姻为基础。盖婚姻为制造国民之动机，必婚姻制度完善，然后乃有勇敢之军队，有精进之学生，国家始得收自强之效果"。[1] 因此，一方面，法官竭力维系现有的夫妻关系和亲属关系，对离婚裁判持谨慎态度，防止当事人冲动离婚。另一方面，司法尊重感情破裂的事实，但立足于身份关系的伦理性和公益性，强调离婚后的扶助义务，尤其保障女性的离婚损害赔偿和扶养费请求权，通过司法判决接济弱者。

判解4：民国十一年（1922年）龚高氏离婚案，时任省军医院军需官的龚治香与继室高氏协议离婚，龚治香给龚高氏洋五百元，作为高氏终身生活费用。[2]

判解5：民国十五年（1926年）陶霍氏离婚案，六十岁的陶瑞图与五十六的陶霍氏协议离婚，陶霍氏要求前夫支付生活费，法庭判决："陶瑞图认给

---

〔1〕 参见［日］松冈正义口述，熊元襄编：《民事诉讼法》，上海人民出版社2013年版，第46页。

〔2〕 参见《高杨氏告龚治香案》，1922年，案卷号0043。

陶霍氏洋二十元，以作生计，夫妻关系脱离。"[1]

判解 6：大理院八年上字 1099 号判例：离婚原因如果由夫构成，则夫应暂给其妻以相当之赔偿或抚慰费。至其给予数额，则应斟酌其妻之身份年龄及自营生计之能力与生活程度，并其夫之财力而定。[2]

判解 7：民国四年（1915 年）赖刘氏离婚案：二十六岁的商业主赖维周以不守妇道为由，与二十三岁的赖刘氏离婚。凭族戚立约，退还刘氏妆奁，并给刘氏银一百两，刘氏娘家兄弟刘玉成当场押领。[3]

判解 8：泰兴地方审判厅民庭判决同级检察厅起诉姜焕章呈诉伊期妻姚氏不守妇道一案[4]：姜姚氏屡盗夫家财物换吸鸦片，经夫劝诫不唆，青年少妇夜宿烟馆实属不自检束。其夫忿恨欲死，已成怨偶。与其强合而互仇，何若离异而相安。因此泰兴地方审判厅民庭判决姜焕章与姜姚氏准其离婚。同时免除姜姚氏犯盗物罪之刑。免刑原因是盗物之罪发生于婚姻关系未绝之时，应援《暂行刑律》第三百八十一条免除其刑。姚氏与焕章现虽恩断义绝，泰兴地方审判厅民庭也考虑到姚氏经离异、母家贫乏、单身无以自赡的情况，故酌令姜焕章给洋十元以资津贴。

判解 4、5、6 都系在裁判离婚的同时，要求丈夫给予妻子一定的费用，以保障贫弱一方的生活。判解 7、8 则体现了司法在妻子在婚姻存续过程中有过错，而夫无过错的情形下，仍考虑对女性的赡养，如判解 8 显然不是从权利义务和过错责任原则出发裁判身份纠纷案件，否则姜姚氏非但不能得到资助，还应承担婚姻中的过错责任予以赔偿，这不仅反映了我国道德上济弱观念的优点，也反映了法官区分私益和公益、契约和伦理的价值考量，不至令离婚后的女性生无所依。

---

〔1〕 参见《陶霍氏告陶瑞图案》，1926 年，案卷号 0060。

〔2〕 参见王坤、徐静莉：《大理院婚姻、继承司法档案的整理与研究——以民初女性权利变化为中心》，知识产权出版社 2014 年版，第 122 页。

〔3〕 参见《赖刘氏告赖维周等案》，1919 年，案卷号 0030；《江津地方法院诉讼案卷》，0001～0078，1912～1927 年，藏重庆市江津区档案馆。

〔4〕 参见江苏高等审判厅编：《江苏司法汇报》，1912 年版，第六册各厅批判，第 23 页。

三、检察官履行公益民事检察职责

家事（人事）诉讼应该由检察官莅场陈述意见，将其姓名及所为之声明记明笔录。民国元年江苏高等审判厅刊印的《江苏司法汇报》中有一起案件：农人陆春林呈诉范宝生族串赖婚悬恩公断一案（1912 年 2 月 12 日，由苏州地方审判厅民庭判决）。在判决理由中阐明："此案在《民事诉讼律》上为特别诉讼中之人事诉讼，而当事人请求确认婚姻成立之案件也。婚姻事件于公益上有重要关系，故本厅……，且片请检察官莅庭以实行公益之维持。"判决书的末尾还在推事杨光宪落款之后载明"莅庭检察官曾渤"。[1]《泰兴地方审判厅民庭判词：判决同级检察厅起诉姜焕章呈诉伊期妻姚氏不守妇道一案》，判词末尾亦写明"检察长朱锡申莅庭"。从民初判词和诉讼资料来看，检察官陈述意见亦有所记录，例如，三年上字 460 号判例[2]判词中陈明："总检察厅检察官李杭文陈述意见略谓，此案上告人与被上告人沈瑞林业经离异，而沈瑞林之娶沈陶氏是妻非妾，如果原审认定事实不误，则所判并无不合云云。"

四、贯彻新法之精神，理性修复新制度和旧习俗的鸿沟

民初的人事诉讼司法实践不可避免带有深刻的时代背景和烙印，立法和司法者在新社会新制度和旧文化旧习俗之间艰难地博弈，运用实践理性不断地修复两者之间的鸿沟。例如，关于婚约之诉属于身份关系纠纷应按人事诉讼处理，还是属于契约纠纷按普通民事诉讼程序处理，大理院在其司法解释中认为应属于人事诉讼。

判解 9：《民诉条例第六六八条所称婚姻二字包括婚姻在内确认或解除婚约之诉应由检察官莅庭》（大理院复江西高等审判函统字第一九四一号十四年八月十四日政）："迳復者准贵厅寄电开未成婚前当事人提起确认婚约或解除婚约之诉是否为民诉条例第六六八条之婚姻事件，应否请检察官莅庭乞迅赐解释等，因到院查民诉条例第六六八条所涉婚姻二字应包括婚约在内本院已

---

〔1〕　参见苏州地方审判厅民庭判词，《江苏司法汇报》，1912 年版，各厅批判，第 14~16 页。
〔2〕　参见大理院书记厅编：《大理院判决录》，1914 年版，第 460 号判例。

有解释（参照统字第一零一号解释文件）自应有检察官莅场陈述意见。相应函请贵厅查照此复，民国十四年八月十日。"[1]

判解 10：大理院《解释妾与家长关系及人事诉讼一造不到函》（十七年九月十五日复广东高等法院解字第一七六号）：查妾与家长之关系系发生于一种契约，法律上既然认为家属之一个成员如妾请离异自不适用离婚规定，惟所诉应否解除契约须由法院受理裁判。至人事诉讼一造当事人不于言词辩论日期到场，除对于原告得为缺席判决外，如被告不到自应依据民诉律第七七六条及第七七八条照常审判。[2]

这是因为，在现代的婚姻制度中，婚约并不等同于实际婚约，但在中国，订婚远远超越了西方婚约的"准婚姻"状态，而是形成了实际的婚姻关系，例如，订婚后未婚夫在婚礼前死亡，未婚妻便成为亡夫家庭的一名寡妇，此时现代化的法律必须和传统实际相结合判断。再如，新社会制度支持一夫一妻的现代婚制，但旧社会留下的妾的法律问题不能因法律未作规定就不予解决，大理院在解释中确认了关于妾和家长的纠纷不属于身份关系事件，适用普通民事诉讼程序，地域管辖也是按照"原告就被告"的原则而非专属管辖。其原因是民国初年，现代的一夫一妻制原则下，纳妾不再被承认是婚姻的一种形式，妾和她所谓的丈夫之间的关系被看作仅仅是一个女子和家长之间的契约关系。

第四节　对首部家事（人事）诉讼程序法的评价

制度由历史积淀而成，法律也不例外，历史不是简单地针对过去事实的陈述，而是为人们提供逻辑和成败的经验宝库。美国法学家梅利曼曾指出：法律根植于文化之中，它在一定的文化范围内对特定社会在特定时间和地点所出现的特定需求作出回应，从根本上说，法律是人们认识、阐述和解决某

---

[1] 参见《上海律师公会公报》，1926 年第 18 期。
[2] 参见《最高法院公报》，1929 年第 3 期。

些社会问题的一定的历史方法。[1]身份关系诉讼程序规则对中国而言并非新生事物，早在100年前已有了较为完整的立法和实践探索。这些已经积累起来的公共知识，以各种不同的方式被隐藏了起来，只有当这些知识被全面认识和利用之后，新的理论才能创建，有些知识则被一而再、再而三地"发现"。对家事程序立法和实践的历史梳理，正是对其程序法理和实践历史知识的一次"发现"，对于指引当下和未来的家事司法改革和家事诉讼立法，具有重要的证成意义。

一、与传统社会家事纠纷解决规则的比较

首先，从立法的角度而言，这部人事诉讼程序规则是革命性的，这有其时代必然性。法律不是孤立存在的，它处在社会的有机体之中，任何法典背后都有强烈的思想运动和社会变革。中国传统婚姻的定义为"合二姓之好，上以事宗庙，下以继后世"。[2]婚姻的目的只在于宗族的延续及祖先的祭祀，完全是以家族为中心的，既不是个人的，也不是社会的。中国古代法律都建立在家族主义和阶级概念之上。宗法式身份关系的核心在于亲属制、婚姻制和家制三个核心环节对父系的、父权的、父治的宗法精神贯彻。清末虽有有识之士认识到变法修律的必要性，但因晚清张之洞和其他官员强烈反对推翻宗法伦理的《大清民事诉讼律草案》，将宗法家制视为不可撼动的一块禁地，导致了《大清民事诉讼律草案》及其人事诉讼程序始终未得施行。

民国初期，中国社会历经急遽的变迁，中国自此被纳入了世界历史的进程，在传统儒家的思想观念外，中西学并立、文史哲分家，现代学术与思想之新变，带动了社会各领域的全面变革。经济发展是当时的迫切需要，但士大夫担纲的宗法式身份关系所塑造的非独立性人格阻碍了以私权自由为基础的民商事经济发展。当时的学理已经意识到，新兴的资产阶级仍然多由士大夫阶级发展而来，倘若新法不能变革社会内在支配结构，即使经济进一步发

---

〔1〕 参见［美］约翰·亨利·梅利曼：《大陆法系》，顾培东、禄正平译，法律出版社2004年版，第155页。

〔2〕 参见瞿同祖：《中国法律与中国社会》，商务印书馆2010年版，第103页。

展，只不过是增加了新的和更高的剥削链条而已，因为人与人之间的关系仍然是依附性的。这一切都集中体现在身份关系法制变革上，迫切需要健全独立人格、男女平等、儿童利益等现代身份关系意识，妥当安置人与人之间的身份关系和个人、家庭、宗族及国家之间的关系。

民国初期，人事诉讼程序立法几乎摈弃了父系族权对身份关系的干预和家庭于社会中旧的等级结构，意图确立完整的人格权体系和平等的身份关系。例如，妻子在人事诉讼中的诉讼能力，当时各国立法并不一致，日本、法国民法规定妻子无诉讼能力，但德国、瑞士规定妻子有诉讼能力。民初采取了德、瑞制度，规定在婚姻事件中，妻有和夫一样的诉讼能力。因为赋予当事人诉讼能力是为了其能够主张权利、保护权利不受侵害，赋予妻子诉讼能力，不会因此损害夫妻之间关系。再如，民初学者批判传统儿童的家族保护，纯粹为两亲及家长的利益而不是为儿童及社会的利益，故在子女利益上，家长权应向亲权转化，国家在这里扮演的是监督者的角色，一旦亲权侵害了子女利益，国家就会以保护者的面目出现，即现代国家亲权理论。既然把家长权转化为了亲权，亲权作为现代法理概念，其核心要义在于责任和义务性，那么原来的家族支配权几乎没有了存在的空间。就母亲再婚后所生子女确定其父之诉，《民事诉讼条例》毫不隐讳地规定了子女和母亲均享有诉权。相对而言，我国2021年起施行的《民法典》[1]仍然没有赋予子女提起确认亲子关系之诉的诉权（第四章第一节详述），当时的立法无疑具有先进性。还如，胎儿对于其可享之利益具有当事人能力，可享利益包括损害赔偿权、继承权等，至于胎儿如何行使诉权，以胎儿之亲权人即胎儿父母代为行使。上述规则对社会传统观念的挑战是革命性的，是人事诉讼程序规则对新思潮的有力回应。

清末修律大量引进西方法律，对中国社会现实较少考虑，因而形成超前立法，造成了立法与社会的不适应现象，这是学界公认的事实。因此，民国初期立法中开展了采编各地社会习俗的工作，尊重现实国情，因时制宜；同

---

〔1〕 全国人民代表大会宪法和法律委员会关于《民法典婚姻家庭编（草案）》修改情况的汇报，载中国人大网：https://www.sohu.com/a/325444829_169411，最后访问日期：2019年7月8日。

时，也不再全面移植日本法，开始注意博采各国成果、集取最新学理而成，对比晚清修律，似乎显得保守，但其实是通过更具理性的论证和说服，确保了这一对传统具有颠覆性的人事诉讼程序规则的顺利颁布实施。同时，立法者基于对人事诉讼本质属性的坚定立场，设置了职权干预主义、客观真实、统合处理、有限制的处分权原则等区别于一般民事诉讼的法理规则，即使在21世纪的今天，这些原则也与家事诉讼基本法理相吻合。例如，检察官在人事诉讼中的地位和职责，至今在大陆法系国家仍然是一个通行的做法，且有其深刻的法理依据。[1]

其次，司法实践在新制度和旧习俗之间虽有博弈，但通过判例和解释潜移默化，逐步落实着新制度、改造着旧习俗。身份关系是一国法律与其司法传统联系最为紧密的一个领域，我国传统法律包括刑事法律均是以身份关系为基础建立的，[2]民国初期的人事诉讼立法总体而言是立足于现代人格权体系和程序法理的，立法者和法官必须考虑适用西化的法律可能带来的潜在的社会不适与风险，如何在具体的案件中平衡具有现代精神的立法和社会固有传统是对法律家们的拷问。例如，立法条款已经摒弃了婚约、妾等旧社会的习俗，但司法实践却无法回避这些问题。民初的法律家们解决纠纷时在运用现代法理的同时也平衡固有习俗，但与传统的身份关系纠纷解决方式如适用乡约民规请族长主持调处等之间有着根本性的差异。民初民事判词不断彰显诉权保障、缺席判决、专家鉴定、恢复诉讼等符合程序正义独立价值的制度，这在家族调处中是不可能适用的，所以这一阶段的司法实践的总体立场也是朝着新制度的方向，对旧习俗进行有立场的平衡。在身份关系新秩序和旧习俗的博弈场上，通过人事诉讼立法者的革新智慧、司法者的实践理性，重新定位了个人、家庭和国家之间的关系，为新社会的发展奠定了基础。

---

〔1〕　参见郭美松："人事诉讼中传统当事人适格理论之嬗变——兼析检察官以当事人身份参与人事诉讼"，载《西南民族大学学报（人文社科版）》2009年第6期；赵信会、马海燕："论检察机关参与人事诉讼"，载《民事程序法研究》2011年第0期。

〔2〕　干名犯义问题、存留养亲问题、无夫奸及亲属相奸问题、子孙违反教令问题、卑幼的防卫权问题都是以亲属间身份关系为基础的刑事法律问题。

二、南京国民政府时期的进一步修订和发展

清末民初广大的中国乡村地区大体上实行的是男系宗族群居制和男系家族同居制，所以立法和司法一定程度保留了宗法理论。与清末民初不同的是，对南京国民政府而言，身份关系法不再只是一种推动社会变革的理想，而成为政治秩序的合伙人。[1]因内政外交的需要，南京国民政府选择了激进的立法，因而在身份关系的实体法和程序法上，进一步颠覆了传统身份关系的实体规则和解决身份关系纠纷的程序规则。南京国民政府在 1930 年 12 月公布了《民事诉讼法》前 534 条，单缺第五编中的人事诉讼部分。之所以未能将人事诉讼规则一同公布，是因为当时的立法者认为，应当在家事实体规则确定后，结合实体法修订程序规则。当时南京国民政府《民法》的亲属、继承编尚在修订过程中，因而其人事诉讼规则部分是在立法院通过《民事诉讼民法》亲属、继承编后，再在北洋政府《民事诉讼条例》第六编的基础上修订的，分为婚姻事件程序、亲子关系事件程序、禁治产事件程序和宣告死亡事件程序四节，共 66 条，于 1931 年 2 月公布实施。总体而言，南京国民政府时期的人事诉讼程序规则是对 1921 年人事诉讼程序规则的体系性传承，主要的修订是删除了嗣续事件程序和准禁治产程序，并删除了关于检察官莅庭的制度。同时，民国初期的司法实践所摸索的经验和判解也成为南京国民政府修法的依据。例如，嗣续事件作为北洋政府《民事诉讼条例》中一个典型的人事诉讼类型，指无子者收养他人之子以承继宗祧，是我国传统文化重要组成。新法中取消了嗣续事件程序，在亲子关系事件程序中新加收养事件，嗣续与收养有着严格的区别，立嗣的条件很严格，必须是在男子无后时由立同性男子为嗣；而收养则仅指在养父母和养子女之间建立拟制血亲，收养人无论男女，且收养异姓女子为养女等均不作限制，将现代身份关系法理贯彻得更为彻底。至于删除准禁治产事件程序主要是立法技术的考量，因为准禁治产事件准用禁治产事件程序，无另行规定的必要。

---

[1] 参见汪维佳："通过私法的治理：近代以来我国政治秩序推进与家庭法变迁"，浙江大学 2015 年博士学位论文。

第五节 我国家事诉讼程序的立法和实践的当代变迁

新中国成立后颁布的民事诉讼法均未涉足家事（人事）诉讼程序，其原因是多方面的，有学者认为最为直接的原因恐怕在于我国民事诉讼制度受苏联司法制度根深蒂固的影响，[1]据此所确立的诉讼模式职权主义色彩浓厚，国家积极干预纠纷的处理，限制当事人的处分权，以职权探知主义追求实体真实、重调轻判等，这些正好契合了家事（人事）诉讼的特点。加之，第一部民事诉讼法制定之初，主要是以婚姻家庭方面的案件为主，在人们的观念中，家事（人事）诉讼就是普通诉讼，而非特别诉讼，难以接受为其设立特别程序的做法。另外，作为实体法之婚姻法先于诉讼法制定，实体法中零散分布着诉讼程序方面的规定，现行的民事诉讼法、司法解释等可以毫无障碍地裁判家事（人事）诉讼纠纷，基本可以满足家事（人事）诉讼案件审判实践的需要，实无在一般民事诉讼程序之外另设家事（人事）诉讼程序的必要。始于20世纪的民事司法改革本应是民事诉讼法学发展的好时机，但由于缺乏系统的理论导向，使得司法改革只能以"摸着石头过河"的方式在探索中前进。诚然，这场改革对司法公正和司法效率两大价值目标的实现起到了一定的促进作用，改革的重心主要针对普通程序，通过辩论主义、证明责任分配理论等机理的引入，对以发现形式真实为基础的一般民事诉讼而言可谓意义深远、重大。遗憾的是，改革中忽略了民事案件的个体差异，原本契合于人事诉讼事件的一些程序法理——职权主义、调解原则等被削弱以后，补救措施未及时加以增加和调整，导致了司法改革与人事诉讼等程序的脱节。原本在传统诉讼模式下尚可以维持运行的家事（人事）诉讼，在新的诉讼模式下却常常表现为无所适从。

我国当前正在开展家事审判方式改革的试点工作，探索家事诉讼不同于一般民事诉讼的特殊法理和规则，在此背景下，我们不但要在个人的今昔之

---

[1] 参见郭美松："人事诉讼程序研究"，西南政法大学2005年博士学位论文。

间筑通桥梁，而且在社会的世代之间也得筑通桥梁。[1]当我们重回百年前人事诉讼程序规则初现的场景，不难发现，家事诉讼中的身份关系对一国文化的依赖性极强，具有很强的传统惯性。诉讼的生命力在每一个个案中，想要探寻其他国家的司法实践实际成效并不容易，而且德国、英国等一些欧洲国家，固然法律发达，但在宗教国家，家庭领域中宗教教义影响很大，仅仅横向比较借鉴意义十分有限，而纵向地再现和分析历史制度方可从根源发现家事诉讼的内在规律，才能真正指导我国家事诉讼的立法和实践。

探寻历史是为了找到未来的逻辑，从第一部人事诉讼程序规则的发端可窥，在社会发展的任何阶段，法学家们必须意识到身份关系法所承载的社会治理和政策导向等重要功能，百年来社会动荡和变革中，身份关系及家庭是社会治理交锋的阵地，身份关系的调整规则直接引导着社会发展方向和政治治理模式。如果说民国初期主要面临的是通过人事诉讼程序打破宗法父权家庭、健全独立人格、男女平等，那么今天同样面临着如何处置国家、家庭和个人的关系问题。不论上层政权如何更迭，底层社会的基本逻辑总是具有很强的延续性和稳定性，如果以个体理性假定出发来解决身份关系诉讼，则意味着人和人的感情都是一样的，无亲疏远近。纯粹的自由（意志）本身不具有伦理性，而且制造了大量的经济危机和道德灾难，为了克服危机，现代国家纷纷由传统守夜人的自由国家转变为关注民生福利的伦理国家。[2]中国进入现代世界以来，家固然作为一个完整的思想和制度范式被打碎了，但对身份关系的理解和需求依然以各种要素、碎片的形式存在于社会，如何防止理性经济穿透身份伦理，当前的任务就是要"发现"这些分散的、零碎的知识，抽象概括出完整的、体系化的身份关系诉讼程序规范，通过家事审判方式改革，切实建立起一套不同于"财产型诉讼"规则的"身份型诉讼"规则即人事诉讼法来予以回应。但它不再以"君臣父子、宗族家法"等身份依附关系和非独立人格为遵循，而是在尊重人类血缘身份的伦理本质和现代人格权基础上的符合现代司法功能的规则体系，是法律及社会治理模式的价值判断和理性选择。

---

〔1〕 参见梁治平：《法辩：法律文化论集》，广西师范大学出版社 2015 年版，第 19 页。

〔2〕 参见张龑："何为我们看重的生活意义——家作为法学的一个基本范畴"，载《清华法学》2016 年第 1 期。

家事程序本质论

　　以国家为核心的家事纷争治理逻辑和家事程序单独立法的历史实践都对国家层面设立家事程序法进行了证成。要形成、构建家事程序的科学概念，就必须揭示和把握家事案件的本质属性，即家事案件不同于一般民事财产关系案件的具有决定性意义的本质属性，这是从生活事实层面对家事案件的剖析。因为这些本质属性，国家启动家事司法程序进行审理判决，自然就有了区别于一般民事诉讼的特殊目的。分析家事程序所期待产生的法律效果，才能对程序法理和规则进行有效的设置。根据家事案件的本质属性以及家事程序的目的，对于属于家事程序范畴，不应纳入一般民事案件的家事案件，就有了比较清晰的区分标准。这些案件中，涉及法律保护的权利和利益错综复杂，有的具有对抗争讼性；有的不具有对抗的双方当事人、也不具有权利争议；有的涉及公益；有的仅是私益争执，因此根据具体事项的性质，有必要进一步进行分类，在立法上将相关事项列入所属类型中，方可对司法实践作出明确的指引。

第一节　家事纠纷的本质属性

　　家事纠纷的本质属性包括伦理性、自然本质性、公益性和情感复杂性。婚姻家庭是伦理实体，婚姻关系不能服从于夫妇的任性。与权利的利己本质不同，伦理强调利他，如果不是家庭的伦理本质，家庭生活将成为"权利的沙场"，弱者的生活将无以为继。随着社会的变革，家庭伦理随之发生了变化，在逐步摆脱传统家庭伦理局限性的同时，不断添加人格平等、弱者保护等现代法治精神，形成新型家庭伦理。婚姻关系也许具有"目的性社会结合"因素，但因为血缘事实的存在，亲属关系实质是一种"自然本质的结合"，意味着对纯粹意思自治的否定。家事纠纷虽然是民事私领域的纠纷，但家庭是社会的基础单元，健康的家庭秩序是社会安定和发展的基础。由于涉及未成年子女、老年人等弱势群体利益的保护，以及在解决过去纠纷的同时须对未来做出安排，家事程序因此具有强烈的公益性。在家事纠纷中，情感错综复杂，仅仅对权利义务进行分配不能够实现当事人真正的需求。

一、伦理性

婚姻、家庭是社会的基础性单元，也是人类赖以生存发展的重要纽带，早在 100 多年前，恩格斯在其著作《家庭、私有制和国家的起源》中就论述了婚姻、家庭和亲属制度的关系，婚姻家庭是伦理实体，婚姻关系不能服从于夫妇的任性，这是关于婚姻家庭关系的经典性论述。[1]婚姻家庭关系伦理以义务为本，强调利他，依赖当事人的自律、自觉履行家庭义务来维系家庭关系的稳定。婚姻家庭关系伦理性的本质属性，并没有在市场经济条件下发生根本转变，并未变成平等主体之间的契约关系。伦理性源自人类为维系自身繁衍和家庭和谐有序的内在需求，在当代蕴含着尊重个体人格、平等与尊严、敬老爱幼、适度的个人自由等内涵，但仍与民法财产关系遵循的意思自治、等价交易有别，婚姻家庭法因此在民法体系中获得了相对的独立性，应定位为民法的特别法。[2]

婚姻家庭伦理是一个民族在自己的历史进程中形成的，为人们普遍遵守的有关夫妻、父母子女等亲属关系的价值、观念及行为准则。[3]在不同民族、不同国家以及同一国家的不同历史时期，婚姻家庭伦理规范既有共性部分，也有不同时代和民族的内涵。在中国社会走向现代化的过程和法治国家的背景下，随着社会变革，家庭伦理随之发生了变化，在逐步消除传统家庭伦理

---

〔1〕 参见 ［德］恩格斯：《家庭、私有制和国家的起源》，人民出版社 2018 年版，第 2 页。
〔2〕 参见薛宁兰："婚姻家庭法定位及其伦理内涵"，载《江淮论坛》2015 年第 6 期。
〔3〕 参见薛宁兰："婚姻家庭法定位及其伦理内涵"，载《江淮论坛》2015 年第 6 期。

局限性的同时，形成了新型家庭伦理。中国传统家庭伦理所规范的家庭成员之间的各种关系都带着父权家长制的深刻烙印，权利义务是单向的、从属的，即子女对父母、妻子对丈夫、所有家庭成员对家长的绝对服从。现代家庭伦理是建立在独立人格基础上的平等权利义务关系，即使是未成年子女，也要求其作为独立个体的权利予以足够尊重，形成了性别、人格平等伦理；家庭关系核心由血缘宗族转向婚姻关系；平等互助和保护弱者理念下代际关系中抚育赡养模式的调整等新型伦理。

　　家事案件为何以伦理为本质特征，而与个人权利的运作模式大相径庭？一方面，伦理的本质在于对义务的强调和倚重，在于抑己尊他。伦理关系即表示一种义务关系；一个人似不为自己而存在，乃仿佛互为他人而存在者[1]，其在人我关系上与权利主张方向正好相反。权利的逻辑出发点在于个体各种利益的满足，要求他人为或不为一定行为加以配合实现，即使权利人存在对应的义务，其履行义务目的归根结底在于对自身权利实现的保障。伦理的出发点则在于为他人着想，尽自己义务为先，并视之为"本分"。婚姻家庭伦理是人类社会经济生活选择的结果，现代法经济学认为家庭伦理的利他原则满足了家庭成员利益最大化的需要。利他主义作为家庭的伦理法则，区别于市场交易的利己主义，增强了家庭成员抵御不测事件的能力。[2]另一方面，伦理原则也是正常家庭生活秩序使然，家庭成员之间的合作内容全面且时间恒久。例如，正常父母对子女的关爱无需他人监督，正常子女对年迈父母的照顾赡养也是常态，如果不是伦理的利他性，家庭生活将成为"权利的沙场"，弱者的生活将无以为继。家事案件的伦理性决定了家事程序规则一定程度地否定契约自由和权利话语，强调身份关系和伦理义务。

二、自然本质性

　　从人类社会学的角度来看，人类社会的各种结合关系分为"本质的社会

---

〔1〕　参见梁漱溟：《中国民族自救运动之最后觉悟》，上海书店1933年版，第86页。
〔2〕　参见［美］加里·斯坦利·贝克尔：《家庭论》，王献生、王宇译，商务印书馆1998年版，第25页。

结合"与"目的性社会结合",婚姻关系也许具有"目的性社会结合"因素，但亲属关系是一种自然的、不可避免的本质的结合。因为，血缘关系是一个自然事实，它不因理性选择或目的而变化。因目的而结合的婚姻关系，在生育子女之后，便不再是简单的"目的性社会结合"了，正如第一章第四节所述"离婚后家庭"的概念，夫妻本无血亲连结，但生育了子女的父母，无论是维系了婚姻，还是结束了婚姻，他们的身份关系因生育而演化为"本质的社会结合"。固然在人类家庭关系演变的漫漫长河中，已经产生了大量的拟制家庭关系，如婚生亲子关系的推定、收养关系的建立等。通过法律拟制的家庭人格，割断了血缘关系的束缚，但事实并非完全如此，自然人原本的血缘关系仍然是现代法律上禁止近亲结婚等伦理要求的决定因素，自然本质性无法被完全地抛弃。家事案件的自然本质性决定了家事程序规则一定程度否认法律真实，而更强调客观真实。例如，当事人对权利义务的处分权受到限制，不完全认可自认、认诺、和解的效力。

三、公益性

家事案件尽管表面上纯属私人间的问题，但实质上与国家和社会的根本利益息息相关。百年前学者就提出家庭身份关系的稳定是社会安定的基础，"一国一家之组织，皆以婚姻为基础。盖婚姻为制造国民之动机，必婚姻制度完善，然后乃有勇敢之军队，有精进之学生，国家始得收自强之效果"。[1]即使从消极的方面看，家庭的全面合作仍然具有坚实的基础，也即费孝通先生所称的双系抚育的要求使然：即便在现代都市中，生活的片面化、多元化也没有彻底，因为在那里还有个家庭存在。在家庭里人们还得全面地合作，整体地生活。这个全面合作生活的最后堡垒所以能维持至今，若是有理由的话，也许就是我刚才所提到的抚育作用有此需要。至少，在抚育作用没有完全割碎的时候，家庭还是不能成为一种片面合作的团体。在社会发展的任何阶段，法学家们必须意识到身份关系法治规则所承载的社会治理和政策导向等重要的政治功能，家庭为个人情感寄托和社会治理提供了弹性的空间，家事案件

---

[1] 参见［日］松冈正义口述，熊元襄编：《民事诉讼法》，上海人民出版社 2013 年版，第 46 页。

的公益性已经成为各国的共识。

强调家事案件的公益性，绝非一味强调维系家庭稳定而否定婚姻自由，尤其是离婚自由，更不是推脱国家责任而令个人处于无解的家庭纷争中。这种公益性首先体现在未成年子女利益的保护上。在漫长的人类历史上，子女是在历史主体之外的，在家庭和家庭纠纷的解决中，子女长期作为权利的对象、权利的客体、附带事件而存在。自从子女权和父母责任的观念兴起，子女就从家庭纷争的客体中解脱出来，成为司法程序保护的重要意义；其次，是对妇女、老年人等弱势群体的保护。法律所追求的公平正义，不仅仅是形式上的公平正义，更应该是实质上的公平正义。家庭成员之间关系的变化，不是平行空间的交替进行，而是在时间的纵向轴上交替演变，家庭中的强弱关系不可避免地永恒存在，而对弱者保护的法律，才是符合实质正义的；最后，是关于未来的安排，家事案件不只是对过去的纠纷予以定纷止争，解决了过去的纠纷，家事案件并没有画上句号，未来的生活如何安排，因血缘事实的亲属关系何去何从，都包含在家事案件的内涵中。

四、情感复杂性

财产关系是理性的关系，侵权、合同等财产纠纷，当事人起诉请求法院判决对方支付一定金额的对价或赔偿即可，利益的要素容易清楚地进行分配，可以用理性的标准来对待。家事纠纷的基础是身份关系，其背后潜藏着复杂的情感纠缠和人际关系，表面上看，有财产分割、精神安慰费、养育费等支付金钱的请求，其根本则是夫妻、亲族间情感上、心理上的纠葛，即埋藏着非理性因素。显然，对待非理性的关系，适用理性的一般基准是不适当的，为了理性地解决表面上的法律纠纷，有必要先解决这些非理性的要素。北京市顺义区人民法院审理过一个典型案件，母亲因赡养问题将儿子诉至法院，法院判决儿子定期给母亲提供一定数量的米面等赡养物品，儿子则对母亲把自己告上法庭之事耿耿于怀，坚持永远不再进母亲家门，母子关系一刀两断。在履行判决义务时，倔强的儿子按照判决规定的时间，定期把需要提供的赡养物品送到法庭，然后再由法官送到其母亲家。十几年如一日，现在那位老母亲已经90多岁了，而送执行物的法官也换了一茬又一茬。家庭生活建立的亲密关系可能已经持续数年，即使诉诸法院，血缘和情感的连结是无法通过客观法则予以分配的，但家事案件的情感要素，也需要法院在裁判时予以关照，否则"人之常情"的期待就被司法程序所打破。

第二节　家事程序的目的

行事总要有所目的，否则就叫"无的放矢"。家事诉讼自然也应有其所欲达到的目的，即通过家事程序法的设计，所意图保障的法律关系或权利、所期待达到的法律效果。家事程序脱胎于民事诉讼制度，家事程序的目的和意义是什么，应当在民事诉讼制度之目的意义的脉络上来加以定位、思考或处理，而不能从此脉络上摆脱出去，这是基本理论前提。例如，关于民事诉讼的目的，历史上各派学说进行了旷日持久的争议和论证，形成了权利保护说、纠纷解决说、维护法律秩序说等学说。民事非讼程序的目的则是通过形成法律关系和权利的状态，预防纠纷。一般而言，向福利国家的转变程度越高，国家对私人生活关系的监护程度也就越高，自然就会导致非讼事项增长之趋势。[1]纠纷解决也好、权利保护也罢、预防纠纷又或者混合式的目的学说，是否均适用于家事程序？家事程序是否有与普通民事诉讼程序相异的其他目的？在民事诉讼基本目的之下，家事诉讼是否有额外的、附加的诉讼目的？对这个问题的回答是家事程序理论和制度的出发点。具体而言，首先，家事程序要迅速又妥适地解决纠纷。时间的因素、妥当性的因素在家事纷争中格外突出，这也是许多国家将抚养费、赡养费纠纷非讼化处理的原因之一。其次，家事程序在保障财产利益之外强调保障身份利益和人格利益。再其次，相比较个体权利保护，家事程序的目的更侧重于维护家庭秩序，包括恢复被破坏的秩序和建立未来的新秩序。最后，家事程序的目的须包括保护未成年子女的最佳利益和其他家庭弱势群体的合法权益。父母与子女间权利义务关系，并非依自然亲情、父母子女血亲天性等就可以一言以蔽之的，随着父权到父母亲权再到父母责任的观念变迁，一旦父母对未成年子女利益侵害，国

―――――――――――

〔1〕　参见杨荣馨主编：《民事诉讼原理》，法律出版社 2003 年版，第 652 页。

家亲权应当干预以保护未成年子女利益已成为共识，对于其他弱势群体，通过司法审判也应当使其合法权益得到保障。

大陆法系和英美法系民事诉讼的目的各有所偏重，大陆法系较早地建立了中央国家政权，早在公元前 5 世纪制定了《十二铜表法》。罗马法中有句著名的法谚：有诉（actio）即有救济。反过来说没有诉，也就没有救济，这个诉（actio）就是成文法中规定的权利。有个经常被引用的例子，某人到法院起诉，声称有人剪了他的葡萄树，但法官驳回了他的诉，理由是，根据《十二铜表法》，未经他人许可砍伐他人的一棵树，应当支付一定金额的赔偿金，但其中没有对葡萄树被剪的情形规定特别的诉，因为没有这种诉，法官便不能裁判。从现代观点上看，这简直是不可思议的，但在当时的法律制度下，却是理所当然的。当符合成文法规定的事件发生后，人们为了实现法律所规定的效果而向法院起诉，如果法官确认权利存在，则原告胜诉。法国 1804 年民法典首次规定了"禁止拒绝裁判"原则，如果法官以法律未作规定或规定不明为理由拒绝裁判，则应当以拒绝裁判罪对其提起诉讼。在这种情况下，成文法中的规定，就不能是具体琐碎的事实形态，而是经过抽象的，对具体事实形态进行评价的裁判规范，发展至今，形成了民法体系中的合同、侵权等要件事实。这样，无论是葡萄树还是苹果树都可以根据要件事实进行评价，进而纳入诉讼的范畴。因而，大陆法系民事诉讼的目的侧重于保护实体法中规定的当事人的权利。

英美法系来源于日耳曼民族，日耳曼不存在像罗马法一样的成文法。由于是农耕和游牧民族，他们对社会秩序和正义的需求很高，当发生侵害社会正义的事件时，人们就向法院要求恢复社会秩序。法官听取事件相关人的不满和主张，去发现事件中应有的法。所以英美法系的法就是每个人的良心，所有人确信的事物的理性秩序和客观真理。古日耳曼的裁判由百人会或者民会来承担，民会主要由成年男子组成，所谓的首长或法官仅仅对裁判享有形式上的指挥权，并没有实质裁判权。首先存在事件，裁判者从中发现法，这就是日耳曼的诉讼逻辑，日耳曼的民事诉讼意味着仅仅针对当事人的纠纷予以解决，至于法律上的评价、原因，则置之度外。裁判不是适用已有的法律，而是发现、创造法，这个法就是事物本身的规律和道理。因而英美法系民事诉讼的目的侧重于解决纠纷、恢复秩序。

德国 1976 年的《婚姻及亲属法第一次修正法》，在这个法案中，正式确立了建立家事法院制度的三个目标：一是运用特别家事法官极为渊博的专业知识，集中处理同一家庭中的全部或者大部分的纠纷或个别法律问题，使纠纷尽可能得到客观、公正的解决；二是简化程序，加快程序进行；三是促进司法统一，提升司法利益。[1]这是大陆法系最早对于家事诉讼程序设置目的的表达。[2]澳大利亚法律改革委员会（Australian Law Reform Commission）在论述家事法院"指导性原则"的时候，就列明了设立家事法院的重要理由：一是基于保护未成年人权益和福利的需要；二是维持现在的婚姻（结婚和离婚）结构的需要；三是基于家庭保护和帮助的需要；四是消除家庭暴力的需要；五是帮双方当事人了解重新协调与改善双方关系对彼此和孩子的重要性。[3]应该能从根本上解决家事纷争、统合处理其他相关家事事件，借以增进程序经济、节省司法资源、平衡保护关系人之实体利益和程序利益，并在兼顾未成年子女最佳利益之同时，亦适当保护老人及其家庭成员之正当利益，进而维护家庭和谐，健全社会共同生活，奠定国家发展之根基。

各国的历史文化背景不同、家事程序立法的变迁历程不同。德、日历史上都曾有着完整的人事诉讼程序法，已经明确了身份关系诉讼的程序规则，又有着相对健全的非诉程序法理和规则，对于家事非讼程序如宣告限制行为能力等，亦已有规范，制定统一的家事和非讼程序法之目的，是将上述散落在一般诉讼程序规则、人事诉讼程序规则、非讼程序规则中共同的"家事"因素抽离出来，由专门的审判机构，往往是专门的家事法院或家事法庭根据专门的程序规则进行裁判，从而达到统合诉讼标的、防止矛盾裁判、节省司

---

〔1〕 参见［德］卡尔·费尔施恩："法官在家事诉讼管辖中的任务"，载［日］中村英郎主编：《家事诉讼管辖——1983 年维尔茨堡第七届国际诉讼法大会论文集》，东京比较法研究所 1984 年版，第 84 页。转引自蓝冰："德国家事法院管辖制度若干问题考察"，载陈刚主编：《比较民事诉讼法》（2003 年卷），中国人民大学出版社 2004 年版，第 244~245 页。

〔2〕 See Bobbe J. Bridge, "Solving the Family Court Puzzle: Integrating Research, Policy and Practice", *Family Court Review*, 2006.

〔3〕 See Gerald W. Hardcastle, "Adversarialism and the Family Court : A Family Court Judge's Perspective, *UC. Davis Journal of Juvenile Law & Policy*", Vol. 9, No. 1., 2005.

法资源、家庭生活之未来安排等目的。由于传统司法和现当代诉讼法上并无人事诉讼程序规则，亦没有非讼程序法理和规则，这两类在我国的民事诉讼中是缺位的，这是和德、日等情况最大不同之处。德、日的家事程序目的也许在于立法过于分散而需要梳理统合，而我国则是在笼统适用一部民事诉讼法的背景下将家事程序剥离出来探寻其程序法理。

一、迅速且妥适地解决纠纷

日本民诉学界第三代领军人物新堂幸司教授在"民事诉讼法理论为谁而在"这篇论文中指出，民事诉讼制度是一个向国民提供解决纠纷服务的体系，这种体系的存在价值取决于，现实的利用者乃至潜在利用者，也即一般市民，是否更理解、更愿意利用以及更为信赖这种制度。这一观点对确立为当事人的程序目的论不无助益，通过信赖和利用这种制度，使家事纠争当事人的程序利益得到充实的保障，进而逐步充实程序保障的内涵。中国向来有"家丑不可外扬""法不进家门"的传统，当事人家庭纠纷已经无法通过协商、调解等途径解决，冲突已经激化到非打官司不可的地步，此时，当事人对于家事程序的期待和需要是什么呢？首先最迫切的自然是解决纠纷甚至再无瓜葛，这就要求家事程序能够灵活地面向当事人的诉求，迅速且妥适地解决纠纷。迅速的要求体现在监护、亲权、抚养赡养费等纠纷非讼化处理的趋势上，因为这类情形往往涉及未成年人等社会弱势群体的基本生存利益，法官不应再消极被动地司法，而要简易迅速地作出裁判。迅速的要求还体现在，离婚的诉求为身份关系诉讼，如果离婚涉及的财产分割既复杂又有很大争议，可以先行判决离婚诉讼以保障身份利益之诉求，离婚后的财产纠纷可以另诉处理。妥适是指家事程序的规则如何引导法官发现无法体现在证据上的生活纠争之事实，以及在家事实体法大量空白之处如何进行法律的适用。这是因为家庭的弹性自治空间决定了实体法不应该事无巨细地强制性规定每个家庭应该如何过自己的生活，但纠纷提交到国家司法审判的时候，司法却无法拒绝裁判，这时家事程序解决个案件纠纷的根本目的是首位的。

二、保障身份、人格利益

家事程序之所以不能适用于财产纠纷程序规则，就是因为家事案件中审议的是身份权。财产利益是可替代的，而身份利益具有人格专属性，不可替代。仅保障财产利益并不能满足当事人的人格尊严、情感利益等需求，也无法达到家事审判所期待的效果。《试点意见》已经在工作理念中明确提出，适应家事案件的特点，全面保护当事人的身份利益、财产利益、人格利益、安全利益和情感利益，切实满足人民群众的司法需求。随后，在最高人民法院《关于进一步深化家事审判方式和工作机制改革的意见（试行）》（法发〔2018〕12号）（以下简称《改革意见》）中进一步强调，对当事人的保护要从身份利益、财产利益延伸到人格利益、安全利益和情感利益。正是因为所要保护的身份利益、人格利益甚至情感利益包含着伦理因素，单设家事程序的目的就在于运用限制处分权、职权裁量、家事调查等程序规则以保障财产利益之外的身份、人格利益。例如，在否认婚生亲子关系诉讼中，父亲死亡后的继承人，因继承利益而起诉否认其子女的婚生亲子关系。如果只考虑财产利益，该诉讼中继承人当然具有诉的利益，法院应当受理，但是如果考虑到子女被否认亲子关系后所面临的血统来源丧失、人格认知的模糊等利益，法律就不应允许仅为了追求财产利益的当事人起诉剥夺他人人格利益，这正是家事程序法的意义所在。（详见第四章第一节）

三、维护秩序（包括恢复被破坏的秩序和建立未来的新秩序）

相对于民事诉讼目的权利保护说，之所以在家事程序中侧重于维护秩序，首先，是因为权利的相对化原理。权利作为现代社会的标志性用语，宣示着法治的精髓，积极意义毋庸置疑。然而权利在某种意义上也不过是时代的统治话语霸权，当代法律文本中的权利，其实是国家权力的中介，借助国家强制力实施多数人对少数人，甚至少数人对多数人的强制，是一种权利的最大公约数。正因为如此当代才出现了强调基本人权均质化的权利、保护弱者和少数人及特殊权益的主张和政策，才有机会重新认识个别正义和权利自治的价值。其次，权利实质上是否定身份关系的，简单的权利义务实际上很难囊括复杂的社会关系，虽然权利的话语具有积极的一面，但也必须看到，它所构建的是欠缺联合体身份根基的抽象人格，它是高度概括的、抽象的、逻辑的，和我们在身份关系场域中琐碎的、具体的、经验的事实截然不同。在家事领域，被权利遮盖的身份联合体要素恰恰是纠纷解决过程中特别需要关注的。而一旦把身份、关系纳入纠纷解决过程中，权利的意义就相对化了。在现代法治社会，相当多的纠纷并不能简单地归结为权利义务关系，而更多的是利益平衡问题，当利益平衡的价值被社会认同时，权利保护有时需要让位于秩序的恢复。最后，家庭是一个相对封闭的自治空间，是社会治理的弹性空间，家庭中的权力和义务往往是模糊的，没有严格法律规定的。所以大陆法系传统上以保护实体法定权利为目的的程序法理并不适用于家事程序，如果家事程序的目的设定为保障法定权利，一方面意味着司法裁判的依据实际是空洞的，因为何为法定权利并无细致的规定；另一方面意味着司法审判侵蚀了家庭弹性自治的空间。

家事纠纷当事人始终生活在一个相对固定的空间里，并非像合同、侵权法律纠纷那样是偶发一次性的；家事案件并非一个单一时点，而是一连串生活秩序破裂又试图重组的过程。家事纷争所具有的事件连续性特点决定了家事程序的目的是，如何通过家事审判来指引和协助当事人恢复被破坏的家庭生活秩序，以及如何建立纠纷解决后未来的生活秩序。需要注意的是，维护秩序不同于维系婚姻家庭关系，因为，维持婚姻关系固然有社会价值，但在个案中未必较个人婚姻自由更为重要，从各国立法就离婚限制已渐放宽，可知其然。何况，如果当事人已没有维持婚姻的意思，司法却要以家庭关系的维系为出发点强行要求当事人维系婚姻，这没有任何实质上的助益。维持婚姻家庭关系并非家事程序所追求的唯一价值，最高人民法院《试点意见》曾提出了"树立家庭本位的裁判理念"，但在其后的《改革意见》中并未再提及，微小的变化虽未明示原因，想必是因为家庭本位的裁判理念必然侵蚀个人的人格利益及身份权利，而有违现代人格权理论，也并非家事程序的根本目的。完全无法调和的夫妻双方，通过司法裁判彻底摆脱了婚姻关系，从而能够从痛苦的家庭关系中解脱出来，也是健全社会和家庭秩序的一个视角。

上述最高人民法院两个文件也反复提到"维护婚姻家庭关系稳定""正确处理保护婚姻自由与维护家庭稳定的关系",正是此意。不过,家事程序除了化解有挽回可能的婚姻危机和给死亡的婚姻一个合理的结束,其对维护秩序的目的还体现在,对于结束了婚姻后,未来子女监护、抚养、扶养等公益层面问题进行妥适的安排,不至于产生新的秩序危机。

四、保护未成年子女最佳利益

仅仅解决纠纷、保障财产、人格和身份利益、维持秩序还不足以完全概括家事程序的立法目的,保护未成年子女最佳利益也是现代福利国家中家事程序的重要意义。英国历史学家哈里·亨得利克曾言:如果女人是被隐藏在历史里,那么儿童则被排除在历史之外。[1]传统父亲对子女的权利都特别广泛,几乎不受任何限制,不论子女是否成年。然而,父母与子女间抚育、赡养等依赖关系,不是可以用血缘天性、自然亲情等一言以蔽之的,亲子关系逐步从父权本位的"亲权"理念走向子女本位的"亲责"理念。为防止家庭中权力的滥用,有必要加以规范,使照护儿童不再局限于家庭自治范畴,国家同样被课以监管家庭和保护孩子的义务,此为"国家亲权"。[2]国家亲权理论赋予国家介入儿童监护的正当权力,家庭正义价值打破了历史上家庭对子女绝对亲权的自治壁垒,国家亲权理论进而使国家获得介入家庭内监护事务的正当性主体资格。就法律层面而言,生存权的享有使儿童得以权利主体身份请求父母照护和国家监护;从人类种族繁衍、人口安全的层面审视,为弥补儿童的有限性而建立必要监护机制,乃人类种族延续之必然选择。婴孩要有机会长大成人,不但要得到适当的营养,还要得到适当的教育。这件重要的工作一定要有人负责。我们若观察任何地方孩子的生活,总能见到他周围有不少人向他负责的,并且这些人各有各的责任,不紊乱,也不常逾越。[3]

---

〔1〕 参见姚建龙:"论英美国家对少年罪错的早期反应——童年社会学的视域",载《法学杂志》2009年第4期。

〔2〕 参见张杨、周翰伯:"干预主义的国家介入父母子女关系理论之探讨",载《辽宁公安司法管理干部学院学报》2014年第1期。

〔3〕 参见费孝通:《乡土中国》,上海人民出版社2013年版,第437页。

这些"人"包括父母、社会和国家。因而，未成年人可以和家庭之外的国家发生关联，有了双重身份：在私领域家庭中子女身份和公领域国家中公民身份。未成年人首先被看成是拥有自然权利的"人"，其次才被看作是他人的"子女"。子女最佳利益原则的确立，则成为国家介入亲子关系时的最高指导原则及具体审酌标准。[1]

当然，家庭的亲权亲责的内涵和外延均比国家亲权要丰富得多，它不仅包括照顾子女生存的权能，更包括儿童在长大成人过程中的社会化功能，以及对自己血统来源的认同、人格健康发展的功能，更有甚者，包括一个家庭中，基于对家族生理和精神特质的了解和应对，能够更好地帮助子女扬长避短和解决可能遇到的问题。与家庭亲权相比较，国家亲权非常有限，仅仅具有补充性，期待以国家亲权作为家庭亲权的替代品，既不可能也不奏效。国家亲权只能在家庭亲权严重违法或缺位的情况下，作为一种底线的生存保障而存在。

儿童不仅是家庭内父母的子女，他们同时也是国家的财富，承载着国家的希望和民族的未来，然而，如果发生了父母离婚或者其他家庭纠纷，儿童的平静生活往往被无端地打破。当父母因为离婚而在法院互相攻击、因监护权而争论不休时，儿童往往成为最大的受害人，这种伤害是成人难以想象的，正如西方一位学者所言，离婚对于成人和孩子而言是一种完全不同的体验，因为孩子们在此过程中失去了对他们发展重要的东西——家庭结构。与成人不同，孩子的痛苦并非在父母关系破裂时达到顶峰而后慢慢减少。正相反，离婚所造成的伤害对孩子而言是一个积累的过程，它的影响随时间而增加。在孩子成长的各个阶段，这种影响都以不同的方式存在……父母离异一直影响着子女前30年的生活。如果没有专门的家事程序，众多涉及儿童的家事案件被当作普通民事案件，在以当事人为主导的诉讼架构下流水线般地展开对抗和争论，最后以诉争胜利者满意的方式强制解决纠纷。然而这种强制性的传统纠纷解决模式尽管表面上解决了纠纷，但是子女在诉讼中的情感损失却不是金钱可以衡量的，如夫妻憎恨、家族矛盾、漠视子女、身心扭曲。在普

---

〔1〕 参见王洪："论子女最佳利益原则"，载《现代法学》2003年第6期。

通民事对抗性诉讼中，由于子女不是直接的诉讼主体，他们往往无法表达自身意见，法律也不要求法官主动关注他们的身心需要和未来发展，子女在这样的诉讼中沦为客体，遑论保护儿童最大利益。从这个意义上说，家事程序是维护弱势儿童在家庭关系中利益的最后屏障。很多国家设置家事法院的重要理由就是保护儿童利益，使儿童免受损害，保障其健康成长。例如，美国一位家事法官称，未成年人是需要法庭突出保护的珍贵而脆弱的一群；英国《家事司法审查》强调，对某些儿童来说最好的照顾方式是通过国家干预来给予保护。[1]

《公民权利和政治权利国际公约》第 23 条规定，应当采取适当步骤，确保夫妻在婚姻方面，在婚姻关系存续期间，以及在婚姻关系消灭时，双方权利责任平等。婚姻关系消灭时，应订定办法，对子女予以必要之保护。第 24 条规定，所有儿童有权享受家庭、社会及国家为其未成年身份给予必要之保护措施，不因种族、肤色、性别、语言、宗教、民族本源或社会阶级、财产或出生而受歧视。家事程序中，未成年人作为弱势群体和国家保护的重要核心，程序设置的出发点和具体规则都应当能够保障未成年人最佳利益，例如，很多国家都设置了社工陪同和程序监理人机制，补足未成年人诉讼能力的不足，以及最大限度维护他们的利益。再如，凡是涉及未成年人未来生活安排的事项，均适用家事非讼程序处置，即使父母置之不理，法院也可以职权启动程序，对如何才是对儿童最有利的抚养方案进行裁量判断。

五、保护家庭弱势群体的合法权益

社会学上的依赖理论认为：依赖在人类成长过程中是普遍和不可避免的。儿童以及许多老年人或身心障碍者，都是依赖者。[2]对于被依赖者而言，依赖者处于弱势地位。由于家庭的持久性，家庭身份关系的演变是在时间纵向轴上进行的。昔日，儿童是依赖者，随着长大成人变成被依赖者，又随着衰

---

〔1〕 参见 [英] 西蒙·休斯（Simon hughes）、爱德华·蒂姆普森（Edward Timpson）："英国家事司法的发展前景"，唐豪臻译，载《中国应用法学》2017 年第 5 期。

〔2〕 参见郑净方："国家亲权的理论基础及立法体现"，载《预防青少年犯罪研究》2014 年第 3 期。

老变回依赖者，这种时间轴的演变秩序，不同于横向空间轴的民事财产关系。《民法典》第 1043 条第 2 款明确规定，夫妻应当互相忠实，互相尊重，互相关爱；家庭成员应当敬老爱幼，互相帮助，维护平等、和睦、文明的婚姻家庭关系。最高人民法院《试点意见》中已有雏形，其中关于工作理念明确提出了三点，其中第一点可以理解为对家事诉讼程序目的的基本立场：倡导文明进步的婚姻家庭伦理道德观念，维护健康向上的婚姻家庭关系，积极培育和践行社会主义核心价值观，弘扬中华民族传统家庭美德，维护公序良俗。所谓家庭美德和公序良俗，体现在家事程序中，就是要通过司法审判达到维护弱势群体合法权益的目的。

第三节　家事程序的范畴

　　家事案件虽然有上述伦理性、公益性等区别于一般民事案件的诸多特征，适用于一般民事诉讼的当事人主义诉讼模式也不完全适合于家事案件的审理。然而，这不意味着家事纠纷案件不是民事纠纷案件，当事人诉讼地位平等，这是民事诉讼区别于行政诉讼、刑事诉讼最基本的特征。源于民事法律关系主体间的平等性，家事纠纷仍是平等主体私人间的纠纷，不是个人与国家、政府间的纠纷，属于民事诉讼范畴，其本质仍然是私权纠纷，对其特殊性程序规则进行探讨的前提就是，家事程序仍应在民事诉讼程序的法理、功能、原则等脉络上加以思考。民事特别程序，在学理上称为非讼程序，强调国家权力的介入，和民事诉讼程序共同组成民事二元程序法理，亦属于民事案件范畴。家事案件中有关于监护、宣告死亡等案件适用的就是民事诉讼的特别程序规则。从实体法立法的基本立场来看，婚姻家庭相关内容是作为《民法典》的专门一编予以规定的，其实体权利义务纳入民法的调整范畴。家事程序法和民事诉讼法之间是特别法和一般法的运行逻辑，对于归入家事案件的纠纷，家事程序法有特殊规定的，适用家事程序法的规定；家事程序法未特别规定的，仍准用民事诉讼法的规定。

　　在 2016 年最高人民法院家事案件试点之前，按一般民事诉讼程序审判家事案件时，区分一般民事案件和家事案件并没有法律适用上的规范意义。但是试点方案对家事案件的审理程序、规则作出特殊设定后，首要问题就是界定何种民事案件为家事案件，应当适用家事特别程序。科学界定家事纠纷案件范围，不仅涉及审判资源的整合，相关部门职能的调整问题，而且也涉及家事司法今后发展空间的问题。首先，"家事"中家庭成员的范围界定，我国民法、刑法、行政法、诉讼法的规定不尽相同，此时按照民事实体法的规定来界定家事案件范畴是最规范的，原则上按照"家庭成员"的范围确定家事案件，但在继承等涉及亲属身份关系的纠纷中也应进行适当扩张。其次，一些不是实体法中确定的家庭成员关系如同居、婚约关系，因也具备人伦、情感，应纳入家事案件范畴；离婚、解除收养关系等结束家庭成员关系的情形下，原则上也纳入家事案件，唯有双方合意选择普通民事诉讼解决结束身份关系后的财产问题时，例外地允许。最后，并非所有和身份关系有关的财产纷争案件都作为家事案件，如兄弟间借贷返还纠纷。是否具备"家事"因素而成为家事案件的判断标准在于，财产请求权必须具有一定亲属身份关系才能发生的，纳入家事案件，如果在无身份关系者之间也能发生，则不属于家事案件。

一、家庭成员和亲属的界定标准

是以家庭还是家族界定家庭成员？从立法体例上考察，我国目前的立法中并无亲属制度，也没有家族法。以近亲属的范围为例，民事法律与刑事法律的规定就不尽相同，这一定程度造成了法律适用的困难。最高人民法院《关于贯彻执行〈中华人民共和国民法通则〉若干问题的意见（试行）》（以下简称《民通意见》，现已失效）中近亲属包括配偶、父母、子女、兄弟姐妹、祖父母、外祖父母、孙子女、外孙子女。《刑事诉讼法》中的近亲属包括夫、妻、父、母、子、女、同胞兄弟姊妹。最高人民法院《关于适用〈中华人民共和国行政诉讼法〉的解释》（以下简称《行政诉讼法解释》）中的近亲属包括配偶、父母、子女、兄弟姐妹、祖父母、外祖父母、孙子女、外孙子女和其他具有扶养、赡养关系的亲属。《民法典》中第一次将亲属、近亲属和家庭成员的范畴进行分别设定，其中，亲属包括配偶、血亲和姻亲，配偶、父母、子女、兄弟姐妹、祖父母、外祖父母、孙子女、外孙子女为近亲属，共同生活的公婆、岳父母、儿媳、女婿视为近亲属，配偶、父母、子女和其他共同生活的近亲属为家庭成员。从上述相关法律规定可以看出，行政法领域中的"近亲属"范围最广，民法领域次之，而刑法领域中规定的"近亲属"范围最窄。由于家事诉讼的案件范畴并不涉及刑事案件，所以对其范围的认定应当按照民事实体法的设定，原则上按照"家庭成员"的范围确定家事案件，但在继承等涉及亲属身份关系的纠纷中也应进行适当扩张。

二、解除家庭成员关系后的纠纷

一些不是实体法中确定的家庭成员关系如同居关系、婚约关系，是否可以纳入家事案件范畴适用特别的家事程序法理？如果可以，它们应当适用哪一类程序法理？也就是说，在不被实体法正式确认为亲属的关系里，这些当事人如果确实因为长期的同居关系，也具备家庭成员间的情感和人伦，要不要适用呢？如果采用肯定的立法方向，那么实际是通过程序法来扩张实体法上家庭成员的范围。我国传统上婚约的效力已远远大于一般的民事契约，如果解除婚约请求返还赠与物，限于具有婚约关系的双方当事人，但聘金在习俗上被认为是男方赠与女方父母，以报答女方父母养育女方之恩，多由女方父母收受，故婚约解除后，如以女方父母为被告请求返还聘金，也应列为家事事件，因而不能适用一般民事赠与的程序法理。在最高人民法院《民事案件案由规定》中，婚约相关案件已列入婚姻部分的案由，司法实践中一直是按家事案件处理的，最高人民法院家事审判改革试点案件中明确规定了同居关系纠纷案件，包括同居期间的财产分割、非婚生子女抚养等，比较符合实际情况。

相反地，有些当事人起诉时已经解除家庭成员关系了，例如，离婚、解除收养关系，特别是像夫妻财产的补偿、分割、分配、返还争议，在起诉时，当事人已不具有法定亲属身份，也就是说，他们曾经是实体法规定的配偶关系，但在起诉时已经是前配偶了，假设当事人已经各自组成新的家庭，但是他还是要去争取跟前配偶之间的财产的时候，应考虑保护现有家庭和亲属关系的感受，当他们不希望在家事法庭进行审理时，允许他们合意用一般民事法院及一般财产诉讼程序来审理，来降低他们曾经有的前配偶关系给人的印象，立法上能否通过程序选择权予以回应呢？这种情形，建议区分前配偶之间有子女和无子女的情形，分别予以处理，在已离婚的夫妻有子女的情形下，基于"亲子关系永恒性"的考量，仍然有"离婚后家庭"的存在，此时无论是否在家事法庭运用家事诉讼程序审理案件，新的家庭亲属关系的感受并不会受家事程序影响，因为原家庭亲子关系在生活中的存在感远远大于用家事程序解决纷争产生的家庭存在感，而在已离婚的夫妻没有子女的情形下，基于司法传统都将该类案件作为婚姻家庭案件处理，建议仍原则上按照家事案件处置，可以和之前离婚诉讼的家事审判保持前后一致性，防止矛盾裁判、节省重新认定事实等司法资源。但由于该类纠纷仅仅涉及过去纷争的解决，且无涉公益，可以赋予当事人程序选择权，双方可以合意选择作为一般民事案件适用一般民事诉讼程序规则，让当事人可以自我决定实体利益和程序利益的平衡，亦不至影响家事程序法的目的实现和社会公益。

三、界定财产纠纷是否以身份关系为基础

家庭纷争，可能是身份关系纠纷，也可能是财产关系纠纷。前者如离婚、亲子关系纠纷等；后者如婚姻解除所产生的赠与物返还等财产性请求等。前者基于亲属身份关系而产生的身份关系纠纷属于家事案件并无争议，但财产关系纠纷在何种情形下被定性为家事案件，适用家事诉讼特殊的程序规则，则容易产生争议。例如，亲属之间借贷物返还纠纷、兄弟之间互殴导致的损害培养请求，是否属于家事案件呢？这类事件独立观察，实质上并非典型家事案件。区别的标准一是相关财产请求权系因具有一定亲属身份关系方能发生者，可以纳入家事案件，如果相关请求权在不具有一定身份关系者间也能发生，即使偶尔发生在具有身份关系的两者之间，则不能当然认为属于家事案件。例如，兄弟之间的借贷纠纷，性质上主要为普通财产纠纷，没有选任监理人、限制处分权、命家事调查员调查的必要，更没有法院职权调查或依裁量而为裁定的空间，仍然适用于一般的财产纠纷程序规则处理。但是，不具有一定身份关系者也能发生的案件，是否一定不具有家事程序审理的意义呢？例如，兄弟姐妹合作建房，可能大家就不会像和外人合作那样，对出资、份额等问题留下书面凭证，而一旦发生纠纷，当事人要举证就显得很困难，此时是应当纳入家事程序，在裁判时考虑兄弟姐妹未来的家庭秩序，还是按

照一般民事诉讼，法官不职权调查证据，当事人负完全的举证责任以及举证不能时的败诉风险，是一个颇值得立法时加以考虑的问题。

另外一个典型且多发的例子就是父母离婚并请求对子女过去及未来抚养费，就未来有关离婚后抚养费给付数额或形式的问题，属于家事案件并无太大疑义，一方面于声明上有缓和处分权主义的特别规定，另一方面法院也必须审酌父、母各自的经济能力，及未成年子女保护的公益，不是完全由父母（离婚上诉讼当事人）可以处分事项，关于裁量上所根据的事实和证据，法院应依职权予以调查，如果当事人有不利于未成年子女的自认，或成立争点简化协议，则对法院没有拘束力。但就过去也就是婚姻关系存续期间代为垫付的抚养费，属于家事案件还是一般民事案件则有争议，所涉及的事实及理由，法院必须根据言词辩论终结时的诉讼资料及证据资料予以判断，如果是清偿或时效等抗辩事项，这里涉及过去事实的认定，也属于当事人可以处分的事项，当事人原则上仍然可以自认，似乎并不需要适用家事诉讼的特殊规则。但是两个请求是基于同一个原因事实而产生的，通过合并途径按家事案件审理，单独起诉却要作为普通民事案件审理，使当事人完全困惑。虽然主张过去代垫已发生的事实所产生的权利义务关系，具有本质上诉讼案件的性质，但因为作为不当得利的前提要件，仍然是以抚养费为基础，除非当事人早有约定，否则仍须法院裁量确定其适当的数额及分担比例，才能进一步判断代垫的数额若干及权利人的主张是否有理由，就此而言，还是具有裁量性质，一并纳入家事案件审理为宜。但是，在具体诉讼请求的审理上，法院需要分别适用不同的程序法理作出裁判。

四、比较法的角度对上述判断标准的回应

德国《家事事件和非讼事件程序法》第 111 条规定，下列案件属于家庭事件：（1）婚姻事件；（2）亲子事件；（3）血缘关系事件；（4）收养事件；（5）婚姻住房事件和家庭财产事件；（6）对暴力保护事件；（7）养老金调整事件；（8）扶养案件；（9）夫妻财产制事件；（10）伴侣事件；（11）其他家事事件。从其对事件当事人的界定来看，目前类型化的事件当事人采取了比较窄的家庭成员标准，但是第 11 项兜底条款也为其他亲属间纷争进入家事程

序提供了可能性，但并非法律主要关注和解决的纷争类型；该法明确了家庭事件的类别包括同居、分居及离婚配偶的法律关系，还包括登记生活伴侣以及父母子女关系，将非实体法家庭成员纷争也纳入家事程序；对于财产纷争限于婚姻家庭财产和抚养赡养费，范围界定也比较窄，同样地，兜底条款给予了法官裁量其他涉及身份的财产纷争是否为适用家事程序的空间。

第四节　家事程序的类型

生活中频发各类家事案件，性质、诉求各不相同，适用的程序法理也不相同，需要分类予以适用。现代民事诉讼程序呈现出的诉讼程序法理和非讼程序法理的二元论同样适用于家事程序，因而对家事程序进行类型化分析，首先，要区分家事诉讼程序和家事非讼程序。历史上，非讼程序最早出现就是运用在家事程序的未成年子女监护中，它体现在法官的职权介入、职权裁量、需要快速作出裁决等方面。大陆法系国家有的已将家事案件全面非讼化，如德国，也有的将传统争讼性案件予以非讼化处理。在我国，非讼程序只是一个学理层面的概念，家事非讼程序理论的缺失，无法满足家事案件对多元化审判程序的需求。可以未成年人等弱势群体保护，权利不可自由处分，未来安排、需法官职权裁量等标准，扩大家事非讼程序案件类型，除了宣告死亡、认定无民事能力或限制民事能力、监护权案件外，还应包括抚养费、赡养费、扶养费等基本生活保障费的给付请求、婚姻无效之诉、探望权请求等。其次，在家事诉讼程序中，还可以进一步分为家事身份诉讼程序和家事财产诉讼程序，家事身份诉讼程序即大陆法系传统的人事诉讼程序，指处理婚姻、亲子、收养等身份关系纠纷的特别程序；家事财产诉讼案件虽然处理的是财产纷争，但引起这种财产纷争的原因是身份关系，包括离婚财产分割、继承等，对其审理的基本逻辑仍然是适用财产关系诉讼的基本原理，原则上贯彻当事人处分原则、辩论主义等，但是应当和牵连的身份关系统合在家事程序中处理，防止矛盾判决、节约司法资源，并在涉及公益、需保护弱势当事人利益时进行司法干预以达平衡。

一、家事非讼程序

非讼事件是指国家为保护人们私法上的权益，对私权关系的创设、变更、消灭事项，在私权秩序形成的过程中，由法院依申请或职权进行必要干预的事件。与诉讼案件不同，诉讼案件旨在解决发生争执的民事纠纷，以确定私权，非讼事件旨在监护和预防，防止私权发生争执。一般意义上讲，大陆法系是规范出发型诉讼模式，民事诉讼的作用往往在于要求法院审理实体法规定的权利与法律关系存在与否，此种纠纷被称为诉讼案件，由法院管辖的其他事件则被称为非讼事件。而事实出发型的英美法系民事诉讼，法院的作用就是发现事件中应有之法，这个事件是什么不要紧，只要对秩序有影响，法院就处理，诉讼事件与非讼事件并不作相应区分。所以，非讼程序是大陆法系国家及地区民事程序法理的重要组成部分。在大陆法系程序法理上，最早提出非讼程序的是德国，早在 1877 年，德国就有了近代民事诉讼法，但当时这部法律中并没有规定非讼事件，诸如死亡宣告、公示推告、抵押物的拍卖等。1898 年德国制定了非讼事件程序法，上述事件都被列为非讼事件了。为何要在诉讼法之外又另作非讼程序的规定？非讼程序法理是什么？审理原则的差异又在哪？这些都成为关键问题。德国 1898 年所承认的非讼法理，原则上法官的权限很大，当事人没有处分权，并且排除或者限制民事诉讼法上的处分权主义的适用。也就是说，诉讼法理很重要的特征就是采取相当彻底的处分权主义，不告不理，诉讼审判的对象（诉讼标的）由原告来决定，其未主张的请求权法官不能介入。但是，在非讼法理里，法官则可以介入当事人未主张的请求权，采取不彻底的处分权主义。

德国 1898 年非讼事件程序法处理的事件之一就是未成年子女监护事件，因其具有公益性，要求法官站在未成年子女最佳利益的角度，发动职权为其选定监护人。例如，父母不和闹离婚，未成年子女到底由谁来监护？是作为申请人的母亲，还是作为相对人的父亲？双方都争执不下，法官可以从公益的角度出发，在双方都可能不适宜担任监护人的情形下（如有酗酒的恶习），法官可以发动职权指定监护人，将未成年子女交与社会福利团体或者其他有监护资格之人照顾，不会产生所谓超判（超越当事人诉讼请求裁判）

的问题。但是如果采诉讼法理，依据当事人处分权原则，法官只能判决申请人败诉，驳回其申请。这个就是缓和的或者不彻底的处分权主义，成为非讼法理之一。

第二个非讼法理，就是职权探知主义。例如，在上述的未成年子女监护事件中，父母双方都有恶习，但是双方在监护权上都争执不下，又不愿意提出其他更适合担任监护人的人员来，若依照诉讼法理的当事人处分权原则和辩论主义，当事人未提出来的事实证据法官不可以调查，法官也就无从为该未成年子女找出适合的监护人。在此种情况下，改为采用职权探知主义，法官可以就当事人没有提出的事实，依职权去发现真实，去找到谁最适合担任该未成年人的监护人，这样才能达到处理监护事件的目的。因此，如果某一个事件，在性质上必须借助法官的职权裁量才能达到制度目的，就把它称为本质上具有非讼事件的性质。

另外，1898 年德国非讼事件程序法还处理登记事件，例如，夫妻财产的登记、公示登记、质物或者抵押物的拍卖，这类事件的特点在于需要迅速处理，通常称为简易主义，是非讼法理的一种。因此，如果某个民事事件特别需要得到迅速、经济裁判，需要法院的介入来迅速处理，就适合采用简易主义，那么这类事件就被认为具有非讼事件的本质，此时司法发挥的是准行政的功能。例如，在家事案件中涉及的抚养费、赡养费和扶养费问题，虽然具有争讼性，但是需要法院迅速作出裁判，否则将影响关系人的基本生存权，所以大陆法系主要国家均将其纳入非讼案件，适用非讼程序。

再者，诉讼程序结果用判决的形式，而非讼程序结果一般采用决定或裁定的形式，并且设立裁判变更制度。德国和日本非讼事件程序均采用决定形式。当事人不服裁定时，只有一个很短的抗告期间，而不是如同民事诉讼一般有两审或三审程序，严密的程序设计会使得过程很慢，但也让事件的处理更慎重。诉讼上的判决具有体系化的判决效力，从判决成立的时候就有形式上的拘束力，判决确定后就产生既判力、形成力和执行力。非讼裁定也具有形式上的拘束力，能够成为执行根据，但是大陆法系通说认为，非讼裁定原则上不具有实体上的既判力。也就是说不能禁止后诉和约束后诉，这样，非讼程序发挥功能的同时也不会侵犯关系人的裁判请求权。另外，裁判变更制度使法院保证了法律关系在一定期间的稳定性，能够为关系人提供可预期性的结果。另一方面，裁判变更制度又能够灵活地应对各种可能出现的新情况，及时调整裁判行为。其原因主要在于：首先，非讼程序裁判结果通常只是对某一事实的确认，并不是对当事人之间权利义务的确定。非讼程序的裁判结果强调妥当性和合目的性，法院一旦发现非讼事件的裁判存在错误，通常都应当或可以予以变更和撤销。可见，非讼裁判的既判力被缓和或排除了。其次，非讼程序通常以比较简便快捷的程序进行，对当事人的程序保障相对较弱，而既判力的一个重要来源，就是给予了当事人充分的程序保障，因而获得了既判力，所以非讼程序的裁定，不能禁止之后关系人就这个事项产生争议时再起诉。最后，法院对非讼案件的决定仅仅具有暂定性和未来性，关系人对实体权利本身仍有以诉讼方式提出争议的可能性，非讼标的的审理结果并不影响权利的救济，当事人可以通过不当得利返还等诉讼程序救济自身的民事权益。

综合而言，非讼程序在程序结构、原则及制度设置等方面均异于民事诉讼程序。民事诉讼程序采两当事人对立构造、非讼程序不采对立构造；民事诉讼程序采当事人主义、非讼程序采职权主义；民事诉讼程序主要采严格证明制度、非讼程序则主要采自由证明制度等。这些不同的程序设计体现了非讼程序注重弹性，以及快捷、便利和经济的特点。而这种基于区分理念设计下的不同程序的设置正是适应社会发展中审理对象的日趋多元化及程序主体对于程序的不同价值需求。

最初通过民事司法所要解决的非讼事件主要是具有非对抗讼争性、面向未来的安排性（准行政性）、国家责任性、迅速主动解决等特征的事件。时至今日已经过去了130多年，人类生活发生了巨大变化，事件的类型越来越多，二分法不能解决的情况是存在的，因而出现了非讼事件的诉讼化和诉讼案件的非讼化。哪些非讼事件予以诉讼化处理，以及哪些本质诉讼案件予以非讼化处理，应当依照一国当下社会的不同情况，站在人民的需要之立场上，立足于保护未成年人的最佳利益，进行立法和司法的价值取向。

非讼案件诉讼化，是为给予当事人比较充分的程序保障，并作出慎重而正确的裁判，将原本没有权利义务争执的非讼案件改为诉讼案件。例如，遗产分割诉讼，当事人双方对遗产属于双方共有没有争议，但对于遗产如何分割存在争议，从而诉诸法院，这类案件本质上属于非讼案件，但为了给予当事人充分的程序保障，立法将这类案件列入诉讼案件范围。诉讼案件的非讼化，乃是指基于某种目的，将原本是实体法上权利义务争议的诉讼事件改为非讼事件，通过非讼程序予以处理。例如，未成年子女抚养案件，当事人双方对未成年子女由谁抚养等存在争议，这类案件本质上属于家事诉讼案件，然而，为妥善处理未成年子女抚养问题，特别需要法官行使自由裁量权、特别需要法官介入照顾，因此，要将这类案件非讼化处理，列入家事非讼案件的范围。

随着国家功能的扩充，家事案件非讼化存在扩大化的趋势，诉讼与非讼的区分标准早已不是"有无争讼性"。德国在2008年12月修订《家事事件和非讼事件程序法》，从2009年9月1日起，家庭事件不再由德国《民事诉讼法》调整，而是与非讼事件合成新的法律，对家事事件采取了全面非讼化的做法。该法与德国《民事诉讼法》最大的区别是采取了职权调查主义，民事诉讼的当事人主义不再占据主导地位，而赋予法官较大的依职权调查的权力。对原处于诉讼模式下的家庭事件用语进行更改，使其与非讼程序保持一致。原称"家事诉讼"或"家事争议"，现统一称为"家事程序"。德国《民事诉讼法》一般将诉讼当事人称为原告与被告，《家事事件和非讼事件程序法》将在程序中处于原告地位的一方改称为"申请人"，将程序中处于被告地位的一方改称为"被申请人"。程序中的当事人统称为"关系人"。所有家事事件均适用"裁定"，例如，宣告离婚，不能像以前一样适用判决。所有程序通过"申请"发动，上诉审法律救济也统一为"抗告"和"法律抗告"，不再使用"控告"或"上告"。

日本2004年1月颁布实施了新的《人事诉讼法》，2011年5月25日，废止了旧《家事审判法》而另订《家事事件程序法》，两部法律在事件分类上有清楚的规范，《人事诉讼法》规范的是婚姻关系诉讼、亲子关系诉讼、收养关系诉讼以及其他以身份关系的形成或存否确认为目的的诉讼。〔1〕《家事事件程序法》规定的是家事非讼事件，包括甲、乙两类，其中甲类包括禁治产事件、宣告失踪、遗嘱确认等不能进行调解的事件，乙类包括婚姻费用、指定变更亲权人、共有财产分割等讼争性较强、适用调解的案件，这类案件中增加了当事人主义色彩，赋予当事人提供证据、发表见解的权利。〔2〕

可见，大陆法系各国和地区从 20 世纪开始了家事诉讼事件的非讼化趋向，诸多具有争讼性质的诉讼事件被纳入非讼程序调整的范围，直接导致了非讼程序审理范围逐渐扩大的趋势，非讼程序的适用主要在面向未来、需要法官发挥裁量作用的身份关系案件中，尤其是涉及未成年人利益等公益案件。

司法性质的二元论指出，民事案件的程序既包括诉讼程序，又包括非讼程序，在研究家事程序法时，非讼程序法理是不可回避的一个重要部分。我国早在 1937 年，宣巽东编写的《非讼事件程序法》就已经对诉讼程序法理和非讼程序法理进行了清晰的区分。但由于种种历史原因，我国一直没有建立专门的非讼程序法，相关理论和制度并未得到持续、完整地发展，关于诉讼程序和非讼程序的二元法理适用还属于学理初步探讨的阶段，从立法的表达和司法实践的运用来看，应将其纳入特别程序之中，发挥类似功能。家事非讼程序的缺失，无法满足审判实践对多元家事审判程序的需求，我国目前对非讼案件采取了最为保守和缩限的立法模式。我国《民事诉讼法》第 2 条中的"民事案件"囊括了民事权利义务争议的诉讼案件以及非争议性的非讼案件，非讼案件从狭义上看仅指《民事诉讼法》第 15 章规定的适用特别程序的案件和《民通意见（试行）》第 19 条规定适用特别程序的指定或撤销监护人案件，共 7 类。广义上的非讼程序还包括《民事诉讼法》第 17 章督促程序和第 18 章公示催告程序。从我国《民事诉讼法》中规定的特别程序案件中，属于家事非讼案件的包括宣告失踪及宣告死亡案件，包括申请宣告公民失踪、申请撤销宣告失踪、申请为失踪人财产指定、变更代管人，申请宣告公民死

---

〔1〕　参见《日本人事诉讼法》第 2 条。
〔2〕　参见杨佳莉："日本家事程序法最新动态简介"，载《人民法院报》2014 年 2 月 7 日第 8 版。

亡、申请撤销宣告公民死亡、认定公民无民事行为能力、限制民事行为能力的案件（包括申请宣告公民无民事行为能力、申请宣告公民限制民事行为能力、申请宣告公民恢复限制民事行为能力、申请宣告公民恢复完全行为能力）、监护权案件（包括申请确定监护人、申请变更监护人、申请撤销监护人资格）。

目前，"诉讼非讼化"现象在世界各国发展迅速，早已突破古典非讼事件的界限。而我国目前很多从性质上分析具有非讼性质，应当通过非讼程序解决的家事案件，要么被排除在家事诉讼之外，要么只能选择普通程序。例如，确认亲子关系案件，很多国家作为血缘事件列入非讼案件处理；再如，人身安全保护令案件，并没有明确的程序规则可以适用。家事非讼程序的缺失和不完善，不但抑制了家事非讼案件对法院职权介入和程序快捷的特殊需求，容易激化家事案件大幅增长与司法有限性之间的矛盾，而且制约了我国民事程序法的发展格局。随着对家事案件本质的深入探讨、国家设置家事程序所意欲保护的法律关系和权利，并结合上述从比较法的角度分析各国对家事案件的认识和家事非讼事件的规定，可以对我国未来家事非讼案件进一步予以拓展。

1. 关于抚养费、赡养费、扶养费等基本生活保障经费的给付请求。这类案件因为基于一定亲属身份关系的请求，也具有未来展望性、持续性给付等特征，并因亲属关系或曾为亲属关系所产生的心理层面的感情上非理性因素，以及对于弱者保护、人际关系调整的需求，而与其他财产上请求具有一次给付性或理性经济上计算有所不同，有赖于法官职权裁量而为妥适、迅速的裁判，所以有从诉讼程序改为非讼程序的必要。这类案件本质上是具有对造当事人、争讼性的案件，但基于家事伦理和公益，主要考虑的是弱势群体的保护、需要在查明案件事实、掌握当事人的经济收入、支付能力、教育程度等情况，以便作出展望性裁决外，还需要迅速裁决，以给予申请人及时的救助和保障。这和一般财产纠纷的处理不同，多数国家都将其列入非讼事件。抚养费、赡养费和扶养费具有非常高度的类似性，也就是说在权利的具体内容上，依实体法规定，并没有非常具体明确，到底家庭生活费用是要给付每个月 10 000 元，还是 12 000 元，还是 13 000 元，这个跟契约关系中已经有明确金额的请求是不太一样的，它需要的是要由法官在具体个案当中视关系人彼此的经济条件、生活上的需求，来做一个适当的、裁量性的判断。我国《民诉法解释》第218条规定，赡养费、扶养费、抚育费案件，裁判发生法律效力后，因新情况、新理由，一方当事人再行起诉要求增加或者减少费用的，人民法院应作为新案受理。这里虽然不是明确该类案件属于非讼特别程序案件，但是按照非讼裁判的既判力对该类案件生效裁判不产生"禁止重复起诉"的效果，正是符合了非讼裁判既判力规则。可以认为，立法已经逐步将其纳入非讼案件范畴进行程序规则的设置。

2. 婚姻无效之诉。这是因为婚姻有效与否必须符合公益所设定的权利状态，否则均有害公益。例如，未达法定婚龄、属于禁止结婚的近亲属等事实，即使当事人自认婚姻成立有效，法院也不受该自认约束。最高人民法院《关于适用〈中华人民共和国婚姻法〉若干问题的解释（一）》第9条第1款规定宣告婚姻无效的案件是一审终审；最高人民法院在《关于适用婚姻法若干问题的解释（二）的理解与适用》中也明确提出，赞同"宣告婚姻无效程序属于民事诉讼特别程序"的观点，最高人民法院《关于适用〈中华人民共和国民法典〉婚姻家庭编的解释（一）》规定，对婚姻效力的审理不适用调解，应当依法作出判决。上述对婚姻无效之诉的理解都吻合了非讼程序法理的典型特点。

3. 探望权事件。探望权源自亲权，是连接婚姻制度和亲权制度的纽带，针对具体的探望规则，虽然当事人之间可能存在强烈的争执，但是该类案件更注重保护的是未成年子女的利益，为了避免给亲子关系带来负面影响，在程序适用上更加强调裁判的合目的性、妥当性、便捷性，这都与非讼程序的特点和功能相契合。

二、家事诉讼程序

家事诉讼程序和家事非讼程序是家事程序的二元法理论，家事诉讼案件具有对抗的双方当事人和争讼的权利义务关系，有明确的原告和被告，具有对审结构，不仅存在确认之诉，如婚姻无效确认之诉、确认亲子关系之诉等，也存在形成之诉，如离婚等。审级制度上与通常的诉讼程序相同，如并非一律实行一审终审，确定判决产生禁止后诉和预决效力等。对家事程序进行分类的根本目的是区别适用不同的程序法理，将家事程序区分家事非讼程序和诉讼程序后，根据原告请求法院裁判的是身份关系还是财产关系，可以进一步区分为家事身份诉讼程序和家事财产诉讼程序。

（一）家事身份诉讼程序

身份关系诉讼，大陆法系传统上称为人事诉讼，"人事诉讼程序者，非以财产关系为诉讼标的，而关于人之身份或能力之诉讼也。"[1]其实，"人事诉讼"之称谓源于德国、日本的法律及其法学理论，它并非两大法系的通称，大陆法系中只有日本、法国、德国等有这样的称谓，其他国家更多地采用家事诉讼的表述。英美法系国家并无人事诉讼的提法，通常称为家事诉讼。家事身份诉讼程序是处理婚姻、收养、亲子关系等有关基本身份关系纷争的特别民事诉讼程序，其中，"身份"是构成身份关系诉讼的内核。

历史发展到今天，身份关系仍然占据着家庭领域，家庭是社会的细胞，夫妻、父母子女、亲属等人伦关系自然地存在。身份关系、家庭关系作为身份法规范之法律关系，存在形式多种多样。普通民事诉讼程序中当事人多以财产权为争讼之标的，其诉讼仅涉及财产上的权利义务，通常与公益无关，故适用辩论主义，尽量收缩法院职权干预的范围。而身份关系诉讼不仅涉及诉讼主体之间的利益，与众多利害关系人的权益和社会公益息息相关，因而，不能任由当事人自由处分。身份关系一旦发生争讼，若适用一般诉讼程序规则，显然不能满足维护社会公益的需要，设立专门程序——人事诉讼程序，适度扩张法院职权干预范围，以利实体真实的发现，使判决效力扩张得以正当化，维系社会秩序的良性发展。比如，亲子关系是基于出生这一事实推定而发生，婚生子女否认之诉未作出判决之前，都视为存在亲子关系。在诉讼程序上，身份关系案件并非准许当事人的自由诉讼追行，加以相对解决，必须根据客观事实，进行整齐划一的解决。基于这一顾虑，诸多国家在人事诉讼案件的处理程序上都作了不同于财产案件的特

---

[1]　参见杨建华：《民事诉讼法实务问题研究》，三民书局 1981 年版，第 409 页。

殊安排。

身份权是基于身份关系所产生的权利，它具有人身性，亦具有财产性，我国的婚姻家庭实体法便是身份权的法律根据。"人事"虽然是指与人的身份有关的事，但家事案件的范围并不涉及身份关系的全部领域，而是专指家事领域中有关的几种诉讼形式，在这些法律关系中，只有婚姻关系、亲子关系以及收养关系是涉及自然人最基本的身份关系，它是基于婚姻、血缘关系所形成的社会关系，是构成社会最基础的单元，而在其他民商事领域形成的诸如股东身份、买方卖方身份则不在此概念范畴内。家事身份诉讼形式要件必须是法律上明确规定的，除此之外的身份关系诉讼案件，不适用家事特别诉讼程序，而适用普通程序或其他程序。

对于我国家事程序的构建而言，是否有必要对家事身份诉讼程序进一步分为确认之诉和形成之诉，判断的标准是有没有针对性地适用上述相异程序的法理和规则，如果有，就应作出上述分类，如果没有，分类的意义就大打折扣。首先，我国向来采取的是婚姻、继承等生活事件类型分类法划分家事案件，而不是根据诉的类型理论进行分类。例如，最高人民法院《民事案件案由规定》中规定的案件类型，首先分为婚姻家庭类和继承类，在婚姻家庭类中又分为婚姻类、收养关系、同居关系等类型，最高人民法院的试点方案也采取了婚姻关系案件、亲子关系案件等生活事实分类法。其次，我国关于民事诉讼程序法理的研究还尚不成熟，将诉的分类的一般规律运用于立法和司法实践中的习惯尚未形成，如果采用这种学理二分法，不仅对公众而言晦涩难懂，即使是法官或律师，恐怕也难以理解这种区分的意义和法律适用上的差别，欲速则不达。根据最高人民法院《民事案件案由规定》和家事审判改革试点的案件类型，目前列入家事身份诉讼的案件包括婚姻、亲子关系和收养关系三类典型的身份关系案件，具体包括：

1. 婚姻案件及其附带案件，包括离婚、婚姻无效、婚姻撤销等；
2. 亲子关系案件，包括确认亲子关系、否认亲子关系；
3. 收养关系纠纷案件。

（二）家事财产诉讼程序

与身份关系密切相关的财产诉讼案件，虽然要求处理的是私法上的财产关系，但在引发这种财产关系的原因事实上有所不同，它是基于身份关系所引起的，必然随身份关系的变化而变化。根据特别法和一般法的关系，家事程序法的逻辑是，凡是未明确规定于其中的案件类型，应准用民事诉讼法的规定。如前所述，与身份关系相关的财产纠纷非常多，如果将家庭成员的范围扩大到近亲属，则会产生更多这类案件，但是各国均倾向于采取对适用家事程序审理的财产案件作出明确范围列举的做法。前述（本章第三节第三点）中关于兄弟姐妹合作建房产生的财产纠纷，虽然具有学理探讨的意义，但从立法论上，则不宜纳入家事程序中。根据最高人民法院《试点意见》中试点的案件类型，目前列入家事案件范畴的与身份关系有关的财产案件包括：

1. 离婚附带的财产分割、过错赔偿案件；抚养、扶养及赡养纠纷案件；
2. 同居关系纠纷案件，包括同居期间的财产分割、非婚生子女抚养等；
3. 继承和分家析产纠纷案件等。

（三）家事身份诉讼程序和家事财产诉讼程序区分的意义

目前我国民事诉讼学界和实务界，与财产型诉讼的立法和研究相比，身份型家事诉讼的立法与研究较为薄弱；与争讼型的诉讼程序立法和研究相比，非讼程序特别是家事非讼程序的立法和研究较为薄弱。与身份有关的财产关系案件作为家事诉讼的类型化研究对象，将其从普通民事财产纷争案件中抽离出的意义在于，身份关系是财产纷争的基础，应当遵循统合处理的原则在身份关系诉讼中一并处理，以免出现矛盾裁判、节约司法资源。但对其审理的基本出发点仍然是适用于财产性诉讼的基本原理，贯彻当事人处分权主义、辩论主义、诉讼上自认的约束效力等基本程序规则。例如，关于分家析产案件，一方当事人或一方当事人中的一人放弃权利的，法院应当受该处分权约束，不再进行职权干预。

改革开放前，我国传统的民事案件主要就是家事案件，当时的民事诉讼实行职权探知主义，当事人处分权受到限制与排斥，当时的程序制度和民事诉讼模式总体上符合家事案件处理的需要。但是自从 20 世纪 80 年代末，我国民事审判方式不断改革，改革的总体方向是改变传统移植自苏联的超职权主义诉讼模式，进而转向当事人主导的辩论主义诉讼模式。2012 年《民事诉讼法》的修订与 2015 年最高人民法院《民诉法解释》的颁布，表明我国的民事诉讼审判模式正逐渐采纳辩论主义。这种转变是为了满足快速、复杂、大额的财产性纠纷，例如合同、侵权、保险纠纷等。这样的改革适应了普通的民事财产案件审理的需要，但使得总共占全部案件 1/3 以上的两类特别程序——家事诉讼程序和非讼程序都不得不搭乘以商事诉讼程序为核心的民事程序改革的一揽子改革班车，在处分权主义和辩论主义的基本理念统一指导下，统一向着诉讼程序的对抗化、规范化、专业化、高成本化发展。[1]采用财产关系诉讼当事人主导型的诉讼模式，必然呈现"对抗与判定"的基本结构。

　　尽管对抗式诉讼有诸多优点，如能体现当事人的主体地位、有利于查明案件真相、成本更低、效益更高，但这一诉讼程序却不利于家事案件的妥当解决，甚至具有结构性的缺陷。普通诉讼程序所采对抗模式的前提假设是双方当事人在竞争力与资源掌握程度上基本相等，而家事纠纷当事人之间的实际地位往往极不平等，夫妻之间、亲子之间很难处在平等竞争序列上，大多数情况下，妻子和未成年子女处于弱势地位，无法与对方进行平等的争讼。如果法院机械地按照对抗辩论的结果进行消极裁判，其结果可能是严重背离婚姻家庭领域的司法正义。

　　在民事私主体平等的假设前提下，与之伴生的是对妇女、儿童权益保护的弱化问题。相当典型的例子是，由于强调法官的中立性、当事人承担举证责任、辩论主义的约束，常常出现妇女一方在面对丈夫出轨、遭受丈夫家庭暴力等情况时无力举证，因而使无过错方（常常是妇女）无法获得离婚损害赔偿的情况。学者巫若枝在 2006 年 9 月参与了一个案件的开庭和调解环节，案情如下：夫妻结婚 11 年，已有两个儿子，丈夫在外工作，妻子是个家庭妇女，与公婆同住。结婚后不久，男方以在外工作为由长期不回家，在外"包二奶"，妻子稍加责问就施以暴力，甚至在大庭广众之下殴打妻子。有一次他又将妻子打至轻伤害，女方到医院做了伤害鉴定。在"多一事不如少一事"

---

〔1〕　参见傅郁林："家事诉讼特别程序研究"，载《法律适用》2011 年第 8 期。

的社会风气下，加之女方是外乡出嫁到男方家，孤立无援，于是向男方亲戚、地方妇联、居委会、村委会等求助。但是，她只得到了单方面的劝说，或者劝她隐忍或劝她干脆离婚而已。最后迫于无奈，女方起诉离婚。她除了提交医院的轻伤证明外（这个证据经被告辩称，仅能证明原告受伤，不能证明系被告所打，而未被法庭采信），根本无法取得法院所需要的男方实施家庭暴力或"包二奶"的证据。最后双方达成调解协议，女方抚养大儿子，未分得任何家庭财产，仅获得 600 元的经济帮助。[1]诉讼程序中当事人诉讼能力平等的假设在家庭中是不能成立的。所以，因身份关系而产生的财产纠纷和一般民商事活动中所产生的财产纠纷具有区分的必要和意义。

三、我国家事程序的分类的建议

以家事案件作为一个纠纷类型研究其程序规则的基本前提是要区分家事案件中，哪些适用于诉讼程序法理，哪些适用于非讼程序法理；家事诉讼程序案件中，哪些适用于财产关系程序法理，哪些适用身份关系程序法理。从目前的法源上看，对家事案件的范畴和类型进行了规定的法律及规范性文件包括：

1. 《民事诉讼法》及其司法解释中规定的适用特别程序的案件，包括申请宣告公民失踪、申请撤销宣告失踪、申请为失踪人财产指定、变更代管人，申请宣告公民死亡，申请撤销宣告公民死亡，认定公民无民事行为能力、限制民事行为能力的案件（包括申请宣告公民无民事行为能力、申请宣告公民限制民事行为能力、申请宣告公民恢复限制民事行为能力、申请宣告公民恢复完全民事行为能力），监护权案件（包括申请确定监护人、申请变更监护人、申请撤销监护人资格）。

2. 婚姻家庭继承等实体法中规定的权利义务关系所产生的家事案件。如确认或者否认亲子关系之诉等。

3. 最高人民法院《民事案件案由规定》中关于家事部分的案由，分为婚

---

〔1〕 参见巫若枝："30 年来我国家事纠纷解决机制的变迁及其启示——基于广东省某县与福建省厦门市五显镇实践的分析"，载《法商研究》2010 年第 2 期。

姻家庭纠纷和继承纠纷两类，其中婚姻家庭纠纷包括婚约财产纠纷；离婚纠纷；离婚后财产纠纷；离婚后损害责任纠纷；婚姻无效纠纷；撤销婚姻纠纷；夫妻财产约定纠纷；同居关系纠纷，包括同居关系析产纠纷和同居关系子女抚养纠纷；抚养纠纷包括抚养费纠纷和变更抚养关系纠纷；扶养纠纷，包括扶养费纠纷和变更扶养关系纠纷；赡养纠纷，包括赡养费纠纷和变更赡养关系纠纷；收养关系纠纷，包括确认收养关系纠纷；解除收养关系纠纷；监护权纠纷；探望权纠纷；分家析产纠纷。其中继承纠纷包括法定继承纠纷，包括转继承纠纷和代位继承纠纷；遗嘱继承纠纷；被继承人债务清偿纠纷；遗赠纠纷；遗赠扶养协议纠纷[1]。

4. 最高人民法院《试点意见》中规定的家事案件：婚姻案件及其附带案件，包括离婚、婚姻无效、婚姻撤销等，附带案件包括监护权、子女抚养费、离婚后财产分割等；抚养、扶养及赡养纠纷案件；亲子关系案件，包括确认亲子关系、否认亲子关系；收养关系纠纷案件；同居关系纠纷案件，包括同居期间的财产分割、非婚生子女抚养等；继承和分家析产纠纷案件等。

表 3-1　我国家事诉讼分类建议

家事程序	家事诉讼程序	身份关系诉讼程序	婚姻关系	离婚、撤销婚姻
			亲子关系	确认、否认亲子关系
			收养关系	确认、解除收养关系
		财产关系诉讼程序		婚约、同居财产纠纷；离婚、婚姻无效、婚姻撤销后的财产分割及损害赔偿责任；法定及遗嘱继承；分家析产

---

[1]　参见最高人民法院关于印发修改后的《民事案件案由规定》的通知（法〔2011〕42号）。

家事程序	家事非讼程序	无讼争性本质非讼事件	宣告死亡、失踪；认定无行为能力和限制行为能力；婚姻无效；监护权、探望权；申请人身安全保护令
		有讼争性非讼化的争讼事件	抚养、扶养及赡养费

第五节　家事程序的特点

综上分析，从生活事实中家事案件所具有的本质属性、从案件起诉到裁判的程序法理来看，家事程序的构建是一个纷繁复杂的工程。从立法者和裁判者的角度来看，家事程序的特殊性体现在：首先，家事程序中诉讼请求错综复杂，一个案件中既有财产关系纷争、也有身份关系纷争；既有涉及私益的、也有涉及公益的；既有处分权事项、也有职权调查事项；既有面向过去的纠纷解决，也有面向未来的合理安排。其次，家事案件所涉事项隐蔽，外人一般无从知晓；当事人之间的密切关系，使他们保留证据的意识不强；由于涉及社会伦理评价，不愿意暴露所谓"家丑"等原因，使得对事实的认定困难重重。最后，要求裁判结果实现多维度正义，既要定纷止争维持秩序，又要考虑未来的合理安排，还得符合家事伦理正义，更要保护弱势群体利益、体现国家意欲保护的权益位阶等，对家事程序的设置是极大的挑战。

一、诉讼请求错综复杂

家事程序当事人彼此之间存在血缘或婚姻等亲密的关系，通常共处于一个家庭，相互了解熟悉，感情是其重要的纽带，因此有较多非理性因素。以夫妻婚姻事件占多数的家事纷争当中，夫妻双方当事人的情绪强度很高，并常常延伸到未成年子女亲权行使与抚养费分担之问题，在有非理性的情绪对抗下难以"说理"，甚至说不清需要司法裁判的对象。有时当事人的一个简单的举动或妥协让步，从法律的评价上价值不大，但对对方当事人而言却至关重要，当事人可能因此和好或者达成和解。家事案件当事人往往处在矛盾之中，当事人内心都希望司法程序既能解决纠纷保护自己的合法权益，又能不伤和气，不撕破脸面，以便日后长期相处。例如，甲男起诉乙女离婚案件，提出了离婚请求、还产生有离婚财产分割、家暴、出轨等过错损害赔偿、子女的亲权和抚养费、在子女亲权问题上还有否认婚生亲子关系的争议，在扶养费问题上包括过去乙方垫付抚养费的偿还和未来抚养费金额、给付方式的裁判。其中既有财产关系纷争、也有身份关系纷争；既有涉及私益的、也有涉及公益的；既有处分权事项、也有职权调查事项；既有面向过去的纠纷解决，也有面向未来的合理安排。

因此，对于他们的生活纷争，如何通过法律的评价使其成为家事诉讼标的以及个案中具体的诉讼请求，往往比较困难。而被法律评价的诉讼标的，是否真正代表了当事人的诉求也是值得商榷的。家事纷争的目的有时并不在于判断是非，而是尽可能妥善地处理家庭矛盾，修复彼此关系，在无法修复时也将其对当事人的伤害和困扰降到最低，以维护个人生活的安宁和社会的安定。因为，法律上的是非判断和家庭生活中的是非判断往往并不一致，同样的行为，有的家庭认为是合理的，而有的家庭认为是不合理的，这种家庭自治的弹性空间令诉讼裁判的是非判断无法真正满足当事人的诉求。家事案件还具有与时间赛跑的压力，一旦涉讼时间过长，不只当事人舟车劳顿，未成年子女长期处于父母权利角逐之中，对于其身心亦会造成重大影响，也会导致当事人诉讼请求的变更和放弃。例如，一方原本开始占有优势的局面，却随着子女的成长，因无法持续建立与该子女在生活或情感上的联系，导致最后的诉讼请求已经完全不是当初起诉时候的诉求。家事程序规则的建立和法院对家事案件的裁判，不可避免地要设置应对当事人错综复杂和不断变化的诉讼请求的有效机制。

二、事实认定困难重重

按照布莱克的理论：在关系密切的人们中间，法律是不活跃的；法律随人们之间距离的增大而增多，而当增大到人们的生活世界完全相互隔绝的状态时，法律开始减少。[1]家事案件所涉事项具有隐蔽性，外人一般无从知晓；当事人之间的密切关系，使他们保留证据的意识不强；家事案件由于涉及社会伦理性评价，当事人对诉讼过程和裁判文书的保密性存有担忧，因而不愿意暴露所谓"家丑"，来维护自己的伦理形象，或是保护子女在社会中的伦理评价。这样一些潜在的情感、道德因素和当事人自己的纠结判断，导致家事程序当事人往往难以提供有利于事实主张的证据、法院也难以通过职权调查获得充分证据，案件事实难以被真正发现。在涉及家庭暴力的离婚案件中，绝大多数受害的当事人能够提供的证据只有自己口头陈述，即使提交了相关医院的就诊记录，但由于无法证明这些就诊的原因是因他伤而非自伤所致，更无法证明这个他伤是家庭成员的暴力导致，获取损害赔偿的比例很低，对弱势家庭成员的保障因而大打折扣。家事案件中呈现的事实往往具有表象性，如果按照一般证明规则判断和认定，可能会与事实真相有较大的出入。

此外，家事案件中涉及公益的部分，也不能简单运用证明责任分配规则和民事诉讼的优势证明标准。例如，关于婚姻效力、婚姻关系的确认和解除、亲子关系的确认和否认、法定继承的分配原则等案件，因其证明对象涉及社会公益、安定秩序、伦理道德以及未成年子女利益保护等因素，需要法官在确信其待证事实存在之可能性时能够达到排除合理怀疑的标准，追逐客观真实，以使家事裁判既判力的对世效合法化，而不仅仅是达到高度盖然性的一般民事程序标准。家庭生活中的矛盾激化到非诉讼不可的地步，可谓"冰冻三尺非一日之寒"，当事人提供的过去多年间持续的各式各样的纠纷证据，法官如何将其分类整理，运用证明力规则、形成证据链条，也同样考验着裁判者。这些困境都使得家事程序法理需要进行细致的分析梳理，作出判断和选择，并赋予法官适度自由裁量及免责的权限。

三、要求裁判结果实现多维度正义

正因为家事案件的自然本质伦理性、公益性、家事诉讼请求的复杂性等

---

〔1〕 参见〔美〕布莱克：《法律的运作行为》，唐越、苏力译，中国政法大学出版社1994年版，第48页。

方面原因，对家事裁判结果的要求是多方面的，既要定纷止争，又要维持和谐秩序，还要满足当事人情感需求，更要保护弱势群体利益不受侵害等，着实不易。一方面，因为家庭自治空间的存在，如"家家有本难念的经""家庭不是讲道理的地方"等俗语，家事实体法律上有许多留白区域，并无强制性规定。例如，夫妻如何抚养子女，谁负责学费、谁负责生活费；谁负责经济保障、谁负责生活看护等，可以由当事人商量着来，换句话说每个家庭有特殊的纷争缘由，处理的方式向来注重"家庭自治"。但是司法裁判的结果无法含糊其词，不能是这样一个弹性的安排，得清清楚楚表明权利义务和相关安排，但是这个权利义务实体法上并未确立，是需要透过裁判去发现的、符合这个家事个案的权利义务关系。换句话说，法官的裁量权比较大，因而责任也很大，从比较简单的适法变成发现符合生活事实的法，类似于英美法系法官造法的功能。

另一方面，家事裁判结果还要考虑未来正义性，相当一部分家事案件并非当事人针对过去的法律关系发生争议，进而要求法院对过去事实进行认定，确定权利义务关系，而是当事人对未来生活所涉及的重大事项发生争议，此时司法裁判具有"行政判断"功能。这就是诉讼和非讼程序二元分立的意义所在，家事案件中很多事项具有强烈的非讼性质，所以其重点不在于纠缠过去而更偏重展望未来。在诉讼事件之中，法院根据所掌握的证据来判断原告所主张的事实究竟存在与否，并在此基础上依法作出裁判，其审理的重点在于过去。与之相比，在家事事件当中，虽然也对过去的事实加以审查，但真正的重点在于如何从公平正义的角度出发进行预判，站在未来的高度上对该事件做出适当的处理。

再者，家事裁判结果应当体现国家保护权利的价值位阶，一般民事诉讼中法官只起到居中裁判的作用，只要不违反法律的强制性规定，当事人对于自己的私权利可以自由处置。但是，家事审判制度中的利益保护以实质正义、公序良俗为尺度。在家事审判中，当几方面利益存在冲突时，法官不能仅仅简单根据私权保障进行机械教条的处理，还需要进一步判断权利所处的价值位阶。例如，"泸州二奶遗赠案"中法官需要衡量的是保护婚姻家庭的法定继承和遗嘱自由处分私有财产等权利之间的关系。虽然家庭和遗嘱都属于私法领域的利益，但前者与社会正常秩序和弱者权益保护、社会善良风俗有着更为紧密的联系，因此家事审判要进行利益的衡量，甚至限制私权的处分，才是符合正义观的裁判。再如，在父亲死亡后，是否允许其继承人为了多得继承财产而起诉否认该亡故父亲与婚生子女的亲子关系，（详见第四章第一节）继承财产利益和身份关系稳定都是司法领域的利益，是维护继承者的财产利益，还是维护子女及亡故父亲的身份利益，也体现了国家保护的人格利益和财产利益的价值位阶。

另外，裁判结果要符合家事伦理正义。家庭是伦理生活的范型，是人类伦理关系的最初实体，伦理性是婚姻家庭关系最本质的特点，其不仅是立法机关在制定亲属法时必须考虑的基础和关键因素，也是审判机关在适用法律、作出裁判时必须尊重的因素。所以，不仅家事诉讼程序立法本身要合乎家事伦理，而且家事诉讼程序本身就是法律化的家事伦理，只有能够对家事伦理正义进行确认的家事审判才是正义的。家事领域可以说是法律与伦理的角斗场，一方面，法官必须准确适用法律裁决纠纷以实现法律正义，但同时，保障未成年人、妇女和老年人的合法权益同样是家事审判的重要功能。如何保障弱势群体的利益，如何克服法律规范的机械适用从而避免与伦理背离，往往考验着法官对法律、伦理的理性认知。另一方面，家事领域的法律往往只作原则性规定，现实中新类型纠纷又不断涌现，这促使法官必须在裁决中考虑法律与伦理的协调。

最后，家事程序中不仅要预防当事人的情绪化和冲动给程序进展带来的困难，还要通过司法判决帮助当事人建立理性，在理性的前提下作出决定，即使现存的家庭要被打破，但仍希望当事人能在未来更加有能力理性从容地处理自己的家庭生活。如果运用社会学关于初级关系和次级关系的理论模型来看家事程序和一般民事诉讼程序，更能清晰地看出家事程序的本质特点。

表 3-2

关系类型	初级关系（简单关系）		次级关系 （复杂关系）
纠纷类型	家事纠纷		合同、侵权等 财产性纠纷
程序类型	身份关系	财产关系	
关系来源	本质性		目的性
纷争频次	频繁发生		偶尔发生
本质属性	伦理性		契约性
发生逻辑	情感		理性
法益位阶	公益+私益		私益
争议权利	身份权	与身份关系有关的财产权	财产权
发现真实	实质真实	法律真实	法律真实
既判力	对世效	相对效	相对效
诉讼目的	维护家事秩序、 保障身份和人格利益	维护家事秩序、 保障弱势群体利益	权利保障

家事程序法理

　　传统上，民事诉讼法上的案件主要区分为诉讼案件和非讼案件，诉讼案件采用诉讼法理、非讼案件采用非讼法理，这就是程序法理二元论。诉讼法理是指适用处分权主义、辩论主义、言辞主义、直接审理主义、公开主义、职权进行主义、严格证明、自由心证、集中审理及适时提出主义等程序法理及原则。而非讼法理是指适用职权探知主义，不以公开审理主义、直接审理主义、言词审理主义为原则，对于职权程序事件不采处分权主义，申请事件部分采处分权主义法理，对于自由证明的包容度较高，适时提出主义的适用性被缩限等程序法理及原则。

　　家事程序法研究的根本是探寻符合家事案件特征和家事司法规律、能够实现家事程序目的的程序法理。前述对于家事诉讼程序和非讼程序的二元法理，以及家事身份诉讼程序和家事财产诉讼程序的必要分离，为探寻家事程序法理提供了基本的思维框架。

　　随着时代进步，越来越多的案件难以一分为二地进行归类，所以程序法理二元论能不能适用于所有家事案件中，是一个相当复杂的问题。诉讼程序与非讼程序，身份关系纠纷与财产关系纠纷不论是在程序法理上还是生活事件上，其本质都不是真正清晰的二元世界，很难回答某一件事情一定是诉讼案件或者非讼案件，可能是不同的标准问题，也可能是不同的程度问题。例如，同样是离婚案件，有的案件可能涉及上述三类诉均有之，而有的仅有家事身份诉讼程序。家事案件类型多样，有接近于一般财产权之私权纷争的，有涉及未成年人利益的，有涉及血缘关系确定的，不一而足，各类型中有存在对造当事人和权利义务关系存否及范围的争点，也有仅为权利义务的形成或预防功能而没有实质争点的程序。因而在家事审判上，前述关于家事程序的基本分类如何运用于具体个案中，需要根据具体案件的请求，个别化地交替适用身份诉讼法理、财产诉讼法理及非讼法理，如果对于应适用非讼法理的请求采取了诉讼法理，可能会导致权利保护不周有损公益等后果。反之，如果对于财产关系纠纷适用了非讼程序职权介入等法理，又会导致处分权被侵害等不符合诉讼程序法理的现象。既然家事程序有其自身独特的程序法意义，那么对一般民事诉讼程序最基本的处分权原则和辩论主义，需要根据家事请求的性质，作出一定程度的修正。除了上述对当事人主义模式下处分权原则和辩论主义的修正外，家事程序法理的基本范畴还包括确定裁判的既判力、调解和审判程序的界限等问题，在论述时候遵循上述个别化的原则，将基于家事案件的分类，从中选择有代表性的诉讼类型予以具体展开分析。

第一节　家事诉权及处分权原则第一层面修正

辩论主义和处分权原则虽然都源于私领域的"私权自治"理论，但其在程序上发挥的作用是不同的，处分权原则在于对程序的开始、诉讼标的和终结程序的当事人决定权，涉及的是对诉讼标的的程序利益，当事人有权决定诉讼程序的开始、审理对象及其范围、终止诉讼。学界公认，处分原则的确立依据是"私法自治延伸说"。而私法自治，系建立在19世纪个人自由主义之上的基本原则。1804年法国《民法典》与1900年德国《民法典》均以古典自由主义为指导，确立了所有权绝对、契约自由与过错责任三大法律原则。对处分原则的限制适用是私法自治原则、自由主义思想等发展的必然结果。因为随着社会自由主义思想的兴起，现代民法从极端尊重个人自由，转向兼顾社会公共福利或社会公正，并开始对上述原则进行修正，原先的"所有权神圣"转为"所有权受尊重"，"所有权绝对行使"转为"所有权不得滥用"，契约自由引入了"契约公正理念"，过错责任追加了"客观责任形式"等。既然在现代社会民法领域，私法自治原则受到越来越多的限制，处于该原则延伸领域的当事人处分权原则也难以独善其身。奥地利学者弗兰茨·克莱因指出，民事诉讼具有社会性，所以不能放纵当事人对权利的自由处分。受民事诉讼自由诉讼观向社会诉讼观发展的影响，大陆法系各国都在民事诉讼法的修订中强化了法官的职权，同时强化了对当事人处分权的限制。（主要基于公共利益和诚实信用原则）这种观念具体体现在处分权原则三个层面的自由受到了一定程度的挑战和限制。

一、传统大陆法系的处分权原则三个层面的意义及其发展

1. 第一层面：启动诉讼程序。"诉讼的启动只能由个人来决定"，即启动诉讼，民事审判程序的启动贯彻当事人处分权原则。包括起诉权、上诉权、申请再审权、申请参诉权。广义上还包括申请保全和申请执行的权利。德国学者尧厄尼希指出，只有当国家不能以任何方式使个体的不起诉决定无效时，才能说是真正的处分权限。

程序启动权的修正发展体现在公权力机关等依职权启动诉讼程序，典型地体现在公益诉讼领域，扩大了原告适格的范围。即在涉及公益时，即使个人不启动诉讼，也允许国家有关机关提起诉讼，当然，这里的有关机关不包括法院，否则就违反了"不告不理原则"。法国《民事诉讼法》第 421 条规定，检察院在法定情形下，可以代表社会作为主当事人提起诉讼，或者作为从当事人参加诉讼。德国也规定了在某些涉及公益的诉讼中可以经由授权的某个公法机构提起诉讼，比如在重婚案件中，撤销婚姻的请求可以由主管行政机构作为原告提出。日本规定在人事诉讼中，检察官可以作为原告提起婚姻撤销诉讼，也可以作为共同诉讼人或独立当事人参与由其他人提起的人事诉讼。

需要注意的是，虽然现代大陆法系国家普遍允许一些公权力机关对于涉及公益的特殊案件以原告或代表人的身份参加诉讼，我国的民事检察公益诉讼也采纳和认可了这种做法，这似乎侵犯了原当事人对是否启动诉讼的处分权，但实际上仍然没有脱离民事诉讼处分原则的框架。首先，没有破坏处分权原则第一层面的要求，也没有破坏民事诉讼"不告不理"和等腰三角形的结构。因为从诉讼构造上，仍然是原告一方启动了审判程序，并非裁判权主体启动程序。其次，这类诉讼所保护的利益实际上是更大的社会公共利益的

组成部分，已经超过了原当事人能够自由处分的范围（他的处分自由只针对私益）。国家权力机关等作为原告基于公益提起诉讼，并不影响私益主体以自己的名义提起私益诉讼，私益被侵害的利害关系人，仍然能够单独起诉。最后，公共权力机关启动民事诉讼后，在民事诉讼中不仅不享有超越一般当事人的权利，还有很多限制和约束，因为公益主体申请启动审判程序，是国家基于他们的职能所赋予的义务和责任，一旦出现应当启动诉讼的情况，他们不能像其他私权主体一样选择放弃，在诉讼中的舍弃、认诺（完全认可对方的诉讼请求）、和解等方面也要受到限制。

2. 第二层面：确定审判对象及范围。"当事人决定审判的对象及其范围"是处分原则最核心的内容，法院审判范围受到当事人决定的诉讼请求（诉讼标的）约束，具体包括确定诉讼标的、变更、追加诉讼请求、部分请求权等。大陆法系国家普遍严格遵循这一规则，只是对于一些不应由当事人自由处分的特殊事项，才规定由法院依职权决定。这些特殊事项主要就是指诉讼费用的负担和假执行宣告两项。

确定审判对象的修正发展体现在法院和当事人协同确定审判范围。自 20 世纪以来，强化法院的释明义务已成为大陆法系国家共同的发展趋势。德国 2002 年起生效的德国《民事诉讼法修正法》强化了法官的实质性诉讼指挥权，使三方在早期就能明确裁判上重要的事实。后来，德国将法官的释明义务上升到了宪法要求的高度。德国《宪法》规定的裁判请求权与法治国家原则为释明义务提供了宪法上的依据。依此规定，除了必须保障当事人能享有平等地接近、使用法院的机会外，在诉讼程序中，国家亦不宜采取完全放任的消极立场，而有必要适时适当、无偏颇地为当事人提供协助和帮助。基于德国《宪法》的要求，如果法院违反释明义务，致使当事人未能充分就事实上或法律上的观点予以陈述，而发生突袭性裁判时，当事人除了可以通过上诉制度予以救济外，也可以诉权受到侵害为由提起宪法诉讼。日本的释明制度也经历了从职权主义的积极释明到消极释明，再到程序保障的积极释明的过程，以程序保障为依据的释明，被认为根植于民事诉讼的理念而具有永恒的价值。协同特定诉讼标的的依据也仍然基于公共利益、纠纷的一次性解决等原因。

3. 第三层面：终结程序。处分权原则第三层面的基本要求在于"程序的终结"方面，诉讼程序的续行或者终结，当事人也可以自由决定。具体体现为当事人可以通过舍弃、撤诉、认诺及和解结束已经开启的民事诉讼程序。对于已经开始的民事诉讼来说，如果当事人实施予以终结的行为，法院不得再进行其后的审理程序。例如，在日本，撤诉、认诺及和解等直接产生终结诉讼的效力。[1]在德国，诉讼和解作为一种诉讼契约，具有终结诉讼系属的效力且具有执行力，但不具有既判力。[2]德国学者罗森贝克指出，只要当事人对诉讼标的不能进行实体处分，如在婚姻案件、非财产的家庭和亲子案件中，他的处分权就是受限制的。日本学者三月章也指出，从广义上说虽属私法上的权利关系或法律关系，但也有一些不允许自由处分的法律关系可能成为诉讼的对象（身份关系诉讼系其典型），在这种情形下，处分权主义的一部分当然受到排斥。日本学者松本博之则指出，人事诉讼中除离婚诉讼及离缘诉讼外，请求的放弃、认诺以及诉讼上的和解视为不合法，也是处分权主义限制适用的表现。

家事程序由于伦理及公益性，为实现解纷、秩序、未成年最佳利益等目的，在程序法理上典型突出的特征就是对一般民事诉讼处分权原则三个层面的修正。论证职权、公益等因素对处分权原则三个层面的修正至少需要分为两个维度，一是从每个层面修正的程度和标准来看，都不尽相同，有分层分别予以分析的必要；二是从不同的家事案件性质上来看，在某一类案件程序进行过程中，每个层面的修正程度和标准亦有所区别，并非一以贯之的，而是要分案件类型、处分权层次加以区分。

二、家事诉权及诉权的成立

诉权理论以"为何可以提起诉"这一命题展开。如果换成生活语言，诉权理论就是回答"凭什么可以向法院告状"的理论，在此意义上，也可称诉

---

〔1〕 参见王次宝："处分原则的限制及其路径"，载《北方法学》2019年第1期。
〔2〕 参见［德］罗森贝克等：《德国民事诉讼法》（下），李大雪译，中国法制出版社2007年版，第975页。

权就是"打官司的权利"。这项"告你"的权利是从何而来的呢？这一命题就是诉权理论所要回答的最基本问题。以不同的诉权学说为基础，诉权观有以私法诉权说为基础的私法（实体法）一元论；有以抽象的公法诉权说和司法行为请求说为基础的诉讼法一元论；还有居于私法一元论和诉讼法一元论的中间位置，以具体的公法诉权说及权利保护请求权说为基础的二元论（实体法和诉讼法的二元论）。民事诉讼法上的诉权自从与实体法上的请求权相剥离，成为一项公法上的权利，其权利主体是原告，义务主体则是负责审判的国家。民事领域不同于刑事领域，并未采取完全禁止私力救济、国家一元救济的形式，相反，民事私领域中法律关系的建立、变更和解除均以意思自治为原则，国家原则上不予干预。在发生民事纠纷时，当事人选择忍耐、妥协，或是双方协商解决，或是要求国家司法审判，并无强制性规定。既然如此，在家事领域，诉权更加成为一个显性的问题，由于司法资源的有限性和防止公权力过渡侵蚀家庭私领域，国家是否有对家事纷争进行司法审判的义务，就是对家事诉权是否成立的回答。

任何人都有诉的可能性，但是仅当其符合诉的利益等诉讼要件时，原告才成立诉权。诉权的成立有赖于两个前提条件：（1）诉讼必须以符合法律规定的方式被提起；（2）必须成功证明诉权的存在。[1]原告诉权成立时，国家有义务对原告的起诉进行实体审判；反之，国家无审判义务。原告起诉的行为不是诉权产生的条件，而是诉权的行使，权利的行使不应当与权利的成立相混淆。因为诉权不成立引起的驳回诉讼裁定，不同于经过实体审理后引起的驳回诉讼请求判决，驳回诉讼的行为只是判决原告不享有诉权，不能要求国家对其民事权利进行审判，并非否认原告所称的实体法律关系和权利。诉权成立与否与原告是否享有实体上的请求权、支配权等并无因果关联。否定诉权时，法院审理对象并非民事权利本身，而是要求司法机关受理并审判的裁判请求权。

家事诉权是家事程序的逻辑原点，是国家启动审判程序并有义务对当事

---

〔1〕 参见［德］康拉德·赫尔维格：《诉权与诉的可能性——当代民事诉讼基本问题研究》，任重译，法律出版社 2018 年版，第 37 页。

人之间的家事纷争进行裁判的理由所在，它不是一个抽象的权利，必须具有实质性内容，否则国家的审判义务就没有边界。在民事诉讼中，一般情况下，当被告对原告主张的实体法律主张加以认诺时，法院不再对其真实性进行审查，因为民事实体法律关系的存在与否并不涉及国家利益。但是，与家事实体法律关系有关的国家法律审判义务是否成立，原告是否只是为了自己的利益而不正当地动用国家权力，这事关原告和国家的相互关系，即诉权只针对国家而并不针对被告。在家事程序中，诉权的实质化是更具有意义的，这是因为一般的民事财产纠纷完全遵循私权自治，但家事程序具有伦理性和公益性，家事诉权如果是抽象的、去实质化的，则可能对家庭秩序和社会秩序造成肆意破坏。大陆法系诉的利益理论是解决诉权实质化问题的重要支撑，诉的利益是指对于原告行使诉权，是否具有进行本案判决的必要性和实效性（判决所能够实现的实际效果）。[1]遵循这样的理论脉络，从抽象的"诉的可能性"出发，对于家事程序，任何人都有起诉的可能性，包括父母、子女等家庭成员，也包括其他亲属，甚至是不具有亲属身份的第三人等，但是起诉的行为并不必然成立诉权，仍然需要从诉的分类、不同类型诉的利益出发予以分别分析和判断。

三、诉的分类理论下的家事诉权

人类社会最古老的诉的形式是给付之诉，随着社会发展产生了确认诉讼，确认之诉是指请求法院判决对一定权利或法律关系的存在或不存在加以确定的诉，其基本机能是通过确认判决达到权利或法律关系的安定状态，预先遏制从中可能派生出的其他各种纠纷。形成之诉又称变更之诉，是指为了变更权利或法律关系，通过主张法定的形成要件或形成原因，请求法院判决宣告变动权利或法律关系的诉。形成之诉的目的在于通过法院的裁判致使权利或法律关系的状态发生变更。换言之，就是创设若没有判决就不存在的法律关

---

〔1〕 参见张卫平："诉的利益：内涵、功用与制度设计"，载《法学评论》2017年第4期。

系，或者消除或变更既存的若没有判决就不能消除或变更的法律关系。[1]

在仅处理给付请求权问题的给付之诉中，如侵权损害赔偿诉讼、合同违约金赔偿诉讼等，原告主张实体上的请求权，法院作出给付判决，此时，诉的利益即原告所主张的实体请求权，清晰可辨。在家事程序的各类诉讼中，属于给付之诉的是家事财产诉讼，如离婚损害赔偿责任纠纷和非讼程序中的抚养费、扶养费、赡养费给付纠纷。此时，对于前者，家事诉权的成立即按照实体请求权予以判断即可；而对于后者，由于涉及未成年人抚养等公益，除了实体请求权人具有诉的利益可以起诉外，社会福利机构甚至法院也可以依职权启动程序，在这个意义上，后者的家事诉权得到了扩张，社会福利机构、法院因自身职责也成为这类家事案件的适格原告。不过要注意的是，对于公权力主体，此时不仅是享有了诉权，同样负有启动程序的责任和义务，这和私权主体诉权的单向性不同。

家事程序相较于一般民事诉讼程序的特殊性就在于家事领域大量诉讼是以确认之诉和形成之诉的形式出现的，家事身份诉讼程序所包括的确认亲子关系、收养关系等都是确认之诉，离婚、婚姻的撤销、否认亲子关系、解除收养关系等都是形成之诉。实质化的诉权在确认之诉这一诉的形态产生时才凸显其意义。[2]因为，在确认之诉中，一切权利或者法律关系都可能成为确认对象，非常广泛、无任何限制，因此，需要通过判断原告是否具有确认利益，以保障确认之诉的应有价值。

通说认为确认利益包括四个方面：首先，只有就权利或法律关系争议提起确认之诉时，才可能有确认利益。纯粹的事实关系不能成为确认之诉的对象，就事实关系提起确认之诉，没有诉的利益。[3]例如，原告提起确认是否存在血缘关系的诉讼，由于血缘关系是一个事实关系，该诉因没有确认利益而不合法，原告只有基于血缘事实提出确认亲子法律关系的诉讼，才具有诉

---

〔1〕　参见〔日〕松本博之：《日本人事诉讼法》，郭美松译，厦门大学出版社2012年版，第119页。

〔2〕　参见刘敏："论诉的利益之判断"，载《国家检察官学院学报》2012年第4期。

〔3〕　德日法理通说仅将文书真伪确认之诉作为这一原则的例外，因为文书真伪本身属于事实认定。

的利益。其次，作为确认之诉对象的法律关系通常是现在的法律关系，因此过去的法律关系和将来的法律关系不能作为确认之诉的对象。再其次，确认之诉应有即时确定的现实必要性。有即时确定的必要，是指原告的权利或法律关系由于被告之否认或其他原因的存在，发生危险不安，原告有即时利用法院之确认判决，将此项危险不安状态除去的必要性。即原告的权利或者法律关系面对现存的不确定危险，而该危险又能够通过确认之诉克服。最后，不存在其他适宜的救济手段。确认之诉以原告不能利用其他诉之方法获得救济为成立要件。因此，在原告可以利用给付之诉或形成之诉获得司法救济的情形下，法院应当以原告的确认之诉不具确认利益为理由而驳回。

形成之诉的利益不需要在司法过程中进行具体判断，而是由立法预先设置。在民事领域，当事人之间的法律关系或权利状态，往往都是遵循当事人意思自治形成的，以法院判决形成一定的权利或法律关系实属例外。为保障民事主体意思自治不受公权力的肆意干预，形成之诉的利益是法定的，仅以法律明确规定为限。至于立法在何种情形下认可形成利益，则关乎一国的基本国情、价值观念和司法政策。当事人依据法律明确规定提起形成之诉时，其诉权应予以肯定，此时原告所要求的权利或法律关系的形成，依据其他方法在法律上是不可能得以实现的。形成之诉不同于实体法上形成权的诉讼，形成诉权和形成权二者均可引起法律关系的变更，不同之处在于二者变更法律关系状态的方法，实体法上的形成权如解除权、抵销权等以意思表示为权利行使要件，不必经过诉讼亦可行使和实现形成权，所以针对实体上形成权争议提起的诉讼实为确认之诉。[1]例如，有合同解除权的当事人可以自行解除合同而无须向法院提起诉讼解除，起诉只是通过确认判决确定解除合同的效力。形成诉权指的是只能通过诉讼这种方式行使，主要出现在身份关系诉讼中。例如，日本法规定否认嫡出（否认婚生子之诉）的权利，必须通过诉的形式加以行使，该否认权并非形成权，而是一种形成诉权。再如第三人请求夫妻离婚时，由于离婚诉权不归属于第三人，第三人无诉的利益，因此，所提之诉不合法。

---

[1] 参见李辉："形成权诉讼与形成之诉关系辨析"，载《法学论坛》2016年第1期。

四、家事诉权的具体展开：以亲子关系之诉为例的分析

亲子法律关系是亲属关系中伦理性、公益性最强的一种，既涉及实体法秩序，也关乎程序法尤其是家事诉讼程序法理和规则。我国民事诉讼领域长期以来未形成家事诉讼的单独门类，家事等身份型诉讼仍然援引财产性诉讼原理和规则进行，家事诉讼法理的归纳和梳理还尚显不足。但司法实践中已经出现的大量确认是否存在亲子关系的诉讼，往往都基于字面意思被视为确认之诉，可以援引的规则主要是《婚姻法解释（三）》（现已失效）的规定，自由裁量空间较大。其实，亲子关系诉讼蕴含着基本诉讼法理的共识，可以诉的基本类型予以划分归类，遵循诉讼法理识别其是否具有诉的利益，以合理理解亲子关系之诉的诉权。

（一）亲子关系之诉的类型和诉的利益

以婚生和非婚生子女、确认和否认亲子关系为两个基本维度，常态的亲子关系之诉可以分为以下四类：

婚生确认之诉	非婚生确认之诉
婚生否认之诉	非婚生否认之诉

以上四类亲子关系之诉是否均具有诉的利益而应当由法院审理裁判呢？首先，目前各国法律一般都采取婚生推定的方式确定婚生父母子女关系，母亲通常基于分娩的事实即可确定。子女与父方的关系，一般都以在婚姻关系中受胎的，母亲之夫即为子女之父。例如《德国民法典》明确定义：母是生育子女的妇女。[1] 日本《人事诉讼法》规定，妻子在婚姻存续期间受胎的子女推定为生母与生母之夫的婚生子女，而且，婚姻成立之日起 200 日后或婚姻关系解除或撤销之日起 300 天以内出生的子女推定为婚姻存续期间怀胎的。

---

[1] 参见［德］迪特尔·施瓦布：《德国家庭法》，王葆莳译，法律出版社 2010 年版，第 271页。

美国规定一名已婚妇女所生子女，父亲就是已婚妇女之夫。[1]我国《民法典》虽未规定婚生推定制度，但在抚养抚育、监护、继承等制度方面，均以婚生推定作为亲子法律关系设置的基础。且若不是运用了婚生推定制度，则每个新生儿出生后都需要通过婚生确认之诉的判决来确定亲子关系，既无必要也无可能。母亲通常基于分娩的事实即可明确，专偶制的目的就是生育有确凿无疑的父亲的子女。确定这种生父之所以必要，是因为子女将来要以亲生的继承人的资格继承他们父亲的财产。[2]父亲和孩子虽然在生理方面也有联系，但这种联系是间接的、假定的和推想的。婚姻是社会为孩子们确定父母的手段，[3]这也是由婚姻衍生出的婚生推定制度的重要目的。基于此，婚生确认之诉和非婚生否认之诉均无诉的利益。

1. 确认婚生亲子关系之诉无诉的利益。婚生推定使婚生子女和父母之间存在合法的亲子关系，亲子法律关系处于安定状态，未来抚养、继承等利益亦以此安定的法律关系为基础，没有通过诉讼以判决再次确定的必要，亦没有因权利或法律关系危险不安，必须利用法院确认判决消除这种不安状态的确认利益，因而婚生确认之诉因无确认利益而诉不合法。

2. 否认非婚生亲子关系无诉的利益。

案例1：原告刘某某于2010年5月通过网络与被告方某某认识交往，2011年5月被告生下一女，被告入院生产一切费用及小孩出生后的大部分费用都是原告承担。2011年7月被告把孩子带回老家后突然提出10年不让原告见小孩，要求过户一套房子，并每月支付2000元生活费，否则就到工作单位闹事。原告同意按月支付，抚养权也可以归被告，只是要求被告承诺做到以下两点：一是不影响原告正常工作和生活，二是不藏匿孩子，并签订协议（承诺书）。被告于2013年5月开始多次违反协议擅自到原告工作单位无理闹事，并拒绝接受原告提出的亲子鉴定。原告于2015年2月提起诉讼，请求法院判决被告的非婚生女儿刘某与原告不存在亲子关系。法院认为，《婚姻法解

---

〔1〕 参见［美］哈里·D. 格劳斯、大卫·D. 梅耶：《美国家庭法精要》，陈苇译，中国政法大学出版社2010年版，第80页。

〔2〕 参见《马克思恩格斯选集》（第4卷），人民出版社1995年版，第59页。

〔3〕 参见费孝通：《乡土中国 生育制度》，北京大学出版社1998年版，第125页。

释（三）》（现已失效）第2条第1款规定，夫妻一方向人民法院起诉请求确认亲子关系不存在，并已提供必要证据予以证明，另一方没有相反证据又拒绝做亲子鉴定的，人民法院可以推定请求确认亲子关系不存在一方的主张成立，明确了提起确认亲子关系不存在之诉，原告主体身份必须是合法夫妻关系中的"夫"或"妻"。本案原告刘某某与被告方某某非夫妻关系，提起确认亲子关系不存在之诉，不符合该司法解释规定的原告主体身份条件，故驳回原告刘某某的起诉。[1]

上述案例表明，任何人同非婚生子女不存在亲子关系已是一种法律上的否认，从逻辑上讲，只有存在一种法律关系，才可能产生否认之说，否则否认的对象是空洞的，因此，没有必要通过非婚生否认之诉再次否认，即无诉的利益。

因此，可能具有诉的利益的亲子关系之诉仅仅包括两类：婚生否认之诉和非婚生确认之诉。如果有当事人提出确认婚生亲子关系或否认非婚生亲子关系的诉讼，则因不成立诉权而应裁定不予受理。从诉的类型划分上看，这两种诉是确认之诉抑或形成之诉，尚有争论。分析判断其所属诉的类型具有十分重要的意义，确认利益和形成利益的范围和识别标准根本不同，如果对形成之诉的利益判断，援用了确认利益，则可能会导致形成之诉的泛化而打破了形成之诉的封闭性和谨慎性，导致法院裁判过多干预民事领域的意思自治。如果对确认之诉的利益判断，援用了形成利益，就会导致大量应予确认的亲子身份关系，因无法启动国家司法审判，而处于不稳定的状态，影响了正常的家庭生活秩序。确认了诉的类型，方可对其诉的利益予以正确识别，进而确定是否有保护诉权之必要性和实效性，即诉的合法性。

对于确认非婚生亲子关系属于积极的确认之诉类型，并无争议。而对于婚生否认之诉的性质有两种观点，一种认为其属于消极确认之诉，其目的在于请求法院判决亲子法律关系不存在；[2]另一种认为其属于形成之诉，其目

---

〔1〕 参见（2016）鄂1087民初257号民事判决书。

〔2〕 参见杨立新主编：《最高人民法院婚姻法司法解释（三）理解与运用》，中国法制出版社2011年版，第133、137页；刘哲玮："确认之诉的限缩及其路径"，载《法学研究》2018年第1期；赵信会："子女利益最佳原则下的婚生子女否认之诉"，载《理论学刊》2019年第2期。

的在于请求法院判决变更现存的既定亲子法律关系，其目的是形成（变更）而非确认。婚生否认之诉，是指原告起诉请求法院判决否认基于生母婚姻而被推定的亲子关系的诉讼，应属于形成之诉而非确认之诉，这是大陆法系国家的通说[1]。现代各国一般都通过婚生推定确定亲子关系，从子女出生或者受胎时丈夫与子女的母亲有婚姻关系这一客观事实出发，就可以推断子女与生母之夫具有亲子关系。既然是法律上的推定，就应允许在有充分证据的时候予以推翻，设置婚生否认之诉就是允许在法律推定与血缘事实不符时，特定主体可以起诉请求法院以判决的形式否认不符合血缘事实的推定亲子关系。

确认之诉是请求法院裁判确定存在或不存在一定权利或法律关系的诉，其基本功能是通过确认判决达到权利或法律关系的安定状态，预先遏制可能派生出的其他各种纠纷。形成之诉又称变更之诉，是请求法院裁判以变更权利或法律关系状态的诉。换言之，就是创设若没有判决就不存在的法律关系，或者消除或变更既存的若没有判决就不能消除或变更的法律关系。[2]无论是积极确认之诉还是消极确认之诉，其前提都是双方之间并未存在任何权利或法律关系，仅存在一定的事实状态，需要基于事实确认存在或不存在权利或法律关系。例如，生父是子女的生物学父亲，这只是一个血缘事实状态，并不产生监护、抚养、继承等权利和法律关系，只有通过亲子法律关系确认之诉的判决，才能产生法律上的亲子关系。积极确认之诉是权利或法律关系"从无到有"，消极确认之诉是权利或法律关系"从无到无"，正因为如此，消极确认之诉一般被认为不具有诉的利益而被否定诉权。因为原告起诉确认不存在某项权利或法律关系，既不能解决纠纷，也不能使法律关系处于安定状态，不具有司法裁判之必要。婚生否认之诉提起之前，父母和子女之间已推定存在亲子法律关系，亲子法律关系处于安定状态。原告主张既定婚生亲子关系不符合事实而请求判决予以否认，目的是变更、消灭现存的法律关系，而不在于确认。故从婚生否认之诉的性质和目的来看，其都属于形成之诉。

---

〔1〕 参见［德］罗森贝克等：《德国民事诉讼法》，李大雪译，中国法制出版社2007年版，第667页；［日］新堂幸司：《新民事诉讼法》，林剑锋译，法律出版社2008年版，第150页。

〔2〕 参见［日］松本博之：《日本人事诉讼法》，郭美松译，厦门大学出版社2012年版，第119页。

一般而言，民事法律关系涉及私权，遵循私权自治和交易理论，其产生和变更以当事人意思自治为原则，国家公权力不予干预。原告以诉的方式要求法院裁判变更民事法律关系，实属特殊例外情况，应对该诉的提起采取严格及谨慎的态度，防止公权力肆意破坏民事私权自治，故仅法律特别规定的主体才能提起形成之诉。即法律规定者有原告资格，未规定者无原告资格，故形成之诉的原告是法定的、具体的和封闭的。立法在何种情形下认可原告资格，则关乎一国的基本国情、司法传统和价值导向。如第三人请求夫妻离婚时，由于第三人不是离婚之诉的法定原告，法院没有对其诉权予以保障启动审理的必要，其不具有原告资格。

需要注意到，在身份关系形成之诉中，婚生否认之诉有其特殊性，因为该诉要求变更的原法律关系不是遵循当事人意思自由建立的。例如，就离婚而言，婚姻关系是遵循当事人意思自治而建立的，要变更婚姻状态，当事人既可以通过主张实体法上的形成权，协议离婚；也可以行使形成诉权，起诉变更婚姻状态，此时作为形成之诉，只有法定主体具有原告资格。婚生亲子关系不是基于当事人意思自治建立的，而是源于生育的自然事实及国家婚姻制度和法律推定的安排，承载着繁衍抚育、子女利益、家庭伦理等公共利益。因此，推翻已经被国家所确认的亲子关系，更加不能任意为之，一方面只能通过诉讼裁判的方式，才能否认既定的亲子关系；另一方面只有符合特定条件的法定主体，才能要求国家启动否认婚生亲子关系的审判。如果司法通过能动解释扩大原告范围，会导致诉权被滥用，进而损害已经建立的稳定的法律关系及法院裁判过度干预婚生推定的价值。

（二）从法律的文义和目的解释看待家事诉权的选择

1. 法律文本中文义的比较

《婚姻法解释三》（现已失效）第 2 条规定，夫妻一方向人民法院起诉请求确认亲子关系不存在，并已提供必要证据予以证明，另一方没有相反证据又拒绝做亲子鉴定的，人民法院可以推定请求确认亲子关系不存在一方的主张成立。当事人一方起诉请求确认亲子关系，并提供必要证据予以证明，另一方没有相反证据又拒绝做亲子鉴定的，人民法院可以推定请求确认亲子关系一方的主张成立。可见，该立法虽然没有直接使用"否认亲子关系之诉"这一表达，而是为了保持和"确认亲子关系存在"保持对称性，使用了"确认亲子关系不存在"的表达，但并不代表这两种诉同属于确认之诉。因为，立法对起诉请求"确认亲子关系存在"的人使用的是"当事人一方"，而对起诉请求"确认亲子关系不存在"的人使用的是"夫妻一方"，这种文本上的区别表达具有重要意义，即"确认亲子关系存在"之诉的原告是笼统的、开放的，司法可以根据具体情形判断原告是否成立诉权，而"确认亲子关系不存在"之诉的原告是法定的、封闭的。《民法典》第 1073 条规定，对亲子关系有异议且有正当理由的，父或者母可以向人民法院提起诉讼，请求确认或者否认亲子关系。对亲子关系有异议且有正当理由的，成年子女可以向人民法院提起诉讼，请求确认亲子关系。该法律对诉的名称稍有变化，采用的是起诉请求"确认亲子关系"和"否认亲子关系"，这种变化更清晰地反映出确认和否认亲子关系在诉的性质上根本不同；对原告亦分别予以表达：父、母可以起诉确认或否认亲子关系，但成年子女只能起诉确认亲子关系。立法一以贯之地有意识进行区别表达，反向印证了否认婚生亲子关系的诉属于形成之诉，确认亲子关系的诉属于确认之诉。"夫妻一方"或"父或者母"都是明确具体的、有限的和封闭的，除此之外的其他人无权起诉，司法在适用时不得能动扩大解释，导致原告范围突破法定界限。

2. 遵循法律的原意（目的）

对法律的准确理解适用，还需要遵循目的解释的方法。因为法律必须能够约束未来，如果对于未来的法律解释总是能够以实用或其他理由来与现实进行妥协，那么法治就不可能实现。原意常常被理解为法律制定者所理解的原本意思，原意解释则意味着对立法者初衷和目的的探寻，即法律解释应当探明立法者的意志、查明其立法时的意图。

国家虽设有婚生否认之诉，允许特定主体在婚生推定亲子关系和血缘事实不符时，可以通过诉讼裁判否认婚生亲子关系，但是并非一味追求血缘真实而否定婚生推定之效力。相反，已建立的稳定的亲子关系对于子女自我认知、人格发展的身份利益及抚养、继承等财产利益均至关重要，要打破这种稳定的关系，须持十分谨慎的态度。否则，将使得他人稳定的婚姻家庭生活遭遇突然的袭击，子女对自己血统来源的认知也将被肆意破坏，不仅对个人和家庭是灾难，也将打破婚姻对于建立亲子关系的重要功能，进而造成婚姻的虚无化和家庭的碎片化，甚至打破社会所认同的人伦秩序。基于同样的原因，在确认亲子关系之诉中，非婚生子女长期处于对自己"血统来源"的困惑状态，人格利益和抚养、继承利益等均受损害，须尽可能基于血缘事实建立法律上的稳定亲子关系和亲属秩序。

需要注意的是，目前分析的婚生否认之诉不包括否认母子关系，这是因为，一方面我国尚未将同性婚姻以及代孕合法化，从诉的合法性角度看，尚未建立因人工辅助生殖手术而带来的分娩者和供卵者分离所产生的母亲身份的确认规则。另一方面我国从未允许过母亲的匿名分娩制度〔1〕，尤其在现代出生医学证明制度下，生母是可以确定的。故婚生否认之诉仅限于否认父亲与子女的亲子关系。另外，我国目前的婚生否认之诉也不包括起诉否认通过亲子关系确认之诉建立的亲子关系，因为我国并未建立认领制度，确认生父与非婚生子女的亲子关系只能通过诉讼裁判的形式，法院判决存在亲子关系的理由一般是血缘真实，该身份关系确定判决产生了对世的判决效力，否认该生效裁判的法律效力涉及"一事不再理"等既判力规则和对生效裁判的法定救济程序，与否认婚生推定亲子关系之诉的性质及法理根本不同。

（三）否认婚生亲子关系之诉的诉权

如何识别上述否认婚生亲子关系之诉的形成利益和非婚生亲子关系确认之诉的确认利益，诸如死亡父亲的继承人是否具有婚生否认之诉的形成利益，非婚生确认之诉中怎样才算有"即时确认之必要"等问题，则需要从实体的角度，通过价值分析予以判断，这与一国的传统文化、司法政策和价值导向关系密切。〔2〕立法规定哪些主体具有形成利益而成立诉权、具备原告资格，实质就是在既定亲子关系的安定秩序和遵循血缘真实之间的博弈，体现了在

〔1〕 17世纪法国法院作为一种人道措施允许母亲匿名分娩，旨在保护妇女和儿童，不会因为未婚生育遭受歧视和排挤。现在在法国，这种措施已经很少适用了，这无疑剥夺了子女与母亲及其生父建立联系的权利。

〔2〕 参见陈刚："诉的意义及其种类"，载《比较民事诉讼法（2007-2008合卷）》，中国法制出版社2008年版，第70页。

一定社会结构、技术水平和思想观念下，立法和司法的价值导向。若认可血缘真实的价值优位，则（1）在所有亲子关系之诉中，都应采取强制 DNA 测试以获得血缘真实，如德国对于血缘关系事件，要求在有必要确认血缘关系的，任何人均须接受检查，特别是提取血液样本。除非不能合理期待其接受检查。一再无正当理由而拒绝检查的，可以采取直接强制手段，特别是作出强制带至检查的命令。[1]（2）在获得 DNA 检测关于血缘真实的结论后，不论原先的亲子关系如何，均只认可生物学父亲和子女之间的亲子关系。若认可法律推定亲子关系的价值优位，则（1）优先保障婚生推定法律关系的稳定性和安定性，对婚生否定之诉持谨慎态度，有权起诉的主体范围十分有限，且仅在有充分的事实证据可推翻婚生推定时，才予认可；（2）诉讼中不得强制当事人接受 DNA 检测；（3）即使获得了 DNA 检测关于血缘真实的结论，也不必然因此推翻既存的法律亲子关系，强迫生物学父亲和子女建立亲子关系。各国亲子关系立法均在两者之间不断地博弈和平衡。

经由婚生推定制度所定义的父子关系，并非建立在真实血缘上，而是尊重婚姻所代表的价值及其所预设的功能，以父母有效的婚姻为基准来构建的亲子关系，且亲子法律关系也不必然与血缘事实完全一致，例如，因收养产生的亲子关系等。婚姻的存在确认了法律上的父亲，在夫权和父权优先的时代，可以确保父系的财富得以有效稳定地一代一代继承，并且令子女拥有稳固的家庭结构和抚养照顾的人。千百年来，自然人的社会化任务是在家庭中完成的，家庭的替代品被证明并不理想，柏拉图曾主张用国家取代父亲和母亲的位置，进而产生了国家亲权理论，但国家亲权是在极端例外情况下的补充性机制，只能起到抚养等财产性功能，无法替代家庭结构中子女的情感归属、人格健全等非财产性功能，不能因此弱化父母在抚育子女过程中的重要性。已建立的稳定的亲子关系对于子女自我认知、人格发展以及抚养和继承等合法权益至关重要，要打破这种稳定的关系，须持非常谨慎的态度。我国清末修律时已制定有完备的身份关系诉讼程序法，当时的立法者对此有清晰

---

〔1〕 参见王葆莳等译注：《德国〈家事事件和非讼事件程序法〉》，武汉大学出版社 2017 年版，第 83 页。

的认识，财产上之盈虚，为个人之关系，甲得乙失，均之为国民所有。其有形之财产，乃可保存。家事公益事件，为国家运命上之关系，一有不正，则无形之秩序，受害已深。国家不能以自体之利害，委之私人之意见。[1]因此，对于婚生否认之诉，不能仅仅因不存在血缘关系的事实，就允许任意提起诉讼否定亲子关系、冲击婚姻家庭之功能。

随着现代亲属关系从"夫权+父权"到"父母权"，再到"亲权""子女权"的历史演进，在血缘真实与法律推定的价值博弈过程中，一个重要的判断标准逐渐凸显和达成共识，即"子女最佳利益"原则。在亲子关系案件中，虽然现代 DNA 技术的发展已经令获取血缘真实成为可能，但客观血缘真实不是评估父亲身份的唯一决定性因素，也不是身份关系价值追求的绝对目标，子女利益的保护才是亲子关系案件的意义所在。[2]当事人之间已经发生了亲情和亲子关系的社会事实，如果不加限制地允许当事人揭开血缘的真相，并以此否认亲子法律关系，不仅不利于子女的自我认知和健康成长，也无益于家庭和谐和社会稳定。一旦婚生否认之诉的原告不封闭在固有法律规定的范围内，漫无限制，将会导致超越诉讼机制可控范围的严重后果。DNA 检测作为一项科学技术，其结果本身是中立的，是没有立场和判断的，但立法和司法却必须有价值判断和政策导向，有立场地运用该客观结果，否则法律将沦为技术的附庸。立法对原告资格的规定承载着国家对婚生否认之诉所保护利益优先顺序的判断，据此，判断潜在原告是否成立诉权的标准，即首先，基于身份权的专属性，婚生亲子关系身份主体应成立诉权；其次，为保障身份关系安定的利益，第三人原则上不成立诉权，唯有维系既定亲子关系不具有实质意义、违反了子女最佳利益原则，或者损害公共利益时，才考虑血缘真实，附条件地成立诉权。

1. 父亲。各国立法一般均认可父亲有否定与子女之间亲子关系的权利，在父亲已经认识到子女并非自己生物学子女的情况下，勉强维持家庭关系、亲子关系，并不利于子女的成长，强迫男子抚养已经被科学证明不是自己的

---

〔1〕　参见［日］松冈正义口述熊元襄编，：《民事诉讼法》，上海人民出版社 2013 年版，161 页。

〔2〕　参见邝中允："确认亲子关系之诉研究"，西南政法大学 2011 年硕士学位论文。

子女亦不公正，即父亲具有诉权。如日本《民法典》第 774 条规定，丈夫可以否认子女为嫡出（婚生）的子女。德国《家事事件和非讼事件程序法》将亲子关系事件程序（主要涉及父母照顾权、探望权、监护等）和血缘关系事件（父母子女关系存否等）的程序分开规定，其中取消父亲身份的程序中，父具有原告资格。在美国，男子基于其与子女生母的婚姻被推定为父亲而取得父亲身份后的，各州通常允许其用相反的证据推翻该推定，提出否认父亲身份之诉。[1]我国立法已明确夫妻一方均可向人民法院起诉请求确认亲子关系不存在，审判实践中，婚生否认之诉主要是由父亲提起的，且往往随着"欺诈性抚养"赔偿诉讼一并进行。

父亲在知晓子女并和自己无生物血缘后能否任意地起诉否认亲子关系，很多国家进行了限制。例如：日本规定嫡出子否认之诉应当在生母之夫知晓子女出生之日起 1 年内提起。[2]美国规定父亲提出否认亲子关系之诉必须在知悉相关事实的 2 年内提出，且自子女出生 5 年后不得提出。因为研究表明，子女出生后 5 年内提出婚生子女否认之诉对未成年子女的人格认同产生的消极影响相对较小。加拿大在立法观念以及司法中非常敌视"无父家庭"，在丈夫无法指明另一个人为确定父亲之前，不能否认婚生子女推定。[3]我国目前立法和司法实践均未对父亲作为婚生否认之诉的适格原告附加任何限制性条件，在中国的家庭伦理观和多年司法实践的背景下，勉强父亲维系和自己无生物血缘子女的亲子关系既对父亲不公，也未必有利于子女利益，设置除斥期间等限制父亲起诉的条件并不具有社会心理基础。而且，对父亲否认亲子关系的限制，要区分诉权要件和实体判决要件，例如，父亲起诉否认亲子关系，但不要求离婚，可能将导致该子女处于被父母事实抛弃的境地，此时法院可以从实体判决的角度进行价值判断，防止父母恶意通过诉讼逃避父母责任，作出裁判，而不应对父亲诉权进行限制，此时作为诉权的义务主体，国

〔1〕 参见 [美] 哈里·D. 格劳斯、大卫·D. 梅耶：《美国家庭法精要》，陈苇译，中国政法大学出版社 2010 年版，第 83~87 页。

〔2〕 参见《日本民法典》第 777 条。

〔3〕 See Wanda Wiegers, "Fatherhood and Misattributed Genetic Paternity in Family Law", *Queen's Law Journal*, Vol. 36, 2011.

家有义务进行审判，该规则同样适用于母亲。

值得注意的是，父亲在法定期间内提起婚生否定之诉，却在诉讼系属期间死亡的，其亲属因诉讼继受而取得原告资格，代为继续诉讼，此时基于当事人恒定原则，诉讼原告仍为父亲，具有形成利益。这和下文分析父亲在诉讼系属外死亡而发生的其亲属作为民法上继承人，提起婚生否认之诉的形成利益，完全不同。

2. 母亲。传统上很多国家否认母亲具有诉权，这是因为，一方面产生该事实的原因往往是母亲有不忠出轨、违背道德的行为，为达公平，仅仅允许父亲决定是否起诉；另一方面是认为推翻亲子关系直接影响的是父子关系，母子关系并不受影响；再者认为只要法定父亲愿意继续担任父亲角色，其他人提出婚生子女否认之诉将违背子女利益最大化原则。但随着社会观念的发展和诉权理论的不断完善，各国均意识到剥夺诉权不是对道德行为进行法律惩罚的手段，在家庭结构中母子和父子关系亦无法完全分离、彼此独立，且只要父亲愿意维系该亲子关系就否定其他人形成利益的观点更是武断的，法定父亲作为成年人，在已知子女与其无血缘关系后，仍然维系亲子关系的目的未必总是合乎亲子关系之本质，此时作为家庭成员的母亲可以基于实际情况起诉。德国则直到 1998 年亲子法修改时，首次赋予妻单独提起婚生否认之诉的原告资格。目前，各国一般均承认母亲具有原告资格。如前所述，我国立法明确母亲具有婚生否认的形成利益，具备原告资格。

3. 子女。传统上各国法律均认为子女没有原告资格，这有其不可避免的时代局限性和历史必然性。德国在 19 世纪以前，由于受宗教家庭观和父权家族观的影响，1900 年制定德国《民法典》时，仅夫有权提起婚生否认之诉。到 1938 年，纳粹统治下强调血统真实主义，赋予国家在有"公共利益"或"为子女利益"时，可以代替夫提起婚生否认之诉。至 1962 年，伴随着国家诉权被取消，立法者认为有些特殊情况，子女撤销其婚生性，反而对之有利，例如，当生父与生母结婚，或可由生父处得到抚养等，子女在一定条件下，可享有单独提起婚生否认之诉的权利。后 1989 年通过的联合国《儿童权利公约》，使得德国联邦宪法法院在父母权利与子女权利产生冲突时，确立以子女最佳利益为最高指导原则。在该原则指导下亲子法进行了大规模的改革，

1998 年以后，亲子法改革强化了子女可有不受任何条件限制的提起婚生否认之诉的权利。在子女成年后，若无破坏现有婚姻与家庭秩序的危险情形，则不应再限缩子女提起婚生否认之诉的权利，而应着重对子女真实血统认知权予以保障。[1]值得注意的是，德国关于婚生否认之诉的诉权主体，是先确立了子女的诉权，直至 1998 年才确立了母亲单独起诉的权利。

日本对亲子关系之诉进行了详细的分类，包括嫡出否认之诉，认领子女之诉、认领无效之诉、撤销认领之诉、确定父亲之诉以及亲子关系存否之诉，其中亲子关系存否之诉是对前几项特定诉的补充，仅限于在前述亲子关系诉讼类型未包含的范畴内才具有存在的意义。比如，应该提起嫡出否认之诉时，生母之夫却提起了亲子关系不存在确认之诉的，属于不合法的提诉。[2]日本的婚生否认之诉包括嫡出否认之诉和确认婚生亲子关系不存在之诉，其中，嫡出否认之诉属形成之诉，仅生母之夫可以提起，且应当在知晓子女出生之日起 1 年内提起；确认婚生亲子关系不存在之诉属于确认之诉，作为亲子关系主体的父母或者子女，甚至其他具有确认利益者均可以提起。日本的立法精细化体现于此，对于可以归类的诉讼进行类型化立法，并设立兜底条款解决无法归类的事件，亲子关系诉讼的这种"类型化+兜底"的立法方式，虽然解决了子女作为提起婚生否认之诉的原告资格问题，但也带来了问题：将亲子关系存否之诉作为确认之诉，其诉权主体是开放的，任何具有法律上利益者均可以提起该诉，这势必会令家庭结构稳定和亲子关系安定受到侵扰，此时立法的价值取向并非以"子女利益"为优位价值，相反，将其他如"继承利益"置于"身份安定"价值之上，恐难为我国将来立法所采纳。

案例 2： 原告曹小某法定代理人李某与被告曹某已于 2012 年离婚，婚生子曹小某随母亲李某生活。2016 年，原告起诉请求确认与被告不存在亲子关系，司法鉴定结果排除曹某是曹小某的生物学父亲，但法院以法律未赋予未成年子女享有否认亲子关系之诉权为由，驳回曹小某的起诉。[3]

---

〔1〕 参见陈玉玲："德国亲子法视野下的婚生子女的否认——兼论对我国立法的启示"，载《时代法学》2011 年第 2 期。

〔2〕 参见 ［日］兼子一：《民事法研究》，酒井书店 1950 年版，第 353 页。

〔3〕 参见（2017）苏 0923 民初 2169 号。

案例 3：原告母亲蒋某某与被告熊某某 1999 年结婚，同年 8 月原告熊某出生，2001 年 9 月原告母亲与被告离婚。2012 年，原告、被告因抚养费纠纷诉至法院，诉讼中进行了亲子鉴定，鉴定结论排除被告为原告的生物学父亲。2013 年，原告诉至法院请求确认原被告间无亲子关系。法院认为，司法鉴定已排除被告为原告的生物学父亲，故原告熊某要求确认与被告熊某某间无亲子关系的诉请，应当予以支持。[1]

司法实践中对子女起诉的原告资格作出了矛盾裁判，从法理而言，案例 2 中的法院受理子女起诉并审判并不符合严格适法的要求，但是从婚生否认之诉设置的目的和实践需要来看，又应当赋予子女提起婚生否认之诉的诉权。亲子关系始终一端是父母，另一端是子女（无论是否成年），亲子关系的明晰、确定，对父母和子女均有至关重要的利害关系。法律允许父母享有诉权，可基于血缘事实否认亲子关系，不论该子女将失去对血统来源的认知、对身份的确认以及可能带来的抚养、继承等权利，却否认另一端子女的诉权，则设立婚生否认之诉的目的何在？仅仅是令父免于受"欺诈性抚养"的损害吗？否定子女的诉权，其本质仍然是父母本位思想。许多国家已将血统知悉权视为公民的基本人权。既然是子女的专属性身份权利，其当然有权提起否认亲子关系的诉讼。

以父权为主导的家庭结构日趋瓦解，代之以平等伴侣型的家庭结构，家长制家庭逐步退出历史舞台，在亲子关系中，从早期的父权至上到男女平等的父母亲权，再到强调子女权利的父母责任，各国亲属法不断地对亲子关系进行修改。[2]20 世纪中期后，家庭法深受福利国家之介入主义的影响，呈现出"私法公法化"或"身份法公法化"的趋势，国家通过立法及司法介入亲子关系领域，以公权力介入防止亲权的滥用，维护弱势子女权益。而子女最佳利益原则的确立，则为国家介入亲子关系时的最高指导原则及具体审酌标准。[3]由于各国历史传统和国情不同，判定何为"子女最佳利益"的标准虽不尽相同，但也有共识部分，例如，1989 年联合国《儿童权利公约》第 7 条第 1 款规定，

---

〔1〕 参见（2013）建民初字第 632 号。

〔2〕 参见夏吟兰、何俊萍："现代大陆法系亲属法之发展变革"，载《法学论坛》2011 年第 2 期。

〔3〕 参见王洪："论子女最佳利益原则"，载《现代法学》2003 年第 6 期。

儿童出生后应立即登记，并有自出生起获得姓名的权利，有获得国籍的权利，以及尽可能知道谁是其父母并受其父母照料的权利。子女有权知晓自己血统来源的人格利益受到高度认可和保障。2004年1月21日，英国政府宣布改革捐精者匿名制度，自2005年4月后，通过捐精生育的子女在年满18周岁后，有权获得捐精者的身份。[1]反对的声音主要来自医学界，他们认为这会导致捐精者减少。即便这一主张属实，这种反对明显也是完全站在成年人的立场。

亲子关系分为基于血缘真实的自然血亲和基于法律构建的拟制血亲，在血缘真实不可得知的时代，法律拟制对于保护婚姻之价值、身份之安定、家庭之稳定具有重要价值。随着DNA技术的发展，现代社会对生物血缘真实性的追求要高于构建的法律事实，[2]这其实符合自然法的基本理论，基于血缘真实的亲子关系是人类本性和伦理基础。法律拟制的亲子关系可以随着社会的变化而调整，但是血缘真实的生物性在亲子关系法律上却不可消除。例如，收养的成立虽然会导致生父母子女之间权利义务的解除，但他们之间存在的自然血亲关系在法律上仍然具有意义，仍然作为亲属法禁止血亲结婚时的判断。[3]在17世纪，法院最终支持了法国法中允许母亲匿名分娩的规定，旨在保护妇女和儿童不会因为未婚生育遭受歧视和排挤。但现在在法国，这种措施已经很少适用了，因为这一做法引来了非常激烈的争论，拒绝披露生育事实的权利归母亲所有，无疑剥夺了子女知晓血统来源，与其生父建立亲子关系的权利和机会。为了维护子女血缘真实的利益，德国设立了限制接受医学检验制度，为避免亲子关系长期陷入不确定状态，申请人有事实足以怀疑血缘关系存否者，就血缘关系存否有争执，法院认为确有必要时，得经申请或依职权命令当事人或关系人限期接受血型、脱氧核糖核酸等医学检验。强制DNA的做法是否适应于中国尚有较大的探讨余地，但追求血缘真实已是无可回避的现象和趋势。

---

〔1〕 See Department of Health，Press Release，21 January，2004. See also Rose V Secretary of State for Health［2002］2 FLR962.

〔2〕 参见［英］约翰·伊克拉：《家庭法和私生活》，石雷译，法律出版社2015年版，第67页。

〔3〕 参见金眉：《中国亲属法的近现代转型——从〈大清民律草案·亲属编〉到〈中华人民共和国婚姻法〉》，法律出版社2010年版，第115页。

根据《中华人民共和国未成年人保护法》（以下简称《未成年人保护法》）以及联合国《儿童权利公约》规定，儿童是指"18岁"以下的任何人。但在亲属法和家事程序法领域，子女是和父母相对应的概念，"子女最佳利益原则"中"子女"的范畴大于儿童，既包括未成年子女，也包括成年子女。这是因为，成年子女仍然在亲子关系中的"子女"一端，基于亲子关系的伦理性、身份性，父母和成年子女之间也永恒存在身份关系。之所以优先考虑子女利益还有一个重大理由，这个理由适用于子女的任何年龄，那就是，子女不应为已经出现的情形负责，任何亲子关系不确定的情形中，子女遭遇这些情形都是由于他人的原因，这些"他人"对于自己生育的子女具有不可推卸的责任，责任之一就是不得向子女隐瞒他们的遗传起源真相。[1]

（1）对立法理由中否定成年子女原告资格的反驳

立法典型地承载着价值位阶的判断和导向，我国《民法典婚姻家庭编（草案三次审议稿）》[2]认为，允许成年子女提起否认亲子关系之诉，可能会导致其逃避对父母的赡养义务，该立法表明子女赡养父母的义务优于子女确认血缘真实之权利，这值得商榷。立法者的顾虑在于允许成年子女提起亲子关系否认之诉，可能会导致其逃避对父母的赡养义务。[3]如前文所述，成年子女仍然在亲子关系中的"子女"一端，基于亲子关系的伦理性、身份性，父母和成年子女之间也永恒存在身份关系，而不能简单套用成年人之间的契约关系。和单纯成年人之间的契约型纠纷相比，之所以优先考虑子女利益还有一个重大理由，这个理由适用于子女的任何年龄，那就是子女不应为已经出现的情形负责，任何亲子关系不确定的情形中，子女遭遇这些情形都是由于他人的原因。[4]故此时法律依然应强调子女利益优先原则。

成年子女抛弃养育之恩提起婚生否认之诉，也许是因为父对子女的管教

---

〔1〕 参见［英］约翰·伊克拉：《家庭法和私生活》，石雷译，法律出版社2015年版，第78页。

〔2〕 参见"全国人民代表大会宪法和法律委员会关于《民法典婚姻家庭编（草案）》修改情况的汇报"，载中国人大网：https://www.sohu.com/a/325444829_169411，最后访问日期：2019年7月8日。

〔3〕 参见"全国人民代表大会宪法和法律委员会关于《民法典婚姻家庭编（草案）》修改情况的汇报"。

〔4〕 参见［英］约翰·伊克拉：《家庭法和私生活》，石雷译，法律出版社2015年版，第76页。

有重大过失或未实际承担抚养责任，或有生父相认等。允许成年子女起诉，父也可以因过去多年的抚养子女的事实，基于类似"欺诈性抚养"或"不当得利"的理由，提出返还抚养费的诉讼请求；且因抚养子女不仅有财产上的付出，还有情感和精力上的付出，当子女提出否认亲子关系时，该父亲不仅失去了要求子女赡养的法律关系基础，也是一种精神上的打击和伤害，亦可提出精神损害赔偿的诉讼请求。再者，亲生子女不履行赡养义务而打官司的案例并不少见，而非亲生子女感激养育恩情为父养老送终者也比比皆是，造成赡养纠纷的原因是多方面的。亲生子女尚有不赡养者，令一个明明知晓其父非生物学父亲的成年人，必须维系亲子关系以继续履行赡养义务，实际成效堪忧。即使亲子关系得以维系，因子女不赡养，父亲起诉其履行赡养义务，法律能做的也只是判决给付赡养费，陪伴、照料等精神上的赡养实难强制履行，所以实际效果和上述允许成年子女否认亲子关系后，父请求返还抚养费和赔偿精神损害的效果并无二致。进一步而言，如果基于防止逃避赡养义务的理由不允许成年子女提起婚生否认之诉，相对应地，也不应允许生父向成年子女提起确认亲子关系之诉，防止从未尽过抚养义务的生父因此获得了要求该子女赡养的权利，以达立法之平衡。而且父母和子女之间的抚养与被抚养、赡养与被赡养的权利义务不仅是相对的，也是有先后顺序的，这个顺序就是抚养在先、赡养在后。[1]

（2）对未成年子女原告资格的证成

立法未赋予未成年子女原告资格，或是认为赋予母亲原告资格已经能代表未成年子女利益；或是考虑未成年子女欠缺诉讼能力；或是仍然将子女作为权利的客体，如英国历史学家哈里·韩德瑞克曾言，如果女人是被隐藏在历史里，那么儿童则被排除在历史之外。[2]首先，子女未成年时母亲并不必然能始终从子女利益出发理性行使诉权，在婚生否认之诉中因可能存在的通奸行为，母亲为了防止其不忠行为被知晓而不起诉，母子利益甚至是相反的。

---

〔1〕 参见江晨："婚生否认之诉中子女的诉权保障——以子女最佳利益原则为视角"，载《青少年犯罪问题》2019 年第 5 期。

〔2〕 参见姚建龙："论英美国家对少年罪错的早期反应——童年社会学的视域"，载《法学杂志》2009 年第 4 期。

另外，如果妻子因不堪家暴离家出走，与第三人通奸生子，生父抚育该子，后母亲死亡，该子因受婚生推定为丈夫之子，此时丈夫因赌气等原因不起诉，子女和生父均无权起诉否认婚生亲子关系，此时法律的目的和价值是否得以实现呢？[1]其次，关于未成年子女欠缺诉讼能力，则重点在于建立特别诉讼代理人机制补足其诉讼能力，而不是否定他们的诉权，这不仅在婚生否认之诉中，而且在其他涉及未成年人的案件中均为必要。最后，现代亲属法的发展变迁，核心精神之一就是对子女权的保障，根本不存在因将子女作为诉讼的客体而否认其诉权的任何理由。子女对于非生物血缘关系的产生和现状无任何过错，当然有诉权请求国家予以审判，国家亦有义务启动审判程序令子女知晓、明确自己血统来源和亲子身份，而非迫使其生活在已知晓的非真实血缘的亲子关系中。成年人也许可以妥善处理这种状况，甚至可因利益维持该关系，但子女往往不知所措、无所适从，这会影响其人格发展和健康成长，甚至导致其合法权益受损。法官可以斟酌子女的最佳利益，作出合理判决，支持或驳回诉讼请求，但这是实体审判的对象，而非诉权的否定。

家庭本身就是建立于这样一种假设：既符合父母的利益，也符合子女的利益。但是在我们现在这个复杂的社会中，我们却无法推定总是存在这样的共同利益。不论是儿童优先原则还是子女最佳利益原则，都是在一定程度上承认这一事实而采取的行动原则。子女在获知有关血缘身份的实质真实方面享有重要的利益，可以帮助个体以自己的认知来面对这个世界，为他们进入这个世界提供根本的确定性。是维系法律拟制的亲子关系，还是追寻血缘真实的亲子关系，对每个个体的重要程度只能由当事人在实质真实的基础上，根据自己感受到的自己的利益，做出符合自我利益的选择和判断，而非他人。是成年人构建了社会结构，子女被引入其中，子女的利益也常常在这些社会结构中被予以评价。[2]如果子女没有机会追寻实质真实，就会注定被他人操纵。[3]父母一代可以清楚地表达他们的利益，并为了实现这些利益采取实际行动，

〔1〕 参见江晨："婚生否认之诉中子女的诉权保障——以子女最佳利益原则为视角"，载《青少年犯罪问题》2019 年第 5 期。

〔2〕 参见 〔英〕约翰·伊克拉：《家庭法和私生活》，石雷译，法律出版社 2015 年版，第 79 页。

〔3〕 参见 〔英〕约翰·伊克拉：《家庭法和私生活》，石雷译，法律出版社 2015 年版，第 80 页。

这是心智发展程度和历史传统惯性使然，但对于子女而言，这将非常困难。因此，当成年人声称符合子女利益时，公权力应该严格审查这一主张是否属实。作为成文法国家，公权力既要审查救济，更要通过立法从源头保障子女的婚生否认诉权。

4. 父亲死亡后的继承人。父亲在世时，基于身份权的专属性，其亲属自然不享有任何否认婚生亲子关系的形成利益，这无可争议。不过，在父亲死亡后，其继承人是否具有形成利益而成为婚生否认之诉的适格原告呢？日本法规定，父亲在子女出生前或规定的期间内未提起否认之诉便死亡的情形，作为例外，因该子女的原因，继承权受损害的人或丈夫的三代血亲可以提起否认之诉。[1]继承权受损害的人指因子女将成为亡夫的继承人而不能成为继承人，及继承份额减少、不利益的承受者，这种情况下，生母之夫死亡之日1年以内应提起嫡出子否认之诉。德国1961年立法中承认（仅）夫之父母在夫死亡后有权起诉，但在1998年亲子法改革中首先否定了夫之父母的诉权，理由在于亲子关系建立与否，乃具有高度人格性，就算是父母，也不应代表其子女本人提起诉讼，即使该子女死亡之情形亦然。[2]

案例4：张某与刘某已离婚，婚内育有一子，张某因故死亡，张某的兄弟姐妹请求确认张某与其婚生子之间不存在亲子关系，刘某在之前的离婚诉讼以及该案诉讼中均承认婚生子并非张某亲生，但拒绝亲子鉴定。法院认为，虽然《婚姻法解释三》规定婚生子女否认之诉的原告为"夫妻一方"，但在夫妻一方死亡等特殊情形下，根据我国《婚姻法》和《中华人民共和国继承法》（以下简称《继承法》）等相关规定的精神，应当认可继承人提起亲子关系否认之诉的权利，这也是人伦道德的体现。[3]

案例5：刘某某与臧某于1989年结婚且生育一女臧某某，1995年离婚，女儿由臧某抚养，刘某每月负担抚养费1000元，臧某某为双方今后各自财产的合法继承人之一。1997年，刘某某与姚某某结婚并生育子女刘甲、刘乙。

---

〔1〕 参见日本《人事诉讼法》第41条第1项。

〔2〕 参见《德国联邦议会公报》第13/4899号，第57页。

〔3〕 参见吴可征、殷春昱："继承人是否有权利确认非亲子关系"，载《人民法院报》2016年3月17日，第6版。

2010 年刘某某死亡，遗产共计 1900 余万元，未留遗嘱。姚某某私自采集臧某某的头发与刘某生前牙刷中的遗留物进行 DNA 检测，结论排除二人亲子关系，遂拒绝分配遗产给臧某某。臧某某起诉请求继承刘某遗产，姚某某主张亲子鉴定，若有亲子关系则有继承权，若无亲子关系则无继承权。一审法院判决原告享有继承权，被告应向原告支付遗产 276 万余元；二审和再审均维持原判。[1]

前案件对婚生否认之诉的利益，采取了确认利益开放式的理解和判断，认为有法律上利益即为适格原告。后案与之相反，否认了父死亡后其亲属提起婚生否认之诉的资格。身份权具有高度人格性和专属性，父亲在世时从未提起婚生否认之诉，也许父亲知晓血缘真实情况，也许并不知晓。如果父亲知晓却未起诉，而在其死亡后允许继承人起诉否认其亲子关系，其实是对父亲希望维系该亲子关系意志的否定；如果父亲不知晓未起诉，其否认权也因人格专属性，随着其死亡的事实而消灭，不发生继承和转移。无论哪种情况，允许继承人否认死亡父亲和其子女的亲子关系，都违背了身份关系权利义务的专属性。

从法律所保护的法益的位阶来看，和继承者可能减少的继承财产利益相比，子女一旦被否认婚生亲子关系，所失去的不仅仅是可继承的财产部分，更是丧失了人格利益，即对自己血统来源的否定，将极大影响自我认知的稳定性和其未来成长发展。身份关系稳定的利益涉及人格、伦理、子女利益保护，属于公益；而继承利益仅涉及财产，属于私益。从法益位阶上判断，身份关系稳定优位于继承财产利益，所以婚生否认之诉原告应以具有特定人身关系主体范围为限，而不应扩及其他以追求财产利益为目的的利害关系人，即父亲死亡后的继承人不具有婚生否认之诉的诉权。

5. 生父。传统法理和实践认为生父确认和非婚生子女之间的亲子关系的前提之一，是该子女无法律推定的父亲，若该子女已有推定父亲，生父不得提起确认之诉，即不得起诉否定他人之间既定的亲权。但随着时代发展和现实情况的复杂性，这个观点也在不断地被检讨和完善。如德国传统上认为不

---

[1]　参见重庆市九龙坡区人民法院（2013）九法民初字第 00001 号判决书；重庆市第五中级人民法院（2015）渝五中法少民终字 00399 号民事判决书；重庆市第五中级人民法院（2016）渝 05 民再 17 号民事裁定书。

是法定父亲的生父，在任何情况下都不能动摇他人的既定亲权，2004 年修改德国《民法典》后，生父在一定条件下例外地具有原告资格，判断标准是法定父亲已经死亡或不再与该子女有实质的家庭生活关系，例如，当生母与法定父亲离婚，与生父结婚的情形，因为此时已不存在破坏家庭稳定的问题。目前包括德国在内的 17 个欧盟国家许可生父对法定父权提出异议，但法定父亲与子女建立起来的家庭及社会联系的存在可以限制其提出父权否认之诉，9 个国家仍不承认生父的诉权。[1]日本规定第三人不能将子女非为生母之夫的婚生子女作为其他诉讼的前提问题加以主张，血缘上的父亲也不能将他人子女作为自己的子女加以认领。但生父可以作为第三人参加诉讼，如果他不愿意将来被判定为父亲，由于拥有否认请求被驳回在法律上的利益，所以可以辅助参加被告一方，如果他希望成为该子女的父亲，由于拥有否认请求被认可在法律上的利益，所以可以辅助参加原告一方。美国 1973 年和 2002 年的《统一亲权法》均规定生父没有资格提起婚生否认之诉，例如，在迈克尔·海诉吉罗德．迪案（Michael H．V．Gerald D）[2]中，确定了不允许婚外第三人证明已婚妇女之子的父亲是他而非其丈夫的规则。但许多州已经开始有条件地赋予生父婚生否认之诉的诉权，标准略有差异，有些州规定只有在符合子女最佳利益的情况下，生父才有原告资格，有些州规定生父与未成年子女的关系已经达到实质程度并有利于子女时，生父有原告资格。我国立法未赋予生父原告资格，但审判实践中有认可生父具有原告资格的观点。

案例 6：李某与蒋某某 2009 年结婚，2013 年育有一女蒋小某。李某与王某曾发生婚外情。2013 年 12 月李某病逝，2014 年 1 月，王某委托鉴定部门做 DNA 亲子鉴定，鉴定意见显示王某系蒋小某的生物学父亲，后蒋小某随王某共同生活。2014 年 3 月，王某起诉要求依法确认王某为蒋小某的法定监护人。审理过程中，被告蒋某某主动放弃蒋小某的监护权及抚养权。法院判决蒋小

---

〔1〕 参见赵信会："子女利益最佳原则下的婚生子女否认之诉"，载《理论学刊》2019 年第 2 期。

〔2〕 参见 491 U. S. 110（1989），转引自 ［美］哈里·D. 格劳斯、大卫·D. 梅耶：《美国家庭法精要》，陈苇译，中国政法大学出版社 2010 年版，第 81 页。

某的法定监护权由被告蒋某某变更为原告王某享有。[1]

　　本案典型地体现了上述生父原告资格的观念变迁在现实生活中的合理性。按照传统理论，该案中的生父无权起诉确认亲子关系、主张监护权，否则将破坏子女和法定父亲之间的婚生亲子关系安定。但是该子女已与生父长期共同生活，建立了实质性的家庭生活，与法定父亲已无实质性家庭生活；且此案中子女生母已经死亡，该生父亦成为其唯一自然血亲，从身份关系的自然本质性和伦理性的角度，否认该生父的原告资格都不尽合理。生父因与子女存在血缘关系的自然事实，不同于其他毫无关联的第三人，不应一概否定其诉权，立法原则上保障因婚生而确定的既存亲子关系，以达身份安定、家庭稳定和保障子女利益等目的，但当维护既定亲子关系已无法达到上述目的，甚至不利于子女最佳利益保障时，立法可以附条件地允许生父提起婚生否认之诉，该限制性条件应当由立法明确规定。具体而言，当同时符合下列情形时，生父具有原告资格：（1）法定父亲死亡、子女与法定父亲已无实质性家庭生活、子女与生父已建立实质性家庭生活；（2）维系婚生亲子关系不符合子女最佳利益；（3）生父在提起婚生否认之诉时，必须同时请求确认其与该子女的亲子关系，不允许单独提起婚生否认之诉。

　　6. 检察官。身份关系诉讼因具有伦理性和公益性，检察官作为国家公益代表一直是其中的重要主体，其职能主要有两个方面，一是担任职务当事人，维护公益、确保诉讼顺利进行，二是代表国家进行法律监督，后者不在本书讨论范围之内。检察官为了维护公共秩序和公序良俗可以原告身份起诉，例如，请求宣告违法婚姻无效。正因为其代表的是国家公益，所以一般仅在确认亲子关系之诉中充当原告，以尽快帮助无父亲照管的子女建立亲子关系。而在婚生否认之诉中，如果被告死亡，但仍有必要使当事人身份关系明确，可参照民事公益诉讼，由检察官作为职务上当事人成为被告，继续诉讼，但检察官不具有否定既定亲权之公共利益，故一般不具有原告资格。德国亲子法的历史上，曾在 1938 年基于纳粹政治统治强调"血统真实和纯净"而赋予

---

　　[1]　参见"南京中院涉及未成年人利益的 6 个案件"，载 https：//wenku. baidu. com/view/38f8fa53d4d8d15abf234ec8. html，最后访问日期：2019 年 12 月 7 日。

国家在有"公共利益"下或"为子女利益时",可以提起婚生否认之诉,1961年确认家庭属于私法领域,国家不再以"公共利益"之名予以介入干涉,国家诉权被取消。2006年国家再次介入亲子关系,但不以空泛的"公共利益"为理由,仅针对与真实血统不符的认领,当认领目的只是取得居留权或德国国籍时,可由国家机关向法院起诉推翻因认领建立的亲子关系。我国目前立法不宜赋予检察官婚生否认之诉权。首先,我国未设立认领制度,自然没有基于防止虚假认领、恶意认领损害公益而设置检察官诉权的必要;其次,只有在当事人不行使诉权,导致既定的亲子关系可能侵犯未成年人利益等给社会公益带来危害时,检察官才有成立诉权之必要,否则应该尊重私权自治的原则,由当事人自主决定是否起诉,如果立法赋予子女和附条件的生父诉权,则一般不会出现上述危害;最后,我国尚未建立完整的国家亲权理论,如果赋予检察官诉权,则推翻婚生亲子关系后,可能出现需由国家亲权补缺的情形,尚需配套机制的完善。

不同于一般的民事财产关系纠纷,身份关系纠纷往往具有人格专属性、伦理性、公益性等特征,不能一概适用财产关系诉讼程序法理。亲子法律关系因具有血缘亲情的自然本质性,不同于自由结合的婚姻等身份关系,又涉及子女利益保障,是身份关系中伦理性、公益性最强的一种。否认婚生亲子关系,目的是推翻已被法律推定的婚生亲子关系状态,如果没有生父与之确认亲子关系,子女可能将处于无法知晓自己血统来源的状态,从这个角度而言,子女成为这场诉讼的受害者。因此,立法采取了比较谨慎的"列举式"立法明确适格原告,且列举的原告范围较窄,仅为父、母。未被列举的原告起诉,司法机关从严格适法的立场应当驳回他们的起诉,但从具体案情和子女利益保障等初衷来看,一律否认他们的原告资格虽合法,但未必合理和妥当。于是,有些司法机关严格适法,而有些司法机关积极地对法律适用进行解释,扩大了原告范围,导致了实践中出现矛盾裁判。对于这样的局面,司法虽有失当也有困惑和无奈。单纯从立法完善的角度,或是单纯地从规范适法角度寻找解决方案,都将无法彻底解决这个问题,仍会出现立法和司法衔接上的脱节。立法必须对实践中已出现的或尚未出现的可能原告,根据婚生否认之诉的设置目的和意欲保护的权利和法律关系,进行立法的判断和选择,完善立法"列举"的范围；对于不具有原告资格的主体，也应在立法理由等补充性文件中进行说明。就目前我国婚生否认之诉的适格原告而言，通过亲子身份权的人格专属性、合目的性、权利的价值位阶等标准分析，建议将来在立法中明确：（1）子女（无论是否成年）均为适格原告；（2）父亲死亡后的继承人一律不具有原告资格；（3）生父在同时符合以下法定情形时也具备原告资格，即法定父亲死亡、子女与法定父亲已无实质性家庭生活、子女与生父已建立实质性家庭生活；维系婚生亲子关系不符合子女最佳利益；生父在提起婚生否认之诉时，必须同时请求确认其与该子女的亲子关系。在立法进一步完善和周延后，就应从解释论的角度，对法律文本的文义和立法的目的进行分析。婚生否认之诉本质上属于形成之诉，形成之诉的利益即适格原告是法定的、具体的和封闭的。尤其要区分其和非婚生子女确认之诉的差异，确认和非婚生子女的亲子关系属于确认之诉，采取笼统的、开放的方式由司法机关根据个案判断原告资格。所以，司法机关应当准确地把握婚生否认之诉属于形成之诉的本质和立法的原意，遵循法定、封闭的要求，不任意扩大原告范围，严格适法、实现立法目的。如此，立法的完善和司法的规范方可有效衔接，共同保障婚生否认之诉的立法目的和司法权威。

（四）确认非婚生亲子关系之诉的诉权

在有非婚生子女认领制度的国家，认领权的性质属于实体法上形成权，认领行为属于要式法律行为，其要件包括认领人与被认领人之间有事实上的血缘关系、成年子女的认领须以其同意为前提等。我国由于没有设置非婚生子女认领制度，生父与非婚生子女若要建立法律上的亲子关系，只能通过诉讼的形式，依照判决确认亲子关系。

1. 子女。各国设置亲子关系确认之诉的根本目的就是令子女知晓自己血统来源、有抚养抚育之人、处于一个稳定的家庭结构之中，确认身份上的亲子关系，对于子女而言的确认利益，首要的是，身份权是个人获得社会承认的根基，联合国《儿童权利公约》第 7 条规定，儿童应有知道谁是其父母并受其父母照料的权力。通过对亲子关系的确认，子女可以明确自己的血统，消除自己"血缘"的困惑，强化自我身份的认知。除此之外，基于亲子关系的确认，子女还可以依此请求父母抚养，并有参与继承等利益。对照确认利益的判断标准，子女是基于血缘这一事实要求法院确认亲子法律关系；这一法律关系发生于过去，持续到未来；如不及时确定则子女身份处于不安状态，甚至可能导致其他纠纷；没有其他适宜的救济手段，子女当然地有非婚生确认之诉的利益。

日本《人事诉讼法》中亲子关系诉讼的类型中单独有一类为子女认领之诉，在子女与父母之间不存在法律上的亲子关系时，父或母可以自愿认领子女，当父或母不进行自愿认领时，非婚生子女可以基于存在事实上的亲子关系请求法院以判决形成法律上的亲子关系。此处子女作为适格原告的条件是具有意思能力，子女死亡的，直系近亲属可以起诉。除此特定类型诉讼外，日本还设有兜底性质的亲子关系存否诉讼，其中子女当然具有确认利益，可以提起亲子关系存否确认之诉。[1]法国《民法典》第 340 条、第 464 条规定，诉权只属于子女；子女为未成年人时，诉权属于母亲（不管其成年与否）；如生母未认领子女或生母已死亡或生母处于不能表述其真实意思的状态下，经亲属会议批准，监护人在特定情形下可代子女提起诉讼请求认领。[2]美国长期以来，各州都有确认父亲身份的司法手段，确认之诉伊始是专门协助民政部门在父亲不承担责任时确定由谁来承担抚育子女的义务。但这种诉讼历史渊源主要在刑法，例如，对私生或未婚通奸的犯罪追诉中，抚养义务只在作为对所处刑罚缓刑的条件而仅附带强行加诸父亲身上，现在则成为民事诉讼。美国《统一亲权法》强调争议的权利实际是子女的权利，儿童可以根据本法提出确认父亲身份诉讼，尽管传统的确认父亲身份的法律把它归结为母亲的权利。[3]

2. 生父。如前所述（第四章第一节）对于生父是否具有确认利益，各国采取相对谨慎和保守的态度。有时揭开真相会破坏儿童现有的家庭生活，一

---

〔1〕 参见 ［日］ 松本博之：《日本人事诉讼法》，郭美松译，厦门大学出版社 2012 年版，第 301~330 页。

〔2〕 参见邝中允："确认亲子关系之诉研究"，西南政法大学 2011 年硕士学位论文。

〔3〕 参见 ［美］ 哈里·D. 格劳斯、大卫·D. 梅耶：《美国家庭法精要》，陈苇译，中国政法大学出版社 2010 年版，第 84 页。

个父亲如果只是想知道某个儿童是否是他亲生的，他又有何利益呢？也许，只是为了满足他的好奇心。但这与子女想知道自己的父亲是谁的利益而言却无法等量齐观。因为父亲的这一利益不会影响父亲的自我认识，但儿童的利益却截然不同。并且对于已经接受母亲日常照料的子女而言，为何又要强迫他们接受父亲的日常照料呢？因此任何涉及这种子女的未来安排，都应先对子女的日常福利做出实际的评估，而非仅仅依据"父亲应当承担法律责任"的说法。

法国尽管严格依循亲子关系的自愿认领，但其早就通过子女的事实占有状态，对父亲主张存在亲子关系的情形（现在则是对可以证实亲子关系的情形）进行了严格限定。即在是否允许影响子女在社会中已建立的亲子关系的问题上，法国法十分谨慎。[1]美国联邦法院认为，血缘关系的重要意义在于，它给予了生父所独有的机会，这个机会别的男性没有：培育他与子女之间的关系。如果生父把握这种机会，并且为子女将来所作的安排承担责任，他可以享受到父子或父女之间令人愉快的良好关系，为子女的成长做出独一无二极有价值的贡献。如果其没有把握这个机会，联邦宪法就不会自动地迫使某州就子女的最佳利益听取其意见，可见血缘关系并不导致必然的婚生父亲的诉权保护。生父的确认利益要结合具体案情，判断是否具有即时去除身份不安状态的现实必要性。标准详见上述（第四章第一节）。

3. 生母。生母有权起诉要求法院确认父亲身份的权利，在亲子关系的历史中，直到19世纪才被予以认可。英国1844年才允许母亲以个人的名义向父亲提出子女抚养费给付之诉。但是，法律这样规定的动机并非主要为了儿童利益，相反更多是为了保护公共资金。[2]《民法典》规定，家庭法院基于男子针对子女提出的诉讼或者基于母亲或子女针对男子提出的诉讼对父亲身份的确认或对请求撤销作出裁判。即在认定父亲身份之诉中，原告的一方既

---

〔1〕　参见［英］约翰·伊克拉：《家庭法和私生活》，石雷译，法律出版社2015年版，第71页。

〔2〕　Harry D. Krause, "*Illegitimacy: Law and Social Policy*" (Bobbs-Merrill, 1971), p. 197. Barbara Willenbacher, "Legal transfer of French Traditions, German and Austrian Initiatives to introduce Anonymous Birth", *International Journal of law*, *Policy & the family*, *344, 353.* 转引自［英］约翰·伊克拉：《家庭法和私生活》，石雷译，法律出版社2015年版，第67页。

可以是子女，也可以是母亲。日本也是类似的规定，作为亲子关系主体的母亲可以提起亲子关系存否确认之诉。

4. 生母之夫。生母之夫的确认利益，也即法律上的父亲是否具有确认利益，能否提起诉讼确认自己的婚生子女与他人具有亲子关系？应当说，确认子女与他人是否具有父子关系，并不会对其法律上的利益产生任何影响，即使该子女与其无血缘关系，通过婚生否认之诉已经能够合法地解除法律上的亲子关系，该子女与其他任何人是否有亲子关系已无关其利益，故应否认其确认利益。

案例 7：1981 年，沈某与赵某某登记结婚，1987 年 9 月生育赵某。2003 年 6 月，赵某某听到沈某在与刘某的电话里说赵某不是赵某某的亲生女儿。2004 年 1 月，赵某委托进行了亲子鉴定，结论：赵某与赵某某不具有亲生父女关系。同年，赵某某以沈某、刘某、赵某为被告提起诉讼，请求确认沈某、刘某与赵某系父母子女关系，并赔偿精神损害。赵某在答辩中称，希望通过亲子鉴定弄清自己的父亲是谁。一审法院以确认纠纷支持了原告的诉讼请求，二审法院认为是侵权诉讼，判决支持了原告对沈某的赔偿请求，但驳回其确认请求。[1]

该案中，赵某某提起了三个诉，包括婚生否认之诉、侵权赔偿之诉、非婚生确认之诉。其中赵某某享有婚生子女否认之诉的利益，并可基于欺诈性抚养请求沈某赔偿，但其不享有非婚生子女确认之诉的利益，故其无权提起请求确认刘某与赵某系父女关系的诉讼。

上述分析各类亲子关系之诉中有权启动诉讼的主体，结合了亲属法原理、价值博弈、司法传统等，分类梳理出诉的利益识别标准和方法，方可令具有诉的利益、应予保护之诉权得到充分保护；无诉之利益的诉讼及时被驳回，防止影响身份关系的稳定和造成司法资源的浪费。这种就诉的类型个别化分析的方法和结果，对家事程序立法和司法均具有至关重要的作用。

---

〔1〕 参见 2004 年重庆少女认父案：载 https://wenku. baidu. com/view/a0054cb0534de518964bcf84b9 d528ea80c72f60. html. 最后访问日期：2018 年 9 月 24 日

五、处分权原则第一层面修正

处分权原则第一层面的修正指的是家事司法程序的启动，完全贯彻当事人处分权原则，还是在一定情况下，可以由法院依职权启动的问题。应当说，在家事案件中，无论其诉的类型是当事人可以处分的家事财产诉讼，还是对其无处分权的家事身份诉讼，均采行处分权主义第一层面内容，即当事人就审判程序是否开始有主导决定权，以贯彻私法自治、不告不理的原则，并维持司法的中立性、公正性，赋予当事人平衡追求实体利益与程序利益的机会。

关于家事非讼案件，一贯认为采用职权探知的程序法理，国家职权介入的较多，但是在程序的启动上，无论涉及公益还是私益的非讼事件，都是遵循处分权原则。在涉及公益的家事非讼案件中，对审判程序的开启，有时不是私益主体为之，而是检察机关、福利机关等公共事务机构启动程序，这是家事程序的特征之一。各国一般是采取检察官作为国家公益代表参与家事案件，检察官不仅可以以原告身份介入，还可以作为适格被告参与家事诉讼。一般而言，在有关身份关系成立与不成立的案件中，检察官可以原告的身份介入。如巴西、德国、芬兰、法国、日本、墨西哥、澳大利亚等国均承认在婚姻无效以及请求撤销之诉中检察官的原告适格。在德国、澳大利亚、波兰等国同时还承认在亲子关系存否、是否嫡出以及认领无效请求诉讼中检察官的原告适格。1998年德国《民事诉讼法》全面取消了检察官的参与家事诉讼权，代之建立了行政机关参与诉讼的制度。当然，对行政机关的参与并非毫无限制。在家事诉讼中，原则上只有夫妻双方才能作为当事人，具有"管辖权"（行政法规决定）的行政机关只能提出婚姻撤销申请。这种情形属于家事诉讼案件的例外，专指对重婚这种特定案件，具有管辖权的行政机关"应当"提出婚姻撤销申请，以表明国家法律对这种行为的态度。

按照我国现行法律规定，向法院申请婚姻无效的主体是婚姻当事人或利害关系人、近亲属，并不包括检察官。但是婚姻无效的法定理由包括重婚、未达到法定婚龄、有禁止结婚的亲属关系，如果当事人或近亲属等都不向法院申请宣告婚姻无效，就可能使得重婚、亲属结婚生育有疾病的后代等现象存在下去，损坏公共利益、破坏法律尊严，这时由代表国家公益的检察官或者主管行政机关作为原告申请宣告婚姻无效，是必要和合适的举措。

在检察机关或者行政主管机关作为程序启动者的家事程序中，从诉讼构造上看，仍然是由原告（申请人）一方启动。这是因为，负有相关公益责任的国家机关不同于负有审判职责的司法机关，他们对家事程序的启动并没有破坏当事人主义诉讼模式的基本平衡以及司法机关的中立裁判性。而且，职权程序及职权原则之承认乃与国家权力的任务和界限有关，对于国家介入私权关系，若全面采取积极职权介入原则，所花费国家成本难以估计。什么类型案件才可以职权介入，须有所平衡，并进行合乎目的性的评估。而这种评估，则和意识形态有关。近代国家对于部分公益事件，对于国家的角色有不同的期待和界定，有由法院依职权发动的、有由检察官发动的、有由公益团体发动的，有由权利遭受侵害的人发动的。法院因其功能有限，并无发现此类需启动审判的生活事实的机制，故仍然贯彻的是第一层面处分权主义。公益主体申请启动审判程序，是国家所赋予的义务和责任，一旦出现应当申请的情况，不能像私权主体那样选择放弃，但这是另一个层面的问题。

家事诉权是家事程序的逻辑原点，是国家启动审判程序并有义务对当事人之间的家事纷争进行裁判的理由所在，它不是一个抽象的权利，必须具有实质性内容，否则国家的审判义务就没有边界。民事诉讼关于诉权成立识别的标准是按照给付、确认和形成之诉的分类，运用诉的利益理论进行识别，在家事程序中同样适用。本书选取了身份诉讼中公益性、伦理性比较强的亲子关系之诉为例，展开分析了否认婚生亲子关系和确认亲子关系之诉中，分别有哪些人能够成立诉权，成为适格的原告，从中可见因家事程序的公益伦理性，许多潜在原告并无诉权，不享有充分的自由处分权。另外，检察机关、主管行政机关等又被拓展成为适格原告。但总体而言，即使在家事程序中，仍然贯彻私法自治、不告不理的处分原则，避免司法过度干预家庭私生活。即使检察机关等启动程序时，他们不同于负有审判职责的司法机关，没有破坏当事人处分原则的基本平衡以及司法机关的中立裁判性。

第二节　家事程序标的及处分权原则第二层面修正

　　家事程序标的是指和民事诉讼程序中的诉讼标的相对应的家事诉讼标的和家事非讼标的的统称。通常而言，民事诉讼中使用诉讼标的之称谓表述法院和当事人即诉讼主体的诉讼活动（审判行为与诉讼行为）所共同指向的对象。但是由于家事程序包括家事诉讼程序和非讼程序，家事诉讼标的之称谓容易被狭义理解为仅指家事诉讼程序中的标的，遗漏家事非讼程序标的，而有损于体系化看待家事审判的对象，所以此处均使用家事程序标的之称谓，但内涵及功能与诉讼标的是一致的。处分原则第二层面内容是指诉讼标的由当事人设定，法院审判对象范围受当事人诉讼标的的约束，在家事程序中对其修正是指，确定程序标的并不完全贯彻处分权原则，而是法官可依职权予以修正，缩小或扩大审判对象的范围。

一、诉讼标的的学说及发展

　　诉讼标的既是当事人间的争议对象，也是人民法院的审判对象。因此，一个没有诉讼标的的诉讼只能是一个空洞的诉讼，同时也是一个不可能实际存在的诉讼。不仅如此，任何一个诉讼的诉讼标的都必须是明确无疑的，否则，当事人间因争议对象模糊而无法组织有效的诉讼攻击防御，人民法院因审判对象不明而难以作出正确的裁判，全体诉讼主体的诉讼活动都将失去明确目标。大陆法系的一个通识是，在贯彻处分主义的民事诉讼中，应当以原告对被告的权利主张或狭义的诉讼请求为确定标准，这也是诉讼标的同于诉讼请求一说的由来。关于如何识别诉讼标的，即法院的审理对象，对于识别"禁止重复起诉"以及"既判力客观范围"等裁判法律效力有重大影响。禁止重复起诉原则，是指不允许当事人对诉讼系属（法院处理中）案件再次提起诉讼，防止矛盾判决和实现诉讼经济。既判力客观范围也被称为"一事不再理"，是指已为生效判决确定的事项，受既判力遮断，产生禁止后诉的效果。一般认为，应当以诉讼标的作为判断案件是否系属于法院的标准，我国《民诉法解释》第 247 条也首次对如何识别重复诉讼作出了规定，其中也是在立法中使用了"诉讼标的"予以识别。对于诉讼标的的识别大概产生了三种观点。

（一）实体法说

实体法说以实体法上的权利或法律关系为诉讼标的，原则上以每项请求权及权利构成一个诉讼标的。按照实体法说的解释，实体权利必须以法律明确规定的构成要件为发生前提，如果对同一事实关系可以适用多条法律规定且产生多项实体法上权利时，在民事诉讼中，根据原告的权利主张将形成多个诉讼标的。[1]如果甲乘坐乙驾驶的出租车遭遇交通事故，则根据法律规定，就交通事故这一事实关系至少具有两个实体法上损害赔偿请求权。其理由是，交通事故这一事实关系既可以满足侵权行为损害赔偿请求权的构成要件，同时也可以满足债务不履行损害赔偿请求权的构成要件，因而基于同一事实关系发生的各个损害赔偿请求权——侵权行为损害赔偿请求权和债务不履行损害赔偿请的求权，在性质上属于不同的实体法权利。而在民事诉讼中，如果甲同时主张这两项权利，即使诉讼请求的内容相同，例如，都为 1 万元损害赔偿请求，但也应视为两个不同的诉讼标的。对此案例，如果按照旧实体法说的解释，在民事诉讼上将产生下列效果：

1. 如果甲在一个诉讼程序中同时主张这两个请求权，则构成诉的合并。

2. 如果甲在诉讼开始时主张一个请求权（债务不履行损害赔偿请求权），而在诉讼进行中又变更为另一个请求权（侵权行为损害赔偿请求权），则构成诉的变更。

3. 如果甲主张一个请求权提起诉讼并败诉，其后可以主张另一个请求权提起诉讼，不违反规定，即不构成对既判力原则的违反。

4. 如果甲主张一个请求权提起诉讼，而法院却认定另一个请求权并对甲的诉讼请求予以支持的，该项判决则因违反处分原则而构成适用法律错误，当事人可以将此作为再审事由申请再审。

---

〔1〕 参见李倩："论预备的诉讼请求"，华北电力大学 2019 年博士学位论文。

（二）诉讼法说

诉讼法说不以实体法上请求权为确定诉讼标的的标准，而是以诉讼法规定的请求内容和请求原因为标准确定诉讼标的。诉讼法说强调通过一次诉讼解决全部纠纷。实体法上权利不是确定诉讼标的的标准，只是支持诉讼标的的法律观点和诉讼攻击防御方法。对同一案件，适用实体法说还是诉讼法说，往往会出现截然不同的结果。以前述出租车交通事故损害赔偿案为例，如果甲依据侵权损害赔偿请求权和债务不履行损害赔偿请求权分别提起诉讼，遵照诉讼法说将会产生的程序效果有：

第一，由于这两个诉讼的诉讼标的相同，即都是损害赔偿请求，所以在法院受理第一个诉以后，在这个诉处于诉讼系属中时，若提起第二个诉，则构成重复起诉，法院应当以违反禁止重复起诉原则为理由，裁判不予受理，或在受理后裁判驳回起诉。

第二，如果甲在一个诉讼程序中同时主张上述两个请求权，将不构成诉讼请求合并（选择性合并），而应当视为提出了两种不同的诉讼攻击方法。

第三，如果甲以第一个请求权提起诉讼，但在诉讼进行中又更换成第二个请求权，则应当视为诉讼攻击方法的替换，而不是变更诉讼请求。

第四，如果甲主张的第一个请求权败诉，则不能依据第二个请求权再行诉讼，因为既判力的客观范围等于诉讼标的的范围——损害赔偿请求。

第五，如果甲主张依据第一个请求权提起诉讼，而法院却以第二个请求权作出胜诉判决，则该判决并不违反处分原则，仍属于合法判决。

（三）纠纷事件说

纠纷事件说是英美法系典型的识别诉讼标的（英美法系称为诉因）的标准，即"交易理论"或"纠纷事件说"。在美国《第二次判决重述》中明确以"一个纠纷事件或一系列事实群之全部或任一部分"界定判决请求排除效（既判力）的范围，作为这一场景下诉讼标的的衡量标尺。至于什么样的事实构成"纠纷事件"，什么样的事实群构成"诉因"，主要考量的是事实是否在时间、空间、缘由或行为人动机上有牵连，是否构成一个适合审判的基本单位，将其作为一个审判单位是否符合当事人的预期或交易惯例。[1]究竟一个纠纷事件涵盖的范围有多宽，只能由法官根据案件请求的实际情况结合程序的目标进行判断。换言之，静态地看，美国法更近乎以纯粹的生活事实作为诉讼标的的界定标准，不仅规范要素或实体权利无足轻重，当事人的诉讼请求对确定审判对象而言也不起决定性作用。[2]这合乎了英美法系"事实出发型"诉讼模式的基本原理，为了最大限度地解决纠纷和实现诉讼经济，美国民事审判中一直强调"禁止分割诉因"，程序中设置的强制反诉等机制就是为了防止人为分割"诉因"，强调通过一次司法程序解决所有相关纠纷。

上述三种诉讼标的的学说中，实体法说最注重保护当事人的合法权利，纠纷事件说最能够实现纠纷的一次性解决。这就是诉讼标的在调节"权利保护最大化"和"纠纷一次性解决"之间紧张关系的作用。不过，虽然对诉讼标的范围的宽窄限定不同，但上述三种学说都属于一元化的诉讼标的的定义，通过预先设定"明确、一贯"的诉讼标的范围，特定诉讼请求、审理对象和既判力客观范围，实现程序法理的逻辑自洽和体系完整。在这个意义上，传统诉讼理论称诉讼标的为民事诉讼之"脊梁"。[3]

当程序场景转换到家事审判中，一元化的程序标的理论不可避免地产生现实困境，这种困境也已经在普通民事程序中有所体现，引发了对于"相对化"和"指示性"的动态诉讼标的范围的探讨。[4]例如，家庭生活中，民事主体通常是通过"商量着办"的方法行使请求权。甲乙双方打算离婚了，在生活领域，甲可以今天和乙就离婚问题达成合意，去民政局办理了离婚登记。为了散散心，甲和朋友出去旅行了半个月，回来后发现家里换锁了进不去了，这才意识到要分割共有财产，于是两个人开始商量这套房子怎么分。财产分好了，甲和朋友聊天诉苦说乙以前还家暴我了，这时朋友提醒他，这属于婚

〔1〕参见陈杭平："'纠纷事件'：美国民事诉讼标的理论探析"，载《法学论坛》2017年第6期。

〔2〕参见陈杭平："诉讼标的理论的新范式——'相对化'与我国民事审判实务"，载《法学研究》2016年第4期。

〔3〕参见董昊霖："诉讼标的的相对论：以程序保障论为视角"，载《当代法学》2019年第2期。

〔4〕参见陈杭平："诉讼标的理论的新范式——'相对化'与我国民事审判实务"，载《法学研究》2016年第4期。

姻中有过错，可以请求过错赔偿，于是甲又可以获得损害赔偿请求权。但是如果甲向法院诉讼离婚，能否通过前后三个诉分别来向法院提出诉讼请求呢？对此，如果从原告的立场出发，为了实现"权利保护最大化"，可能会得出肯定性观点；但若从被告的立场出发，为了减少讼累和避免因败诉给自己的实际利益带来损失，或许会得出否定性观点。而如果从国家（民事诉讼）的立场考虑，就需要从权利救济的限度与纠纷一次性解决的紧张关系之间找出一个衡平点，在有效保护当事人实体权利的同时，也保障国家审判的权威性，最大限度地解决纠纷。

按照实体法说，上述案件中则产生三个诉讼标的，一是请求离婚；二是请求财产分割；三是过错损害赔偿请求。在离婚判决生效后，当事人依然可以以"请求分割财产"再次起诉，因为诉讼标的不同，并不违反"一事不再理"原则，即使按照我国《民诉法解释》第247条的规定，也并不构成重复诉讼。按照诉讼法说，上述案件仍然产生至少两个诉讼标的，一个是基于离婚产生的形成之诉；另一个是基于侵权事实产生的加害者的过错损害赔偿和共有财产分割之诉，属于给付之诉。这样的诉讼标的分割，显然在家事诉讼中是无益的。根据"纠纷事件"说，上述基于离婚而产生的财产分割和侵权损害赔偿均被合并于一个"事件"中，因而作为一个诉讼标的，由法院进行审理，这可能更加符合家事诉讼程序之目的。

二、家事程序标的"协同特定"：从实体请求权到纠纷事实

我国目前审判实务中采用实体法说，以实体请求权特定诉讼标的为通说，目的是最大程度保障当事人权利的实现，这不仅符合我国现阶段的司法实际，也发挥了对公民权利保障最大化的司法作用。对家事诉讼程序法理运用的一个基本逻辑就是不能仅因程序法理二元化，而将事件类型人为割裂，例如因离婚所产生的损害赔偿请求和赡养费请求应分别面向过去和未来，前者损害赔偿请求系当事人可自由处分之请求，而后者赡养费请求则为当事人不可完全自由处分的请求，适用的程序法理有所不同，就把他们割裂开，分别列入不同的程序标的的轨道分割处理。期待通过一元化的"程序标的"范围，一劳永逸地解决"家事案件"的审判对象和既判力范围，是一种教条化的幻想。

从法律经济学的角度看，法院的诉讼指挥是维护程序社会利益最大化的重要工具。在法官"指示"和当事人"处分"协同特定的程序标的的范围内，实体请求权和纠纷事实构成协同特定范围的两端，法官在两端之间的范围内，考量家事领域不同场景中合目的性的因素，以程序保障为标准，通过法官的诉讼指挥权确定不同的家事程序标的。这不仅仅是司法适用法官自由裁量的范畴，更是当事人处分权和法官裁量权的矛盾长期存在的一个问题，也是从解释论角度需要对如何"协同特定"进行体系化分析解读的必要命题。

关于家事事件程序标的如何协同特定的问题，是指如何促使请求人，（包括诉讼的原告、非讼的申请人）把纷争事实呈现于法院，然后由法官依照法官知法的原则，在请求人所呈现的纷争事实的范围内，进行事实的整理，然后去找出"程序标的"之所在。当然，这并不容易，因为即使在诉讼系属中，涉及纷争处理的事实群可能陆续在扩大，例如，一开始提起的离婚请求，随着调解或诉讼程序的进展，可能又呈现出有关子女没有人监护，没有人抚养的事实，可能又衍生出财产分配的问题，过错赔偿的问题等。他的家庭生活秩序，其实转成法律的语言就是程序标的，尽管都属于事实的范畴，但是强调生活事实还是法律构成要件事实，会直接影响家事程序标的的范围。

（一）家事诉讼程序

家事诉讼作为特殊的一种民事诉讼，原则上仍然采用处分权主义，只是在涉公益等程序中对处分权作出一定的修正。首先，就特定程序标的而言，处分权的意旨在于由原告特定程序标的的范围，在家事程序中当事人或关系人具有选择或处分权，不一定要强制他采取纷争事实单位型诉讼标的或者采取实体请求权单位型的程序标的。因为，他如果有一些事项不愿意作为审判对象，他有权决定这些事项不作为审理的内容，这样才能够保护他的程序利益，特别是隐私权的情形，应该允许他采取权利单位型的标的来请求。例如，离婚案件，原告起诉时，可以选定实体法中离婚事由作为诉讼标的，而请求判决离婚，也可以表明为判决离婚以消灭婚姻关系的目的，陈述纷争事实来特定诉讼标的。就前者而言，原告可以先行考量没有将某项事实列为诉讼标的所涉及程序利害的轻重大小，然后进行抉择。例如，可以对方不忠出轨和家暴及分居的事实请求离婚，但因不愿出轨、家暴之事暴露于法庭，将其排除在诉讼标的之外，即法院审判范围之外，选择仅以分居请求离婚，防止因被审判导致其他所希望保护的权益受损。但是，原告就其所主张的某项纷争事实对于离婚事由有没有该当性的判断，是法律适用上价值判断，难以在起诉时预测法院所持见解、审理状况的变动或对其有所误认，如果法官未能以这项诉讼标的判决离婚时，原告可能遭受败诉或者添加诉讼中变更或追加诉讼请求的繁琐。

所以，也应该允许当事人用纠纷事实特定程序标的，利用一个程序加以解决。例如，原告要提起离婚诉讼，为表达离婚的诉求，陈述广义的纷争事实为特定的诉讼标的，其中可能既包括家暴，也包括分居还可能是其他日常生活事实，此时应予认可，法院可以对其各项纠纷事实均予以审理综合判定。虽然把各个权利认作程序标的，也可以用合并、变更、追加或反请求的方式加以解决，但是在未采取律师强制代理制度的前提下，原告或申请人是否有自己进行法律上定性的能力，或者在程序中还必须变更、追加、反请求等，是否会造成程序的反复？所以应该允许原告或申请人采用纷争事实单位型的程序标的。当事人为贯彻纷争一次性解决的要求，并为了追求程序利益，仅利用一次诉讼程序彻底解决应否离婚的纷争，使其与系争实体利益的追求取得平衡，原告应该被赋予选择纷争事实单位型诉讼标的的机会，将此事诉讼标的特定为婚姻关系应否裁判离婚本身，而不单以上述各款规定事项分别特定诉讼标的。而且，离婚诉讼的原告多为经济上或法律上的弱势者，要求其明示实体上形成权要件，将阻碍没有能力进行判断的人行使诉讼权，或额外增加变更、追加诉讼请求之繁，有害诉讼经济。特别是家事诉讼程序就家事身份诉讼采取全面解决主义，要求当事人就有关同一婚姻关系的纷争，利用同一次诉讼程序予以解决，以维系身份关系的稳定及程序上经济，则当事人选定纠纷事实单位型程序标的，不仅符合该项原则，更能贯彻当事人程序主体地位，尊重其程序选择权及程序处分权，也更能依当事人自身行为责任正当化其受裁判效力所拘束，此时当事人在败诉判决确定后之所以不能再就言词辩论终结前存在的事实提起后诉，是因为这个判决的既判力客观范围作用的结果，而不是超越既判力客观范围确定判决的失效。

在此意义上，处分权主义可以发挥的功能：赋予受诉权保障而有意起诉者即原告有表明、选择本案审判对象范围的机会、权能，而令其可以因此将可能伴生程序上不利的权利或法律关系排除在审判范围之外，使当事人更有机会为了谋求实体利益与程序利益的平衡追求，适时防止因为被职权擅自划定审判范围导致其争讼外财产权、自由权等基本权受损耗或减少。因此，程序标的的拘束性及诉外裁判禁止原则适用于家事诉讼案件，不论是财产关系还是身份关系纠纷，也不论当事人对于其程序标的是否有处分权、支配权。它的根据在于实体及程序上的处分权及司法的中立性、公正性，它的功能在于防止法院的突袭、保护当事人能够平衡地追求他的实体利益和程序利益，防止诉讼裁判的突袭。此时，当事人处分权所特定的程序标的，如果产生迭次与讼、诉讼浪费，甚至因既判力客观范围导致失权时，法院应当运用释明权提示当事人变更、追加程序标的，由当事人决定是否变更、追加程序标的，此时因已对当事人进行了充分的程序保障，赋予了将来确定裁判既判力导致失权的正当性，也不生侵害程序利益的问题，这是家事诉讼程序中协同特定程序标的的运作法理。需要区别的是家事诉讼程序中有仅涉及私益的，此时采取任意合并的规则，经过法官提示变更、追加程序标的的，当事人仍未变更、追加，则法官受当事人确定的程序标的约束，不可超判。但是在涉及公益的家事诉讼程序中，即使当事人不变更、追加，法官也不受其程序标的约束，可以对已提示的事项进行审理。

（二）家事非讼程序

在家事非讼方面，不管是涉及公益还是私益的非讼案件，也无论关系人有无处分权或者支配权，原则上法院都不受程序标的的拘束性原则的适用。对涉公益家事诉讼程序和家事非讼程序案件，它的审判对象、范围是由法院来决定的。这是因为，涉及公益的案件，关系人对其没有处分权，所以采用职权主义，由法院决定妥适的审判对象及范围。在这种情形下，关系人即使有具体请求内容，也仅仅是一种裁判的建议而已，法院不受其拘束。在家事非讼中有些案件不一定涉及公益，甚至关系人对于程序标的的也有处分权或支配权，但因追求妥当及迅速的裁判，予以非讼化后，既然法院有广泛的裁量权，就不应该使它受关系人的请求拘束，要不然可能无法进行妥适的裁判。并且，既然法院裁量的内容有很多种，如前所述，包括经济状况、未来生活的保障等，要求申请人在申请的时候就要特定清楚，要不然会受到程序上的不利益（如一审终审的审级利益），也是对他课予了过重的责任。所以像这类的申请事件，比方说夫妻或亲子间抚养费酌给请求案件，申请人所作的请求也只是提供法院的参考方案而已。此时，可视为当事人的处分权提供了一个线索或建议，法院通过对个案的分析判断，运用裁量权对当事人的处分权进行修正，协同特定审理的程序标的。

三、统合处理：家事程序标的之任意合并和强制合并

家事案件的统合处理可以追溯至家事程序出现之初，本书在民国初年人事诉讼的立法实践的部分已有所述，在 1921 年北洋政府《民事诉讼条例》第六编特别程序之人事诉讼程序中就对家事案件的统合处理进行了规定。家事程序理论发展至今，对于家事程序中诉的客观合并，采取比普通民事诉讼宽松得多的规定，得到了充分的论证及认可。各国家事法院都鼓励婚姻事件与婚姻附带事件于同一个程序解决，包括酌定亲权事项、夫妻财产之分配或分割、抚养费的分担和给付等。德国曾将这一做法称为"结合审判"制度，它是家事法庭在程序上最为重要的特征。例如，德国规定法院若认为有关联时可以将程序合并或分开。[1]其立法理由系希望达到整理程序资料、促进诉讼程序透明性及确保证据调查及证据评价的一致性，避免双倍工作付出。这一程序的合并或分开给了法官裁量权，其于所有程序均有可能。涉及同一婚姻的婚姻事件可以合并审理，涉及同一儿童的亲子血缘关系事件也可以合并。但婚姻事件与其他事件或收养事件与其他事件均不允许合并。所谓关联性，其判断权留给法官自由裁量，但诉讼促进及诉讼经济在此为考量因素之一。如果各个程序之间存在密切实质关联，就可以合并。

由于家事案件的复杂性、个别性决定了程序法理交错适用。根据案件程序标的所涉公益性强弱，家事程序标的的统合处理又可分为强制合并和任意

---

[1] 参见德国《家事事件和非讼事件程序法》第 20 条规定。

合并。对于强制合并，必须限于身份关系的合一确定这个前提，防止过度合并损及当事人的实体权利和程序利益；对于任意合并，如果当事人因释明或合意对数个家事诉讼事件合并提起或进行追加，则以尊重当事人的程序选择权为原则，除非当事人的合意行为严重阻滞程序的整体效益或者其他不适宜合并的情形。对于其他合并，则应当设定一定限制条件并进行合理、合目的性的解释，如基础事实相牵连、主体间存在特定的身份关系或者法院认为有统合处理的必要等；家事诉讼事件在合并审理过程中，如果法院发现合并程序有严重不利益的状况，例如损害当事人的审级利益，或者有过分拖延其他诉讼之嫌，则可依职权进行分离。[1]

例如，原告主张一定的事实，请求撤销婚姻，对于这一家事身份诉讼案件，法院原则上受原告特定的诉讼程序标的约束，不得就其所未请求的程序标的予以裁判，不可以原告所主张的事实符合法定离婚事由而径行判决离婚，否则属于"超判"，即法院超过当事人诉讼请求范围进行裁判，是诉讼上裁判的突袭。不过，为了避免当事人间因家事纷争迭次与讼，并符合程序经济、程序利益保障原则，防止矛盾裁判，通过一次诉讼使身份关系处于安定状态，家事程序法通常允许扩大诉讼合并范围，统合处理家事案件，这种情况下属于程序标的的任意合并。法院应当向当事人阐明，告知当事人可以进行合并、变更、追加诉讼请求和反请求等。不过，这项释明并不能代替当事人的主张或请求，如果经过释明，当事人仍然不予变更或追加请求，法院不得加以裁判。但是，如果原告所主张的事实属于婚姻无效事实，法院是否受原告特定的程序标的范围约束呢？根据本书观点，婚姻无效属于典型的公益和裁量事件，法院可依职权启动程序，当事人并无处分权，此时法院应采取程序标的强制合并，对婚姻无效事件进行审理和裁判，并不属于"超判"。

再如，前夫为了向前妻支付扶养费，曾签发一张支票作为偿付方法，后来该支票不能兑现，于是前妻起诉。这个票款请求权是一般简易事件，原来应作为民事案件审判，其原因关系是扶养费请求，有关扶养费、赡养费或其

---

〔1〕 参见陈爱武："论家事事件之程序合并"，载夏吟兰、龙翼飞主编：《家事法实务（2018年卷）》，法律出版社 2019 年版，第 453 页。

他家庭生活费用，当事人固然可以就其金额或者给付方法予以约定，但关于请求之要件、范围或消灭事由仍系以法定扶养请求为基础时，仍属于家事事件，而非民事诉讼事件，所以此种情形的重点并非在于请求权是否直接基于协议，而是因为这个请求本质上基于父母子女关系、夫妻关系或者其他亲属关系所生，因此，并未改变其本质。则应作为家事案件审判，而且这两个事件请求的基础事实是相牵连的，为达成统合处理的目的，都应该由家事审判组织合并审理，以便在支票债务未履行时，就扶养费的审理可以由家事审判组织进行职权裁量酌定，此时不宜由民事庭法官来行使亲属法所赋予的裁量权。这里运用的就是抚养费纠纷的非讼性质，法官予以强制合并的程序法理。

在我国民事审判中，2019 年出现了一个父母双方都不愿意抚养子女，法院判决不准离婚的案例，引起了社会的广泛关注，其中可以看到法官和当事人协同特定家事程序标的的必要性，以及进行程序标的的任意合并及强制合并的实践意义。

案例 8：原告薄某某与被告李某某于 1999 年 2 月 5 日登记结婚，1999 年 11 月 1 日生育女孩李某甲，现已成年，2007 年 2 月 12 日生育男孩李某乙。薄某某曾于 2018 年 8 月 17 日起诉至法院要求离婚，被判决不准许离婚，后双方未和好。原告薄某某于 2019 年 5 月 15 日再次起诉离婚，要求未成年男孩李某乙由被告李某某抚养，用夫妻共同财产应得份额折抵抚养费。被告李某某辩称尚有共同债务未清偿，不同意离婚。法庭征求未成年男孩李某乙意愿，其表示若父母离婚，愿意跟随母亲薄某某生活，薄某某称其无抚养能力拒绝抚养；而李某乙现跟随父亲李某某生活，李某某亦称无抚养能力，不愿意继续抚养。本案中，虽然原告第二次起诉至法院，要求与被告离婚，但基于家事审判的重要基本原则，维护公序良俗，保护未成年子女利益最大化，法院再次判决不准许双方当事人离婚。[1]

本案向社会公布后，有观点认为离婚后拒绝抚养子女违背公序良俗，法院判决正当，固然有其合理性。不过，通过道德分析和对公序良俗的判断仍

---

[1]　参见邹旭、姜彦竹："双方均不愿意抚养子女　法院判不准离婚"，载中国法院网：https://www.chinacourt.org/index.php/article/detail/2019/07/id/4180388.shtml，最后访问日期：2019 年 7 月 16 日。

然是一个抽象层面的问题，本案中所认可的公序良俗固然能够得到社会的普遍认可，但是家事案件错综复杂，要求法官总是通过抽象价值判断裁判个案，是对法官的考验，也存在司法的风险。家事诉讼法理和程序规则，就是要在认识到家事诉讼案件的本质特征后对其具体的诉讼规则进行一般化的立法，将抽象的价值判断落实到具体的程序规则中来。本案中涉及的子女抚养问题，在我国向来是作为诉讼案件处理。如前所述，子女监护、抚养由于涉及公益、法官裁量性和简速裁判的要求，大陆法系主要国家和地区都作为非讼案件处理，以扩大法官职权。

在离婚案件中，不仅仅是对夫妻双方婚姻关系的处理，而且应该对子女抚养、财产分割等问题一并进行处理。如果按照实体法说诉讼标的理论，离婚为形成之诉，目的在于通过判决解除婚姻关系，而子女抚养是给付之诉，它们不仅是独立的两个诉讼标的，而且还属于不同的诉的类型。按照财产关系诉讼规则，法院的裁判权受当事人处分权的约束，这是辩论主义的根本要求，此时当事人只要求离婚，法院可以置子女抚养问题不顾而径行裁判。尤其是，本案中夫妻双方的感情已经可以确认破裂，离婚的法定理由已经构成。

正如前文分析，家事诉讼的程序标的是由当事人处分权和法官的裁量权共同协同特定的。一方面当事人可以纠纷事实特定诉讼标的，所以，当事人一开始起诉时仅要求离婚，如果在诉讼中提出确定子女抚养问题，应予准许。最高人民法院《改革意见》规定，人民法院审理离婚案件，应当对子女抚养、财产分割问题一并处理。对财产分割问题确实不宜一并处理的，可以告知当事人另行起诉。当事人在离婚诉讼中未对子女抚养、财产分割问题提出诉讼请求的，人民法院应当向当事人释明，引导当事人明确诉讼请求。当事人就子女抚养问题未达成一致，又坚持不要求人民法院处理子女抚养问题的，可以判决不准离婚。也即，前文意旨的任意合并，法官通过释明提示当事人扩充程序标的，但是任意合并的目的应当仅仅在于解决"未提出财产分割"的问题，因为法官进行释明后，当事人仍然未提出财产分割请求的，可以另诉处理。但是对于子女抚养问题，运用的是强制合并法理，应当一并处理。

以前离婚事件的处理，以"夫妻关系"作为主轴，而将未成年子女所涉问题视为"附带请求"而非独立的程序标的，现子女监护和抚养问题在各国已基本形成共识属于非讼化的案件。日本《人事诉讼法》规定，若当事人的离婚请求或撤销婚姻请求得到认可时，夫妻之间存有未成年子女的，即使当事人未提出申请，家事法院也可依职权在判决中确定父母其中一方为子女的亲权者。亲权指定事件是职权裁定事件，即使当事人没有提出申请，法官也可以进行裁量。此时当事人处分权受到限制，法院可以在当事人未提起该项诉讼请求的情形下，运用职权采取强制合并，以此特定本案审理对象。当事人未提出子女抚养问题，法院进行了裁判，不构成"超判"，属于合法判决。

所以，最高人民法院《改革意见》规定，当事人就子女抚养问题未达成一致，又坚持不要求人民法院处理子女抚养问题的，可以判决不准离婚。这里虽然达到了家事非讼案件不受当事人程序标的之约束的目的，但运用的是裁判结果上的实体逻辑。这个实体逻辑虽然达到了目的，却是以损害另一实体正义——婚姻自由为代价的，即该对夫妻已符合法定离婚事由，应判决准许离婚。而且，对于这样已经死亡的婚姻关系，不能合法地解除，当真有益于家庭秩序之维护和子女利益最大化吗？程序法理的不足导致了规则设定时"拆东墙补西墙"的现象时有出现，此案应用家事程序中关于协同特定程序标的和公益、非讼事项的指示性、强制性合并的原理可以更科学地应对这种现象，且不损及其他受法律保护的利益。

对于合并后案件审理如何适用程序规则呢？在德国，程序中进行婚姻事件和附随事件的合并审理时，其效果为：各事件仍依其各自程序及实体法规定，但对于诉讼资料则呈现相通性。原则上，鉴于程序保障不因合并而减损的基本理念，还是要根据程序标的本身所使用的程序原理和规则，交错予以适用。对于属于非讼性质的家事案件，不能因为统合处理的原则，而模糊了诉讼和非讼程序法理的根本区别。非讼程序具有准行政权运行的性质，强调的是行政的主动性和效率性，快速地为当事人未来的生活做出安排。例如，原告在离婚诉讼中合并请求未成年子女抚养费，包括婚姻关系存续中代垫部分及离婚后的抚养费。就离婚诉讼案件，适用家事诉讼程序法理，关于婚姻关系存续中代垫的抚养费请求，属于"不当得利"返还，仍然属于与身份相关的财产型家事诉讼案件，这两个诉讼标的所涉及的事实和理由，法院必须根据言词辩论终结时的诉讼资料及证据资料予以判断，如有已清偿及其数额或时效抗辩，这是涉及过去事实的认定，也属于当事人可以处分的事项，原则上当事人仍然可以自认也可以成立诉讼上的和解，对于家事诉讼未规定的事项，可以准用民事诉讼法理的规定。然而，有关离婚后未成年子女的将来抚养费给付，就涉及未成年子女将来最佳利益的保护，一方面就数额或给付方式在声明上有缓和处分权主义的特别规定；另一方面法院亦必须审酌父、母各自之经济能力及未成年子女保护之公益，并不是完全属于父母（离婚诉讼上的当事人）可以处分的事项；关于裁判上所将要根据的事实和证据，法院应依职权予以调查，如果当事人有不利于未成年子女之自认或者成立和解协议，对于法院没有拘束力。法院必须合并审理、合并裁判，程序在外部进行上必须一致。因此，法院合并裁判的形式应当采取判决的形式。

再如，父母离婚时，协议母亲照顾儿子生活，由父亲每月支付儿子3000元抚养费，但离婚办成了以后，父亲就拒绝履行，母亲起诉请求依协议为一次性给付。一审判决支持了一次性给付的总额，父亲上诉声明他经济负担不起，二审法院将此事件定性为家事非讼事件，认为程序标的对法院审理并无约束性，所以判决父亲每月支付1000元抚养费。这时虽然协议抚养费事件不宜作为普通财产关系案件处理，但在家事程序中，还是不能将履行抚养费协议定性为法院酌定抚养费的非讼程序，否则法官会误认为可以不受协议约束职权裁定。此案中，父亲承诺的3000元抚养费是协议离婚的前提，其中有当事人合意的信赖利益，不能因诉讼承受双重不利益。如果法院审理该份协议无效，双方无法达成新的协议，需要法院裁量抚养费时有其合理性，但若协议有效且当事人仅请求对方履行协议，该二审判决属于突袭裁判，违背了程序标的法理，也违背了不利益变更禁止原则。

综上，在家事程序标的协同特定，以及任意合并及强制合并的法理适用上，有两个重要的标准。一是统合处理以"基础事实的牵连性"为必要前提，如果没有基础事实的牵连性，则法院既无必要强制合并，也无义务进行释明，提示当事人以纠纷事实为单位特定程序标的。前述协同特定程序标的各例，均是基础事实具有牵连性，有在一个程序中予以一并妥适解决必要的案件。二是强制及任意合并以"公益性"为划分标准，如果立法对非讼案件进行了充实，则涉及较强公益性的家事案件几乎都涵盖于非讼程序中，也即家事非

讼程序采取强制合并统合处理，而公益性较弱的家事诉讼程序采取任意合并的
方式统合处理。至于是否要求合并必须在同一审级之中，则仍然要以是否侵蚀
程序保障为标准进行判断，例如，非讼程序采取一审终审，故在家事诉讼程序
二审程序中合并非讼案件，则不会侵蚀该非讼案件的审级利益，应予认可。

　　家事程序标的是当事人争议的对象也是人民法院审判的对象，既包括家
事诉讼标的也包括家事非讼标的。我国目前审判实务中以实体请求权特定诉
讼标的为通说，以最大程度保障当事人权利的实现，具有现实合理性。家事
程序中由于统合处理、避免矛盾裁判的价值追求，以"实体请求权"和"纠
纷事件"作为范围最小和最大的两端，于此范围内由当事人"处分"和法院
"指示"协同特定程序标的。分类而言，家事诉讼程序中当事人有权选择以
"实体请求权"为单位特定程序标的或以"纠纷事实"为单位特定诉讼标的，
赋予原告有表明、选择本案审判对象范围的机会、权能，而令其可以因此将
可能伴生程序上不利益的权利或法律关系排除在审判范围之外，使当事人更
有机会谋求实体利益与程序利益的平衡追求。当事人处分权所特定的程序标
的，如果产生迭次与讼、诉讼浪费，甚至因既判力客观范围导致失权时，法
院应当运用释明权提示当事人变更、追加程序标的，此时因已对当事人进行
了充分的程序保障，赋予了将来确定裁判既判力导致失权的正当性，不会产
生侵害程序利益的问题。而非讼程序中，程序标的是由法院来决定的，申请
人的请求可视为提供法院的参考方案，不具有约束性。

第三节　家事程序的终结：处分权原则第三层面的修正

　　处分权原则第三层面的基本要求体现在"程序的终结"方面，诉讼程序
的续行或者终结，当事人也可以自由决定之。具体体现为当事人可以通过撤
诉、认诺及和解为终结表示。对于已经开始的家事程序来说，如果当事人实
施予以终结的行为，法院不得再进行其后的审理程序。对于终结家事程序的
处分自由，要区分情形而论，家事程序的开始原则上是基于当事人的起诉或
申请，所以原告有权撤诉。但是法官是否受被告认诺的约束的认定，则不能
等同于原告的撤诉，因为原告撤诉产生自始未起诉的效果，该程序标的不受

既判力客观范围的遮断，原告仍然可以再行起诉。但是被告认诺的行为将产生败诉的司法判决，该判决的既判力导致禁止另诉以及约束后诉的实质法律效果，所以法院不受被告认诺自由的约束，仍要进行职权审查。诉讼上的和解本质上仍然是法官在行使审理职权，会产生既判力，类似于认诺，需要职权审查其内容中是否有明显违背法律强制性规定、违反公序良俗，或是否有串通损害第三人权益等有违家事程序之目的的情形。家事程序中因公益性及伦理性不能完全适用当事人处分原则，对处分权第三层面修正主要体现在何种案件及何种程度上允许当事人进行撤诉、认诺及和解。

我国清末修法时已提出，财产上之盈虚，为个人之关系，甲得乙失，均之为国民所有。其有形之财产，乃可保存。公益事件，为国家运命上之关系，一有不正，则无形之秩序，受害已深。国家不能以自体之利害，委之私人之意见。[1]财产权一般允许当事人自由地转让和抛弃，诉讼时以尊重当事人的意思自治为原则，完全遵循处分原则。而人身权则基于公益的考量，一般不允许当事人自由转让与抛弃。[2]德国学者罗森贝克指出，只要当事人对诉讼标的不能进行实体处分，如在婚姻案件、非财产的家庭和亲子案件中，他的处分权就是受限制的。日本学者三月章也指出，从广义上说虽属私法上的权利关系或法律关系，但也有一些不允许自由处分的法律关系可能成为诉讼的对象（身份关系诉讼系其典型），在这种情形下，处分权主义的一部分当然受到排斥。[3]日本学者松本博之指出，人事诉讼中除离婚诉讼及离缘诉讼外，请求的放弃、认诺以及诉讼上和解视为不合法，也是处分权主义限制适用的表现。[4]

在中国司法语境下，撤诉是原告对诉讼请求的放弃，进而主动终了程序，不同于大陆法系的"舍弃"。如在一般的民事诉讼中，撤诉是当事人的处分自由，原告可以在诉讼的任意阶段撤诉。家事程序中，如同处分权第一层面中论述的，无论是否涉及公益、无论当事人对请求事项是否有处分权，家事程

---

〔1〕 参见［日］松冈正义口述，熊元襄编：《民事诉讼法》，上海人民出版社 2013 年版，第 161 页。

〔2〕 参见王次宝："处分原则的限制及其路径"，载《北方法学》2019 年第 1 期。

〔3〕 参见王次宝："处分原则的限制及其路径"，载《北方法学》2019 年第 1 期。

〔4〕 参见［日］松本博之：《日本人事诉讼法》，郭美松译，厦门大学出版社 2012 年版，第 330 页。

序的开始原则上是基于当事人的起诉或申请，在行政主管机关、检察机关作为原告起诉的情形下亦然，相应地当事人有权自由撤诉。除非是涉及公益且当事人无处分权的家事非讼程序，如婚姻无效案件。有观点认为，在有的国家，家事程序中的撤诉是受到限制的，一旦当事人提起诉讼，对案件的处理应由法院全权处理，当事人没有随便撤诉的权利，例如，在巴西母亲代理婴儿提起的确认父亲之诉中，除非经过检察官的同意，否则不得中途撤诉。〔1〕需要明确的是，此时检察官在诉讼中是处于原告母婴一方的，因为此案中的公共利益是让婴儿有明确的父亲抚育，从而形成安定的亲子法律关系。母亲和检察官之间未能达成一致，本质上属于原告内部意思表达不一致的问题，并不是法官的裁判者职能限制原告撤诉的权利。

认诺在中国司法语境下是指被告对诉讼请求的承认，如我国现行《民事诉讼法》规定，被告可以承认原告的诉讼请求，在大陆法系学理上常将当事人所为的此种承认称作"诉讼请求认诺""请求认诺"或"认诺"。〔2〕首先，有必要区分自认与认诺，它们是两个独立的制度，涉及现代民事程序法理的两个层面的基本原理。自认是对事实和权利的承认，是辩论主义原则下作为当事人和法官之间诉讼资料分担责任而存在的；认诺是对原告诉讼请求、程序标的的承认，是处分权原则下作为当事人终结程序的权利而存在的。具体而言，自认与认诺有以下几点区别：自认是对事实、权利的承认，而认诺是对原告诉讼请求的承认；自认人不需要有诉讼行为能力，而认诺人则需要有诉讼行为能力；自认的本质是一种诉讼资料，而认诺的本质则是终结程序的诉讼行为；自认的后果是对法院认定事实产生约束力，而认诺的后果则是约束法院终结审理并作出实体判决；自认的主体可以是双方当事人，而认诺的主体只能是被告；自认规则中承认拟制自认，而对认诺则不存在拟制的情形。〔3〕

认诺产生的法律效果包括两个方面：首先，被告认诺成立后，原告对诉讼请求的成立无须再承担证明责任；其次，被告认诺成立后，法院无须继续

〔1〕　参见刘敏："论家事诉讼程序的构建"，载《南京大学法律评论》2009年第2期。
〔2〕　参见赵清："诉讼请求认诺的本质与构造"，载《中外法学》2018年第2期。
〔3〕　参见宋朝武："论民事诉讼中的自认"，载《中国法学》2003年第2期；参见赵钢："我国民诉证据立法应当确立、完善自认制度"，载《法商研究（中南政法学院学报）》1999年第5期。

审理和调查事实，应当终结诉讼，作出原告胜诉的判决。从各国和地区目前的立法例来看，其对认诺通常是在自认之外单独予以规范的。家事程序中的认诺，在民国初期的《民事诉讼条例》已有关于不适用认诺效力的规定。在婚姻、嗣续和亲子关系事件中均不适用认诺效力，且在不服禁治产宣示和亡故宣示之诉中，也不适用认诺效力。法官是否受被告认诺的约束的认定，不能等同于原告的撤诉，因为原告撤诉产生自始未起诉的效果，该程序标的不受既判力客观范围的遮断，原告仍然可以再行起诉，所以在原告撤诉终结程序时候贯彻辩论主义不至于损害其利益。但是被告认诺的行为将产生原告胜诉、被告败诉的司法判决，该判决的既判力导致就此程序标的禁止另诉，以及判决内容约束后诉的实质法律效果，对认诺的结果，法院仍然要进行职权审查，类型化的准用标准可以参考下文关于诉讼上和解的分析。

诉讼上的和解，是指原告和被告双方在诉讼程序中自行达成和解，并因此终结程序的处分行为。家事程序中当事人在对公益无损害的前提下，为了终局性解决纠纷，应依法承认其有权主导决定什么样的方式适合该纠纷的解决，允许其选用判决程序或者和解等其他终结方式，以获得更多机会避免诉讼制度产生的不利益危害，例如损害生活和谐、费用增多等，是当事人在系争的实体利益与程序利益平衡点上寻求"法"之所在。诉讼上和解不同于诉讼外和解和法院调解，它本质上仍然是法官在裁判程序上行使审理职权，具有中立性的要求，产生既判力，仍须适用法律。而法院调解中，调解是和审理相分离的两个程序，调解不具有裁判权能。至于诉讼外和解，则完全是私法上的行为，虽然它可能导致原告撤诉的诉讼结果。法院调解虽然也是终结程序的一种方式，但其启动颇具有法院职权性，不能完全认为是当事人处分权行使之结果，而且在多元化纠纷解决的现状中，家事司法调解不是一个能够涵盖于处分权终结程序内容中的范畴，后将另起一节专门论述。

但是，我国目前立法显然对诉讼上和解和诉讼外和解未加区分，将和解几乎等同于调解，区别仅仅在于和解是当事人自行完成的，而调解是法院主持的。例如，《民诉法解释》第 287 条规定，对公益诉讼案件，当事人可以和解，人民法院可以调解。当事人达成和解或者调解协议后，人民法院应当将和解或者调解协议进行公告。公告期间不得少于 30 日。公告期满后，人民法院经审查，和解或者调解协议不违反社会公共利益的，应当出具调解书；和解或者调解协议违反社会公共利益的，不予出具调解书，继续对案件进行审理并依法作出裁判。不论是和解，还是调解，最终都是以法院出具调解书的方式结案。对于诉讼上和解，我国目前立法粗疏，学理上的讨论亦为有限。这种现状其实为进一步讨论家事程序对诉讼上和解的修正造成了很大的困难，不过遵循一般法理，仍有讨论的空间。

　　首先，就和解程序的启动和参与而言，是否因为家事程序的公益性，或者当事人对争议事项无处分权，就不得进行诉讼上和解呢？有学者认为不能将国家利益作为限制当事人处分权的当然事由，公共利益的内容必须细化和明确，有其合理性，家事程序虽然在未成年人利益保障、家事政策的价值实现层面具有公益属性，但其本质上仍然是自然人之间的私权关系。而且就"未成年人最大利益"的判断，其中有很大的弹性空间，并不一定以法院判决的方式结案。所以不应该仅着眼于谋求公益维护层面上的程序经济，或片面假借当事人就程序标的没有实体法上处分权为理由，不赋予当事人选用、参与和解程序。具体而言，在家事财产诉讼程序中，无论是上述处分权原则第一层面还是第二层面，一般均准用民事诉讼的法理，相应地，对于进行诉讼上的和解并无异议，在离婚财产分割、损害赔偿、分割遗产或其他可处分之事项可以诉讼上和解。在家事身份诉讼程序中，当事人就离婚、终止收养关系等可处分事项，也可以进行诉讼上的和解。在家事非讼程序中，就家庭生活费、抚养费、赡养费等申请，允许成立非讼程序上的和解。此外，在未成年子女抚养权、抚养费这类非讼程序中，父母可以就该项请求进行和解，因为父母完全可能做出合子女最佳利益的和解方案。但是对于无对立双方的非讼事件，如宣告死亡等，自然没有成立和解的可能性。

　　其次，关于诉讼上和解是否具有约束法院的效力方面，基于诉讼上和解本身就是审判程序的一部分，和解的效果一种是产生原告撤诉的结果，一种是法院根据和解约定作出判决。作为第一种，因为撤诉视为从未起诉，不影响后续原告就该项纷争再次起诉的诉权，对其是否合乎客观真实或者法律规定无须进一步进行职权审查。但是，如果是法院根据和解约定作出判决，此时法官仍然要对协议事项进行职权审查，无论该事项是否涉及公益以及当事人是否具有处分权，这是因为法院的和解判决将产生既判力，如果是涉及身份的判决还会产生超越双方当事人的"对世效力"，此时，法官依职权审查其内容中是否有明显违背法律强制性规定、违反公序良俗或是否有串通损害第三人权益的情形，实为必要。例如，对子女抚养问题的主要判断标准是一方抚养子女是否有利于子女的健康成长，法官裁判时要考虑当事人的文化知识水平、家庭背景、经济状况等因素，这些因素中，除经济状况比较客观外，其他因素的衡量尺度都比较主观，不好量化、难以把握。如果当事人为了达到和解离婚目的，不考虑子女利益，不惜以让对方少付或不付未成年子女抚养费为妥协条件，而该方当事人可能并不具备抚养未成年子女的充分条件时，这样的诉讼上和解就不能成立。

需要注意的是，我国《民事诉讼法》虽然已经规定了当事人的撤诉、放弃与承认诉讼请求、和解[1]等制度，但还不能定性为一般学理意义上的处分原则第三层面内容，因为法院并不受当事人终结诉讼程序之处分行为的约束，撤诉、撤回上诉还需要经过法院职权审查。即使被告承认了原告的诉讼请求，法院也并不受此约束作出原告胜诉的判决，而诉讼上的和解，实际上是法院主持下的调解，具有职权干预的色彩。所以在讨论家事程序对当事人终结程序处分权的修正时，必须意识到，需要在家事程序中予以修正的当事人处分权本身还面临着在中国语境下进一步归位的现实问题。否则，容易导致一种误解，就是现行民事诉讼法的规定已经对当事人终结程序的权利进行了限制，可以直接援用于家事程序，这其实是更大的混乱。

第四节　家事程序中辩论主义三个命题之修正

辩论主义和处分权原则虽然都源于私领域的"私权自治"理论，但其在程序上发挥的作用是不同的。辩论主义指在事实和证据的提出层面当事人所享有的处分权能，涉及的是诉讼资料，作为法院裁判对象的事实要受当事人主张的限制，法院裁判所依据的证据也只能由当事人提出，法院不能对当事

---

〔1〕　参见《民事诉讼法》第145、173、51、93、230条。

人没有提出的主张主动作出裁判，也不能在当事人提供的证据之外，自行收集证据。[1]处分权原则则在于程序的开始、诉讼标的和终结程序的当事人决定权，涉及的是对诉讼请求的决定，由当事人判断是否符合自己的程序利益，当事人有权决定诉讼程序的开始、审理对象及其范围、终止诉讼的诉讼原则。大陆法系及我国民事诉讼程序法理认为，辩论主义包括以下三个命题：其一，直接决定法律效果发生的主要事实必须在当事人的辩论中出现，法院不能以当事人没有主张的事实作为判决的基础。这一项内容要求，法院在诉讼中需要认定的案件的事实，只能以当事人在辩论中主张过的事实为准。"你给我事实，我给你权利"的法谚就表示了法院与当事人在诉讼中的这样一种关系。在当事人辩论中没有出现的事实，不论是众所周知的事实还是法院通过调查证据所得到的心证，均不能作为该案件有关的事实被采纳。[2]其二，对于双方当事人都没有争议的事实，法院应当作为判决的基础，换言之，法院应当受当事人自认的约束，强调的是自认产生"审判排除"效力、对法院的约束力。其三，法院对证据的调查，原则上仅限于当事人提出的证据，而不允许法院依职权主动调查证据。[3]在诉讼中，对事实的证明应当由当事人承担，而法官仅就当事人主张的事实是否得到证明进行评价，并在此基础上正确适用法律。在这三个命题中，第一和第三命题可以合并看待、构成表里关系，第一命题为里，第三命题为表。正是因为法院只能审理当事人主张的事实，所以，法官不应依职权调查取证。对于第一和第三命题，在家事程序中予以修正的情形主要有：在有利于维系婚姻时、有关婚姻是否成立及是否有效的公共政策实现时、子女最佳利益保障需要时、家事非讼程序中，法官可以审酌当事人未主张的事实、依职权调查取证。关于自认的约束性，同样可以准用上述标准，在上述几种情形下，当事人的自认对法院不产生"审判排除"的约束力。辩论主义第二命题应当从当事人的权能和责任上进行把握较为妥

---

〔1〕　参见谢林格："论民事诉讼辩论主义与处分主义的关系"，西南政法大学 2012 年硕士学位论文。

〔2〕　参见［日］兼子一、竹下守夫：《民事诉讼法》，白绿铉译，法律出版社 1995 年版，第 71 页。

〔3〕　参见熊跃敏："辩论主义：溯源与变迁——民事诉讼中当事人与法院作用分担的再思考"，载《现代法学》2007 年第 2 期。

当。双方当事人对该事实均没有异议，在我国一般表达为积极自认和拟制自认，在大陆法系学理中称拟制自认为不争议事实。法院可以将这一无争议的事实直接作为裁判的基础，不用再通过证据调查去查明这一提出的事实是否存在，即"证据的要否由当事人决定"。

一、法院不得审酌当事人未主张的事实、不得调查取证的修正

在民事财产关系诉讼中，严格遵循辩论主义，法院不得将当事人未主张的事实和证据作为裁判依据，不得依职权主动调查收集证据。但家事程序与身份关系有关，有些事项当事人无自由处分权，并且涉及公益，而且身份判决效力具有"对世效力"，应该保护受裁判效力所及的第三人，所以在审理程序中，法官不受当事人主张事实范围的约束。由于应当作出符合客观真实的判断，采用职权探知主义，在必要时可以斟酌当事人未提出的事实，并依职权调查证据[1]。德国《家事事件和非讼事件程序法》第 127 条规定，为确定对裁判重要的事实，法院可依职权进行必要的调查。[2] 英美法系也有类似的规定，例如，澳大利亚和美国家事诉讼中仍然坚持当事人主义，由于诉讼证据不足而导致的不利益后果应由当事人自己承担，但在与子女问题有关的案件审理中，本着子女利益最大的原则，在审理中也引入了职权主义的做法。[3] 从家事程序分类的基本法理出发，在家事财产诉讼案件中原则上仍然准用民事程序辩论主义，如遗产分割、离婚财产分割等，在家事身份诉讼程序和非讼程序中应当区分具体情况个别化论证。

（一）有利于维系婚姻时

一般而言，基于家事程序意图维系婚姻秩序安定的价值导向，离婚诉讼仅在有利于维护婚姻的情形下，法院才能审酌当事人未主张事实，依职权调查取证。我国民国初期北洋政府《民事诉讼条例》中人事诉讼程序即已明确，法院可以依职权调查证据，并斟酌当事人所未提出的事实。但在婚姻事件中

---

[1] 参见刘敏："论家事诉讼程序的构建"，载《南京大学法律评论》2009 年第 2 期。
[2] 参见张海燕："家事诉讼证据规则的反思与重构"，载《政治与法律》2018 年第 11 期。
[3] 参见刘敏："论家事诉讼程序的构建"，载《南京大学法律评论》2009 年第 2 期。

法院依职权调查是有条件的，法院仅能为了维持婚姻依职权调查，而不能为了离婚依职权调查。德国规定在离婚或撤销婚姻程序中，仅当有助于维持婚姻或申请人未予反对时，才可以考虑参加人未提出的事实。澳大利亚法院依职权斟酌当事人未主张的事实的条件包括以下三项：一是有利于未成年子女利益或者婚姻中弱势一方当事人的利益；二是有利于婚姻关系的维护；三是有利于实现客观真实和当事人之间的实质公平。[1]其中一个限制性条件就是有利于婚姻关系的维护。

　　这是对家事法官的警示，即在婚姻文化生活上，法官不宜对当事人婚姻之破绽太过积极介入调查，尽量尊重当事人因有意或无意未提出事证所形成的状态。上述意图虽然美好，但是在现代婚姻自由观下难免受到一定的批驳，维系婚姻和个人婚姻自由孰轻孰重恐怕难以用统一标准判断。例如，丈夫对妻子有家暴行为，妻子向法院申请过人身保护令，后诉请离婚的案件中妻子未依照实体法规定将家庭暴力的不堪事实作为诉讼请求，法院能否斟酌其依职权调查保护令时所得知的殴打情节，依此判决离婚？如果按照上述"仅有利于维系婚姻"时方可斟酌当事人未主张的事实，则此时法官不得以家暴事实作为裁判依据。但是法官已经显著得知这一事实，要求法官在心中彻底消除这个认知恐怕不可能做到，而如果抛去这个事实，该婚姻并无其他应当判决离婚的法定理由，法官应该作出不准离婚的判决。试问，这对审理家事案件法官的良心和道德是否为一种折磨，于常理上过于教条而丧失了家事程序的意义。所以此时，法院因受理核发保护令事件，知悉夫对妻有家暴行为，法院可以斟酌该家庭暴力事实，首先，应当行使释明权，仍应由妻追加其为程序标的，法院得以审酌这个事实作为是否判决离婚的依据；其次，立法可以对"有利于维系婚姻关系"作出但书规定，毕竟，允许申请人身保护令也是家事程序的意义，一个程序意图实现的两种意义不应该是互相矛盾的。法官可以据此审酌该事实，但应当让当事人有辩论或者陈述意见的机会，避免裁判的突袭。

---

[1]　参见张海燕："家事诉讼证据规则的反思与重构"，载《政治与法律》2018 年第 11 期。

（二）关于婚姻效力的事实

我国民国初期北洋政府《民事诉讼条例》中人事诉讼程序在明确"有利于维系婚姻"方可审酌离婚事件中未主张事实的同时，在婚姻成立或者有效与否案件却均可以审酌当事人未主张事实，不论是有利于婚姻有效及成立，还是婚姻无效及不成立。这是因为婚姻成立与否、有效与否必须符合国家法律政策所设定的权利状态，否则均有害政策的实现和公共利益，例如，未达法定婚龄、属于禁止结婚的近亲属等事实，即使当事人未主张近亲属关系，法院也应该依职权调查，排除无效事由后，方可进行裁判。大陆法系各国也均对此职权调查案件类型未予以限制。从婚姻无效案件应列为非讼事件的角度看，其公益性较强，当事人无处分权，自然给予了法官职权调查较大的空间。

（三）子女最佳利益保障的需要

在子女监护权的判断、抚养费的审酌等子女权益问题上，基于国家亲权和子女最佳利益保障的原理，都赋予了法院不受当事人主张事实约束、进行职权调查的正当性，自不待言。例如，德国的亲子事件中子女监护权案件，德国将其定性为非讼事件，法院不受关系人声明的约束，均适用职权调查原则，法院应依个案情形采取自由证明的原则。在婚生撤销之诉中，对于职权调查原则的适用进行限制，仅在对于维持婚生推定亲子关系的事实有职权审酌及调查证据的可能，否则至少需关系人没有异议的情况下才能被审酌不利的事实，因为一般认为维系既定婚生推定亲子关系是符合子女最佳利益的。

（四）非讼程序

非讼程序与民事诉讼程序在法理构建上并不相同，相比于民事诉讼案件，非讼案件更加注重权利义务的确认和实现，有很多案件还具有前瞻性和展望性，必须给予法官更多的裁量权，才能符合程序合目的性的需要。因为非讼案件经常具有公益性质，是以对于法院如何在事实发现上有更多介入以及对于关系人的处分权加以限制，成为非讼程序重要特征。例如，就抚养费案件，法院被要求衡量当事人之个别具体情况，为合目的性、妥适性裁判。亦即赋予法院裁量权，使其斟酌抚养权利人及负抚养义务人之需要、经济能力、身份地位以及社会经济现状、可预见之未来变动，评判确定抚养的程度和方法，以具体形式抚养的权力内容。相对于诉讼程序而言，非讼程序是介于诉讼法理和行政法理之间的一种程序法理，其有高度合目的性的考量，除了真实发现的基本目的外，其程序对于迅速、简易的目的考量，与诉讼程序有很大差别，因此非讼程序中设计了法院职权介入、形式审查及高度裁量权等制度。非讼程序中允许法官审酌当事人未主张的事实并依职权调查取证。

二、法院受自认约束的修正

自认一般是指诉讼中一方当事人对另一方当事人所主张的、对自己不利的事实或权利予以认可[1]，分为积极自认和消极自认，消极自认在大陆法系法理上称为无争议事实。辩论主义第二命题实质是指自认应当具有在事实主张层面设定纠纷框架并决定争点范围的效果，即无争议事实必须作为裁判的基础，自认约束法官的裁判。如上节论及认诺时对自认性质的分析，自认的对象是案件事实，自认并不必然导致败诉的结果，而认诺一旦成立当事人将承担败诉的结果。这是因为自认涉及的内容是案件事实，属于诉讼程序中事实认定的范围。

在财产关系诉讼中，当事人自认的事实应当作为法院裁判的依据，但是在家事诉讼中则不能这么确定，认定的规则基本上可以准用前述关于法院可以突破当事人主张的事实范围进行职权调查的情形和标准。例如，大陆法系一般认为在撤销婚姻、离婚或夫妻同居之诉中对于撤销婚姻、离婚或拒绝同居的原因、事实，即出于维系和谐稳定的婚姻家庭关系的目的，对于旨在破坏这种和谐稳定的婚姻家庭关系的自认，不发生约束裁判的效力，法官仍然要调查该事项是否属实。[2]但是在婚姻成立与否、有效与否上，维系和否定婚姻的事实上均不适用自认效力，而不是仅在否定婚姻事实中不适用自认效

---

［1］　参见谢林格："论民事诉讼辩论主义与处分主义的关系"，西南政法大学 2012 年硕士学位论文。

［2］　参见刘敏："论家事诉讼程序的构建"，载《南京大学法律评论》2009 年第 2 期。

力，例如，未达法定婚龄、属于禁止结婚的近亲属等事实，即使当事人自认婚姻成立有效，看似合乎家事诉讼维系婚姻家庭稳定之目的，法院也不受该自认约束。在否认或认领子女、认领无效或撤销认领之诉、母亲再婚后所生子女确定其父之诉、宣告停止侵权或撤销其宣告之诉中也不适用自认的效力。

我国《民诉法解释》第 92 条第 2 款规定涉及身份关系、国家利益、社会公共利益等应当由法院依职权调查的事实不适用自认；该条第 3 款规定自认的事实与查明的事实不符的，法院不予确认。[1]《改革意见》第 43 条第 2 款规定，当事人自认的涉及身份关系确认或社会公共利益的事实，在没有其他证据证明的情形下，一般不能单独作为定案依据。上述规定实有微妙之处，《民诉法解释》第 92 条第 3 款规定的存在，令诉讼上的自认不具有"审判排除效力"，辩论主义第二命题名存实亡，这也是有学者提出我国民事自认并不具有约束性应予修正的理由。[2]《改革意见》中虽然认可了家事事件中对自认规则的修正，但是并未区分具体情形，对司法实践的指导性不强。在此类程序中，只有法官确信自认的事实是真实的时候，才能作为裁判的基础，法院对自认的事实有疑问时，可以进行职权调查，为了发现案件的客观真实，法官可以调查收集证据，并不因为证据的不足，根据证明责任原理直接判决负有证明责任的一方当事人败诉。

家事程序对上述辩论主义三个命题均进行了一定程度的修正，但是鉴于法院的本质功能及人力物力有限，仍应将主要的证据收集、提出任务分配给当事人，因为只有当事人才是推动诉讼进行和案件真实发现的原动力。比如，日本《人事诉讼法》第 20 条虽规定法院可以斟酌当事人所未主张的事实并依职权调查证据，但实践中，法院并未经常发动职权，职权调查证据的限度仍由法院依既得心证程度自由决定，终究系当事人主义之下，当事人双方主体进行主张、举证活动为前提。在家事诉讼程序中，客观证明责任的分配仍应使用《民诉法解释》第 91 条规定之基本理论，将待证事实根据法规范区分为权利发生事实、权利变更事实、权利消灭事实和权利妨碍事实，由主张上述

---

〔1〕 参见《民诉法解释》。
〔2〕 参见段文波："我国民事自认的非约束性及其修正"，载《法学研究》2020 年第 1 期。

事实的当事人对该事实真伪不明承担败诉风险。[1]对辩论主义的修正，扩大了法院斟酌事实、依职权调查证据的范围，涉及当事人和关系人的程序利益，应当允许当事人知晓法院扩大的事项，并有辩论及陈述意见的机会，在程序保障充足下，才可以审酌当事人未主张及法院依职权调查的事实，避免突袭性裁判。

第五节　家事裁判的既判力

家事程序作为解决家事纠纷的国家司法形式，它的有效性就在于裁判的效力。判决没有效力，法院对争议纠纷所作出的确定判决将会被推翻，纠纷将无休止地争论下去，无法得到最终解决，不仅家事程序失去价值，家事实体法也因此失去意义。既判力是指确定民事判决的实质效力，具体效力内容包括：判决中对实体性主张作出的裁判，成为规范双方当事人间民事法律关系的依据；双方当事人均不得就同一实体性事项再行讼争或者提出不同的主张；法院不得就同一实体性事项再次以诉的形式受理，或作出不同判断。通说认为非讼裁定由于受未来情势变更等不确定因素影响，原则上没有既判力，但这仅仅是从另诉禁止和约束后诉的角度来看，其最本质的效力是法院裁定的内容成为规范当事人民事法律关系的依据，在非讼裁定中依然产生该效力。另外，为了实现法律关系的统一处理和安定的身份秩序，家事身份关系诉讼的裁判具有对世效力，对一般民事裁判的相对效力有所修正。家事裁判中关于预测性的判决，对一般既判力标准时的理论有所突破。

一、既判力的一般理论

无论是家事诉讼程序还是家事非讼程序的裁判，作为国家司法的结果，在确定之后即产生形式上的确定力是一般通说，并无疑义。所谓形式上的确定力，是指因通常申请不服方法用尽而得以确定的终局裁判。

以确定裁判所产生的形式上的确定力为基础，实质上的确定力是指确定

---

〔1〕　参见张海燕："家事诉讼证据规则的反思与重构"，载《政治与法律》2018 年第 11 期。

判决对本案（主体、客体、时空）的约束力，相对于后诉而言，它又称作既判力。在英美法系中，和大陆法系既判力理论相对应的是排除效力原则，包括请求排除和争点排除。既判力是实体法属性的效力，它的效果包括：首先，判决中对实体性主张作出的裁判，成为规范双方当事人间民事法律关系的依据；其次，双方当事人均不得就同一实体性事项再行讼争或者提出不同的主张；最后，法院不得就同一实体事项再次以诉的形式受理，或作出不同判断。我国既判力理论往往从积极效果和消极效果两个方面来理解既判力，消极效果是指因"一事不再理"而禁止后诉；积极效果是指确定裁判中确定的事项，能够约束此后发生的诉讼，法院不得另做判断。

关于既判力来源，主要经历了以下三种观点的变迁：一是诉权消耗论，早期罗马法认为当事人的诉权经消耗而丧失，所以在案件审判后，不能再以同一理由再次起诉，但是诉权消耗论仅仅能解释，为什么判决后禁止双方当事人再行起诉，而不能解释为什么判决后法院也不得再行审理，要受前诉的约束。二是制度效力论，为了回应上述对法院约束力的问题，发展出了制度效力论，认为既判力是民事诉讼制度的内在需求，是一种必不可少的制度性效力，否则就会动摇民事法律秩序的根基。三是程序保障论，基于国家给当事人充分的程序保障，所以当事人也有"提出责任"或"自我责任"，应该在一次性的程序中尽可能让自己的所有程序利益得到保障，凡是经过法定充分程序保障的事项，就应当产生既判力。

大陆法系已经发展出比较完备的既判力理论体系，对既判力的作用范围主要是从既判力的主体、客体、标准时三个方面进行综合判定，从而阻断重复诉讼和约束后诉裁判。大陆法系之传统民事诉讼法学理论认为，确定判决之既判力的客观范围原则上限于判决主文中的判断。根据处分权原则，当事人决定了诉讼请求的范围，法院的判决是针对诉讼请求事项作出的，判决主文中的判断恰恰是针对作为判决标的（诉讼请求）的实体法律关系的判断，与诉讼标的是一种对应的关系。进而可以得出这样一个公式：既判力的客观范围＝判决标的的范围＝诉讼请求的范围＝判决主文中判断事项的范围。

既判力作用的时间范围，又称标准时。也就是判决关于权利义务关系的判断在什么时间点对当事人产生拘束力。德国、日本的民事诉讼立法均将诉讼程序之事实审口头辩论的终结时点作为既判力标准时。以民事判决标准时为界限，该时间点之前已经形成的实体法律关系状态成为民事诉讼审理和判决的对象，与之相关的实体权利主张将受确定判决之既判力的约束；而这个时间点之后，民事法律关系可能会因法律事实的变动而变动，在其变动之后出现的新的实体权利（请求权）主张并未进入之前的诉讼程序、成为审理和判决的对象，因而不受前诉确定判决之既判力的约束，对之当事人亦可再行诉讼。

　　既判力的主观范围原则上作用于对立的双方当事人之间。对此处的"当事人"这一概念应作广义之理解，确定判决之既判力的主观范围除及于原告、被告之外，还及于共同诉讼人、第三人等所有对诉讼标的进行争执，并处于类似原告、被告诉讼地位的诉讼主体。对确定判决之既判力的主观范围，大陆法系的理论和立法之所以采用这种界定方案还有以下两个方面的考虑：首先，民事诉讼程序所要解决的是对立双方当事人之间的民事实体权利义务关系争议，确定判决之既判力作为一种制度性的、实体法属性的效力只需对对立的双方当事人加以约束即可实现诉讼对实体法律关系状态之规范目的，随意通过既判力拘束双方当事人之外的第三方主体并无实际意义。其次，民事诉讼制度奉行辩论主义和处分权原则，确定判决的产生以对立双方当事人之间的充分辩论为基础，既判力也以对立双方当事人所获得的充分的程序保障为前提。而对立双方当事人之外的第三方主体没有参与诉讼程序，自然也无法获得充分的程序性保障。因此，如果使确定判决之既判力的主观范围及于该第三方主体，一则会对该主体造成裁判性突袭，二则会使判决既判力失去程序保障价值层面的正当化依据。

二、家事非讼裁定的既判力

　　对于非讼裁定的效力是否具有既判力的问题，目前还有不小的争议，尚未达成共识，主流观点认为非讼裁定不具有实质上的既判力。德国、日本的非讼程序都采用了"非判决"的形式来终结非讼程序。在德国，判决和裁定必须总是由法院（合议庭或独任法官）发布。在非讼程序中很多裁判是由司法事务官（Reschtspfleger）作出的，因此不能用裁定的形式，只能作出非讼决定。与判决的自缚性相比，非讼裁定的自缚性约束力较弱。自缚性，又称为不可撤回性，是指法院不能撤回或变更已经宣告的判决。因为，如果判决成立之后自身总是处于一种不安定的状态，那么就无法发挥判决解决纠纷、定分止争的功能与作用。根据德国《非讼事件程序法》第16条以及日本《非讼事件程序法》第18条的规定，非讼裁定的生效时间为受裁判人被告知，或受到告知时发生效力。一般认为应当根据非讼事件法中有无明文规定是否可以对非讼裁定进行抗告进行区分，非讼裁判原则上于裁判通知关系人的时候发生效力；对于法律明文规定可以抗告的裁判，则以形式确定时发生效力。法院一旦作出相关判决，则法院自身也受该判决的约束，所以原则上一旦法院作出了一个判决，其后就不能再对之加以更改。但是由于对于具有非讼事件性质的家庭事件而言，判决内容规整的是将来的法律关系（比如说确认兄弟之间互相扶养关系的判决），所以，一旦判决中的事实在未来发生变更，则法院有必要对原来的裁判加以变更。再抗告应向原法院，即抗告法院提出书面的抗告状，并表明再抗告的理由。因为再抗告为法律审，因此一般国家和地区都要求在抗告状上附有抗告理由。也是因为法律审，所以德国还要求提出再抗告的关系人应当委托律师进行强制代理。

家事非讼裁定遵循非讼法理，原则上确定裁定并无既判力，因为家事非讼程序涉及身份财产关系的成立、变更和消灭，应着重本案裁定的妥当性和迅速性，所以一般采取一审终审的方式。既然当事人已经无法通过审级获得救济，如果原法院发现所作出的本案裁定不适当的时候，自然应当允许其撤销或变更，以迅速确保待定的妥当性、合目的性。非讼程序中有面向未来安排的事项，即关系人之间有"继续性法律关系"，例如，监护、抚养费给付、宣告失踪等，这类事项虽然作出了符合当下情况的妥当裁定，但是仅具有暂定性，并不产生"一事不再理"的效果。世事会发生变化，情势会发生变更，如果遇到情势变更导致原裁定失去公平及妥当性，应允许当事人申请或法院撤销或变更原裁定。因情势变更而应该撤销或变更原裁定，与原裁定自始不当应撤销变更不同，因为情势变更而产生的变更裁定原则上没有溯及效力。但是，一次性法律关系的非讼裁定，裁定确定后，不得以情势变更为由，撤销或变更。例如，婚姻无效，裁定时一方未达法定婚龄，随着时间过去达到法定婚龄，但并不能因此变更裁定。

值得注意的是，非讼裁定没有既判力的传统判断，仅仅主要是从既判力的消极效果而言的，非讼裁定不产生禁止另诉的既判力。但是就其生效裁定的实质法律效果而言，裁定内容成为当事人之间权利义务分配以及执行的根据。例如，甲的母亲向法院起诉要求宣告其为限制行为能力人，法院作出裁定后，其作为限制行为能力人的裁定内容是具有实质性效力的，后甲欲对其妻提起离婚诉讼，因为其为限制行为能力人，应由其法定代理人起诉。在这个意义上，非讼裁定不仅具有形式上的确定力，也具有一定程度的既判力。

三、家事诉讼判决既判力主观范围的修正

家事裁判的既判力原则上可以准用民事裁判的规定，其中较为特殊的是家事身份关系诉讼中，有部分判决具有对世效力，也即对一般民事判决的相对效力有所修正。

大陆法系的理论和立法对一般民事案件判决之既判力的主观范围的传统界定：既判力原则上作用于对立的双方当事人之间，此即既判力相对性原则，既判力原则上只对该诉讼的当事人双方有约束力，从另一方面讲，也就意味着如果不是该诉讼的当事人，就不受该判决中判断的约束。对此处的"当事人"这一概念应作广义之理解，确定判决之既判力的主观范围除及于原告、被告之外，还及于共同诉讼人、诉讼代表人、第三人等所有对诉讼标的进行争执，并处于类似原告、被告诉讼地位的诉讼主体。确定判决之既判力原则上只及于实际参与诉讼程序的对立双方当事人，而这之外的第三方主体则不属于既判力的主观范围，不受确定判决之既判力的约束。

但是该既判力主观范围的规则不适用于家事程序中的身份关系诉讼判决，家事诉讼程序中既判力的扩张是为了实现法律关系的统一处理和安定的亲属秩序。因为婚姻等身份关系涉及的利害关系，不是像财产关系那样，仅限于诉讼当事人之间，除了诉讼当事人之外，还涉及其他与当事人有关的亲属，从而影响他人与当事人之间的抚养权利义务、遗产继承关系等。而且，因婚姻

形成的亲属关系，对于全体社会人必须相同，不能因人而异，涉及社会公益之利害关系。另外，家事身份诉讼程序中对实体真实的追求也正当化了既判力的对世效力，家事身份诉讼程序中可适用职权探知主义，法官不完全受当事人提出的证据所拘束，当事人的自认不发生拘束法院裁判的效果，法官可以斟酌当事人未提出的证据来认定案件事实，因为法院的职权干预，限制了当事人的自由处分，因而有利于对第三人权益的保障，客观真实使得判决结果不应被轻易推翻。仅仅靠职权探知主义，还不能够完全实现实体真实的价值目标，因而一些国家特别是大陆法系的部分国家规定，准许检察官参与身份关系诉讼，国家公权力的介入更强化了身份关系裁判的对世效力。

家事身份诉讼案件一般包括婚姻案件、亲子关系案件和收养关系案件，其中，离婚、撤销婚姻、否认亲子关系、解除收养关系属于形成之诉，形成之诉的判决具有对世效力，判决对第三人发生效力。而确认亲子关系和收养关系，虽然属于确认判决，也同样因上述身份关系的牵连性、诉讼程序对客观真实的保障而具有判决的对世效力。

综上，家事裁判的既判力规则中，原则上仍然是遵循一般民事诉讼裁判既判力的脉络体系，如家事非讼裁定原则上遵守非讼程序规则不产生既判力，家事财产关系诉讼判决的主观范围仍原则上只具有相对效力。家事身份关系诉讼裁判的客观范围并无特殊规则，仍然准用一般民事诉讼裁判原则上以程序标的的范围界定既判力作用的客观范围，只是家事程序标的本来就采取了"纠纷事实单位"以及当事人和法官协同特定的方式，程序标的范围要大于原则上采"实体请求权"特定的一般民事诉讼标的，所以从实际效果上看，似乎家事裁判既判力的客观范围显得也比较广，但其来源倒不在于既判力客观范围本身的扩张，而来源于特定家事程序标的的规则。家事裁判既判力的特殊之处主要体现在身份关系诉讼既判力主观范围不受"相对效"的约束，而扩张到一般的"对世效"。

四、家事诉讼判决既判力标准时的修正

典型的情形就是预测性判决的问题。所谓预测性判决，又称反复给付判

决，是指法院基于对当事人之间未来一段时间内法律关系状态的预测，而判令败诉方在未来一段时间内向对方持续为给付义务判决。例如，在抚养请求诉讼中，被告的给付义务将以状态、持续时间和数额大小来确定，经常持续数年。如果被告完全或部分败诉，则判决建立在对未来关系预测的基础上，这使得判决具有了指向未来的既判力，该既判力也包括在预测范围内的未来的抚养给付内容。这时，既判力的时间范围就发生了扩张，即它不仅对标准时点上当事人之间的权利状态作出了判断，也对将来一段时间内当事人之间的权利状态作出了判断。但与此同时，预测性判决中对将来一段时间内的权利状态进行的预测性判断也可能发生错误，例如，抚养义务人挣更多钱或变穷、通货膨胀以至于判决数额的购买力下降等。如果这些关系发生这样的变化，则现在的给付义务的状态、持续时间和数额多少也与发生既判力的判决所确认的不同；但它的既判力的时间上的扩张阻止了另外的评判。如果事实情况发生了实质上的变更，则预测性判决与现在状况的不相称可能会超过当事人可以承受的程度，那么此时既判力就必须弱化。对于新情形，大陆法系提供的法律途径就是允许当事人重新起诉。

第六节　家事司法调解

我国古代统治阶层通过礼制和法律来强调维护家族的和谐和宗法的统治，甚至不惜限制当事人针对家事纠纷提起诉讼的权利。以宋代为例，法律规定刑事诉讼亲属之间不得相互控告，但在民事纠纷则相对宽松许多，并且十分注重调处结案，强调通过睦族之义来解决亲属之间的纠纷。另一种方式则是让双方当事人所在的乡党宗族或其亲戚、朋友、邻里运用伦理道德和社会习俗进行说理劝和。因此，古人对于家事纠纷是很少有进行诉讼的概念的，通常会选择依伦理道德和社会习俗以调和的方式解决，即便是官府进行审理裁判，其所依据的规范也主要是宗法制度、伦理纲常。即使经过两千多年的变迁，宗法制度中许多封建糟粕已经不见了，但伦理文化中基本的家庭和睦有序、尊老爱幼等依旧作为中华美德深深植根于当代中国人的脑中。因此在涉及家事纠纷时，相较于条条框框、冷冰冰的权利义务关系，如果能够更多运用人们比较熟悉且认同，更易于接受的伦理观念、社会习惯，甚至人情、礼俗来进行说服劝解，会更加符合当事人和整个社会的利益。

从经济和社会的角度来看，自给自足的农耕经济将人们固定在自己的土地上，因此形成了一个"熟人社会"，在这个大家彼此熟悉，又极重伦理和秩序小圈子里，因为自家的"丑事"而对簿公堂，绝对是一件非常丢脸甚至有辱家门的事情。传统文化的惯性是极其强大的，而文化的发展和变迁又是一个缓慢、长期的过程，这种避免诉讼的意识依旧存在于当今相当一部分中国人的脑海里。如果能够在一个即使程序并非那么严格但环境缓和而非对峙激烈的情况下定纷止争，获取应得的利益，那么几乎没人愿意在法庭上"撕破脸皮"。因此，人们权利意识的增长并不排斥家事调解，相反是对家事调解的具体程序设计提出了更高的要求。这样看来，无论是传统的还是发展了的诉讼法律文化，都在告诉我们国家建立家事调解制度的必要性。

从现代程序正义的角度来看，家事调解也有其合理性，程序利益包含的精神上的痛苦也要避免，而这个精神上痛苦的避免及劳力、事件、费用的节省，有时候在当事人的立场上来看甚至比系争实体法上的地位或利益更重要，要予以优先、平衡追求。比如说离婚请求事件，跟要不要主张不堪同居的虐待事实等两者间涉及实体利益与程序利益的关系，如果当事人就有没有受到虐待的事实不愿意暴露在他人面前，而希望予以自认或成立争点简化协议使法官不加调查，法官可以不一定非要发现客观真实，如果法官把当事人的邻居都叫来说，你们半夜三更有没有听到这对夫妻打架虐待的声音等，将危害该对夫妻的隐私，他们为了要维护隐私，宁愿自认或成立协议使法官不予查明客观真实，此时保护了隐私让他们生活更加快乐。像此类程序利益的保护，其所要保护的程序利益不必然小于或亚于系争实体利益。

所以，从家事纠纷多元化解决机制的角度，构建家事调解制度在我国有文化根基和现实需要。不过，本书探讨的是当一个适格原告将无法自行解决的家事纷争起诉到法院，法院系属以后，作为国家司法运行机制的一部分所开展的司法调解问题。此时对家事司法调解的内在法理、合法性来源等问题的探讨，就必须从程序正义的角度，围绕着当事人对纷争事项有没有处分权、调解的合法性来源——合意的纯粹性、调解结案的既判力是否阻碍了另诉等问题展开。

2004 年最高人民法院《关于人民法院民事调解工作若干问题的规定》第
2 条规定，婚姻关系、身份关系确认案件不适用调解。2010 年最高人民法院
《关于进一步贯彻"调解优先、调判结合"工作原则的若干意见》对该规定
进行了重申。《民诉法解释》第 143 条规定，适用特别程序、督促程序、公示
催告程序的案件，婚姻等身份关系确认案件以及其他根据案件性质不能进行
调解的案件，不得调解。《改革意见》中就家事调解作出了较为详细的规定：
人民法院审理家事案件，应当增强调解意识，拓展调解方式，创新调解机制，
提高调解能力，将调解贯穿案件审判全过程。婚姻效力、身份关系确认、人
身安全保护令申请等根据案件性质不能进行调解的案件除外。依托特邀调解
做好家事案件调解工作，通过在立案前委派或者立案后委托特邀调解组织、
特邀调解员依法进行调解，促使当事人在平等协商基础上达成调解协议，解
决纠纷。可以设立家事调解委员会，设定入册条件，规范家事领域特邀调解
程序。对适宜调解的纠纷，登记立案前，经当事人同意或者当事人虽未提出
调解申请但人民法院认为有必要调解的，可以委派特邀调解组织或者特邀调
解员进行调解。当事人情绪或心理受到严重困扰，无法正常发表意见，情况
紧急需要尽快启动有关诉讼程序的案件，除双方当事人申请外，不得进行立
案登记前委派调解。对适宜调解的纠纷，登记立案后，人民法院可以自行调
解，也可以委托特邀调解组织或者特邀调解员进行调解。离婚案件的调解，
双方当事人应亲自到场。当事人确因特殊情况无法到场参加调解的，除本人
不能表达意志的以外，应当出具书面意见。家事案件的调解过程不公开，但
当事人均同意公开的除外。主持调解以及参与调解的人员，对调解过程以及
调解过程中获悉的国家秘密、商业秘密、个人隐私和其他不宜公开的信息，应当
保守秘密。调解人员违反保密义务给当事人造成损害的，应当承担相应法律责
任。委托调解过程中，特邀调解员认为有事实问题需要进行调查的，可以向人
民法院提出申请。人民法院根据案情需要，决定是否委托家事调查员进行调查。
根据这些规定，大概可以梳理出我国法律家事司法调解范畴的结构：

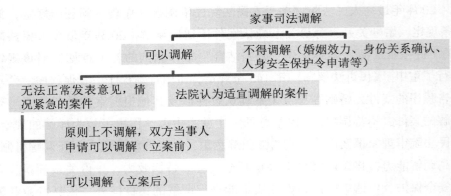

图 4-1 我国法律对家事司法调解范畴的结构

应当说，2018 年最高人民法院的意见，对长期以来家事司法调解粗疏的规定进行了细化，使得法院在处理家事案件时对于是否应当调解、调解人员和调解组织的来源、调解信息保密义务等有了较为清晰的指引。但是，由于缺少对家事程序原理和分类适用的构建，随着家事案件越来越复杂，类型化程序法理适用越来越必要，上述规定对家事司法调解的内在法理未经细致的梳理，在指导家事司法调解实践时仍然显得捉襟见肘。例如，根据该规定，是否除不得调解的案件外，其他家事案件都应强制调解前置？再如，"根据案件性质不能进行调解的案件"中案件性质是指什么？是家事诉讼案件和非讼案件的性质区分，还是确认之诉和形成之诉的性质区分，抑或是身份关系案件和财产关系案件的性质区分？仍然非常模糊。再如，"调解人员违反保密义务给当事人造成损害的，应当承担相应法律责任"。此处强调的是对调解人的行政责任等，这将违反调解信息保密义务视为重大程序瑕疵，作为当事人可以申请再审的理由和一般程序法理也完全背道而驰，因为课以调解员法律责任，不是对当事人被侵害的程序利益的救济。诸如此类，仍然需要对司法调解的程序法理和运行机制进行细致的分析和梳理，方能切实发挥家事调解应有的优势。

一、不得调解的家事案件

《民诉法解释》第 143 条规定，适用特别程序、督促程序、公示催告程序的案件，婚姻等身份关系确认案件以及其他根据案件性质不能进行调解的案件，不得调解。《改革意见》中就家事调解作出了较为详细的规定，人民法院审理家事案件，应当增强调解意识，拓展调解方式，创新调解机制，提高调解能力，将调解贯穿案件审判全过程。婚姻效力、身份关系确认、人身安全保护令申请等根据案件性质不能进行调解的案件除外。

首先，婚姻效力案件不得调解。按照《民法典》第 1051 条规定，有下列情形之一的，婚姻无效：（1）重婚；（2）有禁止结婚的亲属关系；（3）未到法定婚龄。这就是法律的禁止性规定，对于上述三项婚姻无效的事实当事人没有处分权，判断的标准是婚姻的建立是否符合国家最低限度的公共政策要求，当事人是没有权利协商着办的。只要有法定情形，就应当宣告婚姻无效，这属于国家政策、公共利益领域，而不是私人领域，不能通过调解协议来确认婚姻的效力。但是确认婚姻无效后的财产分割问题，当事人可以协商处分，即使有一方妥协忍让、让渡了自己的利益，也不会影响公共利益。

其次，身份关系确认案件不得调解。身份关系往往涉及未成年人公共利益，或者与公共政策的价值实现相关，当事人不能自由处分，包括确认亲子关系、确认收养关系等。例如，是否具有亲子法律关系的前提包括两个，一个是婚生推定，婚生推定就是因为双方有婚姻关系，在婚姻关系存续期间生育的子女就推定和父母具有亲子法律关系。另一个是血缘事实，因为婚生推定只是一种法律上的拟制，不一定符合血缘事实，实践中有父亲去做亲子鉴定，发现不是自己的血缘子女，那么可以向法院提起诉讼，确认亲子关系不存在的诉讼。因为身份关系一旦发生变化，影响的不只是身份关系的双方，而且涉及监护、抚养、继承、赡养等一系列权利义务的变化，这当中会涉及若干家庭中的多人权益，需要法院判决的既判力，才能对这些人产生法律效力。当事人协商调解的内容，是不能约束案外第三人的，这是调解的基本逻辑。因而，这类案件不能由当事人商量着办。

最后，申请人身保护令案件不得调解。人身保护令只能向法院申请，体现了司法令状的效力，也唯有国家权力机关发布的令状，才能实现其效力，故此类案件不具有双方协商的可能性。

二、不宜司法调解的家事案件

对家事调解制度的研究，重点还在于根据类型化的家事诉讼案件及其适用的法理，区分出不宜调解的家事案件，一类是涉及公益或当事人无处分权的案件，另一类是不适合调解解决的诉讼案件，对于这一类案件，笼统地规定为"无法正常发表意见"或"情况紧急"而留给法官自由裁量，既课以法官较大的责任，又考验着法官对"无法正常发表意见"等情形主观判断的经验，需要进一步梳理形成"负面清单"。

对于家事司法调解排除规则的立法例，大陆法系和英美法系呈现出相反的趋势，英美法系强制调解的范围较窄，例如，美国大部分州都有家事强制调解的规定，但其范围比较狭窄，通常仅限于子女监护和探望权问题。与美国相比，英国的强制调解范围更窄，只适用于申请离婚法律援助的情况，虽然对子女探望事宜尚未要求强制调解，但是最大程度鼓励当事人进行调解。与英美法系不同，大陆法系采取原则上强制调解，但对不适宜司法调解的案件范围作出排除规定。典型的德国、日本家事调解中，强制调解范围极其广泛。不过大陆法系各国（地区）在具体的排除规范上，因对家事调解的功能期待和推崇程度不同，而有所差异。日本《家事审判法》第17条将甲类事件，即非讼性质比较明显的禁治产及失踪的宣告、监护人的指定、遗嘱的确认等案件排除在家事调停的范围之外。韩国《家事诉讼法》第2条排除了甲类案件和丁类案件进入家事调解程序。前者指公益性最强，需要国家的监护性照护的案件，应以职权主义进行审理，因而当事人无法进行任意处分。包括婚姻无效、离婚无效、确认亲子关系存否、收养无效等案件。后者指非对审的、原则性的非讼案件，这些案件主要为需要法院的监护性许可或者监督处分的案件。包括撤销禁治产或准禁治产宣告裁判、婚姻财产合约变更许可、监护人同意收养或同意解除收养关系许可等类案件。从上述立法排除规范中，我们不难发现，各国（地区）基本都认为讼争性不大且当事人无处分权的案件缺乏调解的基础，为了快速裁判案件，有必要排斥在家事调解前置程序外。与日本相比，韩国家事调解排除的案件范围更大。韩国排除调解的甲类案件类似日本的人事诉讼案件，而此类案件在日本是可以由家事法院进行调停的。

韩国 1991 年修改《家事诉讼法》以来，在案件审理上由强调非讼性向强调诉讼性转变，对家事调解的适用采取更为审慎的态度，1995 年韩国家事诉讼案件数为 37 407 件、家事非讼案件数为 22 442 件，家事调解案件数 7648 件，而 2007 的上述数据分别为 51 148 件、45 448 件、4758 件。总体来讲，受理案件数日渐增加，家事调解案件数却呈现出不断减少的趋势。[1]虽然各个国家地区之间对不适宜调解的家事案件范围规定不同，但是已经逐渐形成一些共同的考量因素。日本学者棚濑孝雄指出，只要以当事人的合意这一绝对正当化原理为保障，调解在程序的规定上就有了更大的自由。[2]所以在家事争议双方的合意不纯粹的情形下，调解就失去了正当性来源。这种笼统的回答还是不能很好地指导司法实践，随着法治精细化，应当在立法中明确列举出"负面清单"，即不得调解的家事案件。

首先，家事非讼程序案件不得采用司法调解。家事非讼案件往往没有权利义务对立的双方当事人，缺乏调解的基本构造，如宣告死亡案件等。家事非讼案件中当事人原则上没有处分权，或当事人的处分权只是给法官裁量提供了一个参考依据，这种情况下，没有成立调解的合意正当性基础。

其次，家事诉讼程序案件中涉及当事人无处分权的身份关系的案件，不得采用司法调解。涉及身份关系的家事诉讼程序案件中，可以进一步区分为有处分权和无处分权的案件，当事人有处分权的如离婚、解除收养关系等，无处分权的如确认或否认亲子关系、确认收养关系等。对于无处分权的身份关系案件，由于往往涉及未成年人或公共政策的价值实现等公益目的，原则上不得调解，甚至当事人也不得成立诉讼上和解，而由法院裁判。例如，亲子关系确认诉讼是不可以依当事人意思自由处分的，因为血缘关系应该由客观事实而不是当事人之间的和解来决定。而且家事身份诉讼案件的判决结果具有"对世效"，所以需要尽可能发现客观真实以合理化、正当化其结果的"对世效"，如果仅仅是妥协、协商的结果，其对世效的正当性就大

---

〔1〕　参见汤鸣："家事纠纷法院调解的范围与限度——基于比较法的分析"，载《南京航空航天大学学报（社会科学版）》2015 年第 2 期。

〔2〕　参见〔日〕棚濑孝雄：《纠纷的解决与审判制度》，王亚新译，中国政法大学出版社 2004 年版，第 80 页。

打折扣。

最后，当事人有处分权的家事身份诉讼和家事财产诉讼原则上可以进行司法调解，但是并非都适宜调解解决，过度依赖调解有危险，有时是事倍功半的，即使促使当事人暂时性达成调解，也会在履行时遭到抵制，损害司法公信力。具体而言可以概括为以下几类：（1）当事人双方能力强弱悬殊，不具有调解的平等合意可能。强势当事人会利用调解侵蚀弱势当事人的权益。家事调解作为当事人合意的解决纷争的一种方法，其正当性是基于当事人合意这一核心要素。如果当事人因家庭生活中一贯的劣势地位、不能自由地表达其真实意愿，这种为了达成协议的自愿就是徒有其表的，调解程序对当事人程序保障的简化，就成了对其诉讼权利的侵蚀。（2）有家庭暴力、儿童受虐等情形的。（3）精神或心理受到严重困扰，无法代表自己或把注意力集中在子女身上。（4）积怨已深、无法正常沟通协商的。部分恩怨已经很深的案件，当事人急切地切断彼此的关系，要求当事人强制调解，可能造成痛苦的历程延后，对于当事人而言，无异于会因为程序而造成多重伤害，这样的程序缺乏对被害者的同理心。（5）双方当事人明确拒绝调解的。这是因为调解正当化的依据就是当事人之间的合意，这个合意分为两个层面，第一个层面是调解程序启动的合意性，第二个层面是达成调解协议的合意性。在当事人有处分权的家事身份诉讼案件和家事财产诉讼案件中，因已经排除了涉及未成年人、弱势群体、社会公共利益的因素，只涉及私益，原则上应当司法调解，但是双方均强烈反对调解程序时并无强制的必要，试想一对夫妻已经共同生活了几十年，他们还不够了解彼此在婚姻中的处境吗？难道法官还要以让他们更了解彼此的处境为目标，去调查诸多与程序标的无关的纷争背景关联事实，而不以依法审判作为主要的目的？澳大利亚 2004 年《家事法规则》第 25A 号命令第 5 条列出了判断纠纷是否适宜以调解方式处理的考虑因素，双方当事人谈判权力的均等（或不均等）程度；儿童受到虐待的风险；家庭暴力的风险；双方当事人的情绪和心理状态；其中一方当事人是否借调解拖延时间或谋取其他利益；与打算进行的调解有关的其他事宜。"[1]

---

[1] 参见汤鸣："澳大利亚家事调解制度：问题与借鉴"，载《法律适用》2010 年第 10 期。

　　可见虽然各国（地区）的规定不尽相同，但在判断标准上存在共识，这个标准就是调解合意的纯粹性。调解正当化的依据就是当事人之间的自愿合意，这种自愿不仅要外观看上去是自愿的，没有任何强迫的行为和痕迹。更重要的是实质上的自愿合意，也即合意的纯粹性，因为有心理上的压力、长期生活中形成的害怕、妥协、生活惯性，而导致当事人同意了调解协议，这时候也不能认为这样的合意是纯粹自愿的。没有纯粹的自愿合意，调解的合法性就会受到质疑。

　　当事人双方能力强弱悬殊，不具有平等地进行自愿合意可能性的，意味着弱势当事人根本没有议价能力。这在一般民事纠纷中不明显，但在家庭中，这种平等性只是一种假设，家庭成员之间总有相对强弱，儿童以及一些老年人和身心障碍者，就是弱者。因为家庭关系是以时间轴开展的，家庭的持久性决定了从前的儿童是弱者，随着长大成人变为强者，又随着衰老变回弱者，如果我们只用形式上的平等来看待家事纠纷的当事人，实际上是加剧了当事人的不平等，放弃了对家庭弱者的司法保护。

　　所以，即使是涉及私益的当事人可处分的家事案件，也应结合案件的具体情况，对当事人的类型进行甄别，排除不宜调解的案件。这种甄别筛选，旨在避免各方的无效劳动和费用的支出。从最大限度地保障子女利益的角度看，家事纠纷的快速解决意义重大，对不宜调解案件及早筛除，不仅能避免时间拖延对子女的伤害，更可集中有限资源处理好适于调解的案件。对调解程序的过分推崇有其弊端，因此，在选择解纷方式时，应当甄别案件具体情况，经过筛选，排除不适宜调解的案件，能够使调解者集中精力解决有调解希望的案件，节约司法成本。而且及早筛除不适宜调解的案件能避免因事件拖延给当事人特别是未成年子女带来的持续伤害。

家事程序社会化的
秩序框架

　　国家权力的社会化，通常是从"国家——社会"的二元角度，指国家对权力的垄断逐步向社会对权力的协同之演进过程。家事司法是指国家司法机关按照实体法和程序法审理家事纠纷案件、作出裁判的过程。2016 年最高人民法院《试点意见》中提出了，探索家事纠纷的专业化、社会化和人性化解决方式。推动建立司法力量、行政力量和社会力量相结合的新型家事纠纷综合协调解决机制，完善多元化纠纷解决机制，形成有效社会合力，切实妥善化解家事纠纷。这是官方司法文件中首次提出家事司法社会化的命题。

　　家事程序法作为国家司法权的运用，何为其社会化，郭道晖教授从立法权和司法权等国家权力角度分析，认为司法权的社会化因素包括司法权自身内含的社会性、司法审判过程中的社会参与及社会化的准司法行为三个方面。[1]范愉教授从"接近正义"第三波理论的角度，认为司法权的社会化是指替代性纠纷解决机制的运用，[2]更接近于上述郭文中关于"社会化的准司法行为"的内容。刘敏教授认为，所谓家事司法社会化，是指在家事司法过程中社会力量共同参与家事案件的处理，[3]即上述郭文中关于"司法审判过程中

----

　　〔1〕　参见郭道晖："权力的多元化与社会化"，载《法学研究》2001 年第 1 期。
　　〔2〕　参见范愉："诉前调解与法院的社会责任：从司法社会化到司法能动主义"，载《法律适用》2007 年第 11 期。
　　〔3〕　参见刘敏："论家事司法的社会化"，载《辽宁师范学院学报（社会科学版）》2019 年第 5 期。

的社会参与"内容。从官方文件分析，其所意指的社会化，既包括了家事审判自身内含的对社会效果——切实妥善化解家事纠纷的要求；也包括了家事审判过程中的社会参与——形成有效社会合力的要求；还包括了社会化准司法行为——多元化纠纷解决机制的要求。若只关注其中一个方面，将难以对家事司法社会化做出准确把握。

因此，家事程序的社会化包含了三个方面的命题：一是指对家事审判最终裁判效果的评价，既注重法律效果的评价，也注重社会效果的评价。二是指为达到家事司法之目的，引入、吸纳、运用了国家司法之外的社会资源，由此形成的社会资源协同配合国家司法的程序运行模式。三是在家事司法程序运用社会调解服务。由于家事纠纷的社会调解秩序框架可以参考前文所述之司法调解，本章主要就前两个命题进行理论分析和秩序构建。

一、家事司法实践社会化现象

最高人民法院家事审判方式改革试点工作已经开展 5 年有余，关于试点成果的报道，主要集中在单独设立专业化的审判组织和用调解、回访等柔性措施缓和诉讼程序的刚性两个方面，有些地方还出台了遴选家事法官的规则。对于前者，审判组织的专业化，如同法院系统已经单独设立的知识产权法院、金融法院，更早先民事案件也分民一庭、民二庭等，这是从案件业务集中的角度进行的物理区分，但是所谓专业化的核心一是要有专门的程序法理和规则体系用于审理家事案件，二是专门审理这类案件的家事法官是能够把握和运用专业化家事审判法理的人，否则专业化徒有其表。而关于"回访暖阳行动"[1]"判后寄语"[2]等柔性措施的报道，可以理解为家事审判社会效果的体现，但宣传性的语言中，无从得知其程序法理何在，而"法官知法"的基本裁判功能已经"为情所困"。例如，江苏省某人民法院在审判实践中总结提出的"感情预修复、情绪先疏导、视频再教育、甜蜜勾回忆、亲情齐劝规、

---

〔1〕　参见《江苏法制报》报道："东台家事审判打出'组合拳'"，载 https://www.thepaper.cn/ newsDetail_ forward_ 6783239，最后访问日期：2020 年 3 月 31 日。

〔2〕　参见"'判后寄语'：法官应'情'系何处"，载 https://www.zj700.com/kejikepu/2019/ 0926/838248. html，最后访问日期：2019 年 9 月 26 日。

社会同介入、秘密重保护、案后必回访"的"亲情弥合八步法",形成"播放短片-吃团圆饭-用方便车-社会介入-心理咨询"的独特工作模式,打造了家事审判的特色品牌,上诉案件每年不超过 5 件,无一改判或发回重审。这里的亲情弥合八步法固然体现了人文关怀,但其中修复感情、疏导、教育、规劝等是否是家事审判程序的核心功能,还是为了迎合社会效果的需要放大了这些审判外的功能,这种趋势是需要警惕的,防止以家事程序的"社会化"稀释了司法的核心功能,造成家事程序被功能异化。

二、家事程序如何实现社会效果

唐纳德·布莱克曾经指出,在观察和思考法律(包括司法和法治)的方法上存在法理学(Jurisprudential model)与社会学(Sociological model)两种模式。"法理学模式"一般从规则、逻辑、普遍主义、参与者等角度相对封闭地来解释法律问题。"社会学模式",则从社会结构、行为、变量和观察者等角度相对开放地来考察法律问题。[1]在目前中国社会转型期的司法功能问题上,也同样反映这两种模式的思维差异:政治家和社会大众偏向于"社会学模式",而多数法律人则囿于"法理学模式"来看待司法问题。在近十年里频繁使用一对新词汇叫"法律效果"和"社会效果",这对政治家而言,当然是希望司法兼顾两种效果,可是对法官律师们而言,如何兼顾双重效果就成了难题,最终是法律效果让步给社会效果。[2]社会对司法越倚重,功能的解读就越多样化,其危害则是导致司法的"功能紊乱",或司法功能泛化,最终导致司法对其功能不堪重负。在这种情形之下,司法的独立性屏障就变得很脆弱。当人们对法律和司法的作用给予高度关注和推崇的时候,开始走向极端,衍生出"法律万能论"和"司法中心主义",遮蔽了对其局限性的认识。多年来司法机关被这种紊乱的功能观逼迫得像行政机关,承担了过多的额外功能。[3]

---

〔1〕 See Donald Black, *Sociological Justice*, Oxford University Press, 1989, p. 288.

〔2〕 参见孙笑侠:"论司法多元功能的逻辑关系——兼论司法功能有限主义",载《清华法学》2016 年第 6 期。

〔3〕 参见孙笑侠:"论司法多元功能的逻辑关系——兼论司法功能有限主义",载《清华法学》2016 年第 6 期。

这种现象在家事程序社会化的合理性演绎中愈发凸显，无论是社会还是个人，都对家事审判结果赋予了更多的社会效果的期待。对家事审判的要求，不仅仅是解决纠纷更要通过纠纷的解决引导社会形成良好的家事生活秩序。家事程序法理论如果不澄清这个问题，就无法引导和建立真正的家事司法运行机制，甚至侵蚀家事纠纷多元化解决机制中其他社会解纷机制的空间，进而危害家事司法公信力。

家事程序的设计有必要防止把过多的对司法"社会意义"的主观意图赋予或附加进来，甚至把司法的"角色"理解成同级政府或地方化利益的代理人或代言者。司法与行政活动不同，行政活动要对不断变迁的社会情境作出及时有效的反应，这是它的基本德性之所在。[1]我们必须认识到司法功能是有限的，其有限性有以下几种表现：一是司法权力范围有限，不得逾越法律规则，权力范围有限，受案范围有限；二是遵循消极被动原则，没有起诉就没有司法，没有个案就没有司法，没有个案裁判就没有司法社会功能；三是司法资源有限，它无法像行政权那样具有广泛的强制性权力；四是对抗制程序使司法成为成本最昂贵的解纷方式；五是司法判决的终局性效力和权威性来源于程序保障的基本法理，禁止重复诉讼意味着司法解决的案件不得再重启审理程序。

当我们过分地强调司法的社会功能时，总是把司法置于整个社会场域和社会治理之中来对司法活动进行总体性的考察。就当下中国的司法现状来看，还是把司法功能作较小较纯粹的解释更好，适度地限制在法理功能内，谨慎地强调司法的社会功能，这样更符合司法的规律与扭转中国司法现状。虽然家庭自治的弹性空间给了法官自由裁量的权限和权衡法律需要和社会需求的合理范围，但是立法所保护的权益和价值判断是明确的，尊重法律、尊重立法对于法官来说是天职，当立法者已宣告某一社会利益优先于另一社会利益时，法官个人或主观的价值评判必须服从这一宣告。他不能因为确信成文法的条款表现了一种错误的价值论，而推翻它或宣布其无效。[2]家事审判必须

---

〔1〕　参见孙笑侠："论司法多元功能的逻辑关系——兼论司法功能有限主义"，载《清华法学》2016 年第 6 期。

〔2〕　参见〔美〕本杰明·N. 卡多佐：《法律的成长·法律科学的悖论》，董炯、彭冰译，中国法制出版社 2002 年版，第 53 页。

在程序法理和价值判断之间谨慎地行使自由裁量权，发挥司法裁判性核心功能，至于修复情绪、教育、规劝等行政性、社会化功能应当是审判核心功能的辐射效果。如果家事司法意图在发挥自身功能的基础上实现社会功能，就必须恰当地发挥自身所辐射的社会治理功能，并掌握好辐射的范围和程度，以免有损家事程序的核心功能，即通过审理解决纠纷而非修复疗愈。

家事程序社会效果可以进一步区分为是社会诉求满足式程序还是司法判决引领式程序，前者是司法在审判时就评估社会对于该类判决的共性期待，进而法官在法律论证时候能够得出和公众相契合的判决；后者是指司法通过判决结果引领、改造社会公众对家事秩序的理解和判断。由于家事程序的目的本身就蕴含着对健全未来家庭生活秩序，所以家事审判必然是以一种"向前看"的姿态来规范社会公众的未来行为预期。正如德国社会学家卢曼所言，法院通过解决过去的纠纷来塑造未来的秩序，通过把当下建构为未来之当下的过去，由此系统在时间上获得封闭性，此时判决就以未来形式被严格地置于规则之下，并由此被遵守。[1]家事程序的职责不仅在于使弱势群体受到公正的对待，而且要为更广大的社会公众树立起一幅正义的现实图景，引导人们对其家庭秩序和家庭正义有一个全新的认识。

家事程序究竟应当在何种程度上介入家事案件，这是一个很有意义的问题。从比较法的视角而言，两大法系的规定并不统一，问题的焦点在于家事程序、家事审判组织是专门处理家事法律问题的程序及国家机构，还是应当兼顾法律背后的事实问题，这种策略的背后是两大法系不同的生成历史和法官在诉讼中的不同作用决定的。如本书第三章家事程序本质论中第四节所述，大陆法系典型特征是规范出发型诉讼模式，法院审理对象是经过成文法上要件事实评价过的生活事实，呈现出事实要素和规范要素相分离的状态；而英美法系裁判不是适用已有的法律，而是发现、创造法，这个法就是事物本身的规律和道理，呈现出事实和规范混为一体的事实出发型诉讼模式。两大法系家事程序的角色也体现了这种差异。例如，德国的家事法院是专门处理法律问题的国家机构的典型代表，这和上述大陆法系的典型特征相吻合，法院

---

〔1〕 参见［德］卢曼：《社会的法律》，郑伊倩译，人民出版社2009年版，第162~171页。

把试行和解的任务委托给了民间的类似于婚姻介绍所这样的机构处理，所以，法院的角色只能是一个纯粹的司法机构。而英美法系国家如美国和澳大利亚，家庭事件的对象是家族间的人际关系，所以受人的感情、传统和风俗的影响至深，此外，来自经济、社会甚至是生物学方面的影响也不可忽视。所以，澳洲家庭法院不像其他法院那样正规化，法官都不戴假发、不穿法袍，还对外进行咨询服务。[1]

　　其实，对家事程序的治疗修复功能的强调，来源于英美法系国家，而英美法系法官承担的功能，原本就不只是司法，而是包括准立法和行政的机构，这和英美法系的司法历史中的百人会传统不可分割，故而在英美法系，法官承担起家庭疗愈、少年的管教等职责，具有历史合理性。但是，即使在家事程序功能社会化的美国，已有学者对于法院所承担的治疗功能提出质疑。美国有学者认为：考察治疗性司法的概念，至少存在两个问题：首先，"治疗性"的概念无法解释法院制裁的惩罚性本质；其次，法院对其治疗性作用的强调使自身忽视了争端解决职能，法律遵循理性和逻辑，和治疗性存在根本的思维冲突。

　　加利福尼亚州的家庭委员会建议建立治疗性的、而非出于法庭目的的、遍及全州的家庭法院。法院是重症护理医生和殡仪业人员，既拯救婚姻又埋葬婚姻，若一桩婚姻显然已经走到了尽头，法院应作出最终裁定——不是对权利作出裁判或在冲突利益之间作出艰难的选择，而是帮助当事人无责备地继续前进。法律的利他主义作用和超现实的乐观主义相结合，认为法院应承担起帮助一段失败婚姻中的双方当事人没有痛苦、悲痛、报复或歇斯底里的情绪去适应未来新生活的角色，这种期待显然已经落空，因为法院迄今为止还没有适应治疗这一角色，[2]也不可能将法院核心的裁判功能演变为治疗功能。有证据显示，当心理专家或精神保健专家介入诉讼后，双方当事人可能

---

〔1〕　参见孙云晓、张美英主编：《当代未成年人法律丛·澳大利亚卷》，王立新等译，中国检察出版社 2006 年版，转引自陈爱武："论家事审判机构之专门化——以家事法院（庭）为中心的比较分析"，载《法律科学》2012 年第 1 期。

〔2〕　参见［澳］帕特里克·帕金森：《永远的父母：家庭法中亲子关系的持续性》，冉启玉译，法律出版社 2015 年版，第 25 页。

反而更为极端，难以达成一致意见。

帕格法官也指出：首先，该理论强调法官应当鼓励双方当事人今后和睦相处，等于变相要求法官承担协调双方当事人人际关系的义务，导致大量心理咨询和精神保健机构和社会福利组织介入司法活动。这与法院承担裁判当事人诉讼事项而不能够鼓励他们将来自行解决争议的一般性司法认知有很大差异。家事法院应当履行多大的治疗性职能，是目前难以解决的问题。其次，司法应当具有及时性，裁决必须及时作出，这与家事法院治疗性处理机构职能相矛盾。法庭的治疗与恢复性活动要想取得良好的成效，根本不可能在短期内完成。[1]

除了上述源自英美法系的家事审判治疗功能反思和两大法系的趋同共识外，在家事审判社会化领域，我国还有特殊国情，现在我们谈的家事审判的修复、疗愈功能，其实简单是指对心理咨询的依赖，但是，现代的心理学和心理咨询师是西方国家的产物，对中国而言是舶来品。在家事诉讼程序规则中，固然情绪和心理的因素是不可忽视的要素，但是是否应将心理咨询师作为优位的机制，还需要考虑中国因素，促使人们重新认识并重视基于中国本土经验的实践理性。社会学、医学、心理学专业人员介入家事诉讼的建议，要考虑到在中国的可行性和制度成本，结合中国当前社会条件，可以判断这些建议实际上只是某些国家制度的照搬，或在个别大城市有其可行性，并不适宜作为全国性的制度安排。目前对基层法院案件还有简易程序适用率的要求，离婚案件中适用简易程序的比较多，而心理干预需要一个较长的过程，法官为了赶结案，也不太乐意多一个程序通知心理咨询师，除非当事人自己有迫切需要。[2]

三、家事司法中社会资源的有序整合

基于家事司法社会化的特征，各国基本开始运行社工陪同、家事调查员、

---

〔1〕 See Gerald W. Hardcastle, "Adversarialism and the Family Court: A Court Judge's Perspective", *UC. Davis Journal of Juvenile Law &Policy*, Vol.9, No.1., 2005.

〔2〕 参见广西高级人民法院民事审判第一庭编著：《家事审判理论与实践》，法律出版社 2016 年版。

心理咨询师等社会资源，共同完成一个家事案件的审理程序。例如，家事调查员制度，法国规定：在确定行使亲权与探视方式或将子女交由第三人照顾的任何最终或临时决定作出之前，法官得委派任何有资格的人进行社会调查。此种调查目的在于收集有关家庭的物质与道德状况、子女生活与教养条件、为其利益有必要采取的措施等方面的情况材料。[1]进行社会调查之后，应写出调查报告。报告中应由调查人作出认定的事项以及提出解决问题的建议。法官向各方当事人通报该报告，并且规定当事人可以请求进行补充调查或者反调查的期限。[2]

最高人民法院《试点意见》对家事调查员作了较为细致的规定：家事案件审理过程中，对于需要进一步查明的事项，人民法院可以自行调查取证，可以委托相关机构进行调查，也可以委托家事调查员对特定事实进行调查。人民法院应当建立家事调查员名册。人民法院根据案件审理需要，可以委托家事调查员调查下列事项：当事人的个人经历、性格、教育程度、身心状况、家庭情况、夫妻关系、居住环境、工作情况等；对子女的抚养情况、子女的心理状况及学习状况等；对老人的赡养情况等；其他需要调查的事项。人民法院在收到家事调查报告后，应当向当事人告知家事调查报告的内容，并允许当事人陈述意见。家事调查报告可以作为人民法院审理案件的参考。家事调查员在调查过程中获知当事人有家庭暴力、危害未成年人合法权益等情形时，应当及时向人民法院报告，同时可向其他相关职能部门、救助机构报告。

再如，心理咨询师在家事程序中的引入。针对家事诉讼当事人容易情绪化和非理性的特点，各国在家事诉讼中都引入了心理咨询师，以缓和当事人激动的情绪和保障诉讼的顺利进行，我国家事审判方式改革试点也借鉴了这一做法，人民法院根据实际情况可以建议案件当事人或者未成年人接受心理疏导，包括：一方当事人同意离婚，对方当事人不同意离婚并且情绪激动的；探望权纠纷、监护权纠纷以及其他有关亲子关系纠纷的案件中，当事人情绪波动较大的；存在家庭暴力行为，对当事人身心健康造成较大影响的；案件

---

〔1〕　参见法国《民法典》第 287 条。
〔2〕　参见法国《民事诉讼法典》第 1079 条。

所涉及的未成年人情绪波动较大或者有反常行为，需要心理疏导的；其他需要进行心理疏导的情形。因为社工、心理咨询师、家事调查员等非司法性质的社会资源在家事程序中成为有益机制，所以相比较其他民事诉讼程序，家事程序呈现出社会资源集合化运用的样态。

（一）家事程序是家事审判社会资源集合运用的平台

需要明确的是，家事程序设置了社工陪同、家事调查员、心理咨询师等系列机制，其目的只有一个，就是帮助和促进家事审判功能的发挥。从这个角度讲，家事程序是这些社会化资源集合的平台，共同服务于家事程序目的的实现。因而对于家事程序中运用的社会化资源，要明确其性质应当定位为家事审判的辅助程序机制，类似于我国法院系统中的审判辅助人员，只是扩大了范围而已。既然如此，这些社会资源如何发挥作用，是由家事程序法设定和家事法官调度安排的，对他们的运用之目的仍然是为家事审判服务。例如，家事调查员形成的家事案件调查报告，只是证据的一种，并不具有约束法院的作用，法官仍然可以对其证据的客观性、关联性、证明力作出裁判。另外，家事资源的平台功能应该是实质性的而非形式化的，家事程序中设置的社会化资源，应该侧重于协助家事纠纷解决，密切与各方家事资源结合，进而充实家事法庭专业化的需求，才能真正达到统合解决家事纠纷的目的。美国法采取律师强制代理，在未成年子女相关事件程序中产生了程序监理人（child's lawyer）、与亲权协调员（parenting coordinator）、亲权评估员（custody evaluator）等人力资源配备。所以法官审理该类案件时，在调查证据或借助于社工与心理专业技能人员的支援以定暂时处分等方面，法官可以直接调度相关资源。

（二）家事程序作为家事社会治理中的资源之一——强化转介功能

法律不是万能的，如果说家事诉讼的诉讼观是协助当事人重整家庭生活秩序，问题就来了，当事人家庭生活秩序是什么？谁来决定？法官吗？还是当事人？还是社工？恐怕马上就遇到很大的问题，处理到什么程度才叫处理完毕，怎样才叫作健全家庭秩序，如果一个婚姻破裂的家庭，通过诉讼不仅要协助当事人重新健全家庭秩序，甚至认为家事程序法最重要的目的是扶植当事人能够自立，这样的目的想要借由司法程序完成，恐怕是家事程序法不能承受之重。家事纠纷当事人起诉法院审理，把自行协商与家庭自治的自我责任，转移到请求法院为其裁判，这种情况下，法院可提供的司法资源有限，但纷争却纷至沓来。所以家事程序釜底抽薪之道，应在于认识到自身不过是家庭综合治理中的资源之一而已，虽然极为重要，但从来也不可能是全部。[1]

但是，在家事治理领域，家事程序除了通过具体的个案裁判引领社会判断外，是否没有别的功能和角色呢？随着司法正义和功能得到社会广泛认可，家事法院的法官，已然成为离婚与相关子女亲权行使以及防止或处理"离婚后家庭"纷争再起之相关事件的关键角色。美国学者 Andrew Schepard 研究离婚附带子女亲权行使的诉讼过程，曾言"每一个离婚事件都是小型的文明之死"，[2]可见当事人经历离婚之后，其外在生活现实（如经济状况、住所迁移、身份关系改变等）与内在心理调适之艰难程度。英文谚语有说"教养一个小孩需要众人的努力"，Andrew Schepard 把这句话改写为"教养一个离婚后家庭的小孩，需要调解委员、心理、社工、法院行政管理者（count administrator）等不同专业社群与法官和律师共同努力"。[3]

在共同努力中，家事程序承担的是什么角色呢？江苏省某人民法院在2017年受邀参加"法治中国说"时，提到以反家庭暴力法实施为契机，建立以"人身安全保护令"为抓手的"依职权发现家暴线索"，目前，该院家事法官已经能够熟练掌握人身安全保护令的操作流程，做到运用自如。公安、妇联、基层组织的配合与协作得到加强，共同预防、遏制、打击家庭暴力的联动机制得到完善和落实。可见，既然当事人对家事司法程序有依赖和信任，

---

[1] 参见郭书琴："非讼法理于家事纷争解决之适用与接线——兼以离婚与先关子女亲权行使问题为中心"，载《民事诉讼法之研讨（二十三）》，元照出版有限公司2018年版，第222页。

[2] "Each divorce is the death of a small civilization", See Andrew I. Schepard, *Children*, *Courts*, *and Custody*：*Interdisciplinary Models for Divorcing Families*, Cambridge University Press, 2004.

[3] Cambridge University Press 原文："It takes a village inhabited hy diffrent professionals to raise a child of divorce, and child custody court is the village's command center. Diffrent professionals have to word together to serve the best interests of children. Mental herlth professionals, mediators, parent educators, social service and community agencies, and court administrators play a central role working alongside judges and lawyers in the modern child custody court's operations." See Andrew I. Schepard, *Children*, *Courts and Custody*：*Interdisciplinary Models for Divorcing Families*, Cambridge University Press, 2004.

不可避免地，法院成为家事纷争显著呈现的场所。不仅这些纠纷主动地呈现于法院面前，而且，法院通过审理调查，还能够发现隐藏在纠纷背后的深层次矛盾和问题。此时，家事程序的转介功能便成为家事治理中极有价值的功能，将对失败婚姻和破碎亲情的疗愈、对子女抚养的监督、对家暴行为的遏制等问题转介给相应的政府机构处置，而不是让家事法庭一揽子承担解决。

　　社会对司法的愈发依赖，反而导致了司法功能的泛化甚至异化，家事程序的社会化也应建立合理的秩序框架，防止以家事程序的社会化稀释了司法的裁判性核心功能，进而危害司法公信力，家事程序的社会效果也应当是由程序规则和司法裁判所产生的辐射效果。家事程序的合理角色和功能是通过审理解决纠纷、实现家事正义而非修复疗愈情感伤痕。家事程序是家事审判社会资源集合运用的平台，这些社会化机制应定性为家事审判的辅助机制，吸纳它们是为了更好地实现家事程序目的。同时，家事程序也是家事治理中的重要资源之一，法院是家事纷争显著呈现的场所，法院在审理调查过程中还能发现隐藏在纠纷背后的矛盾和问题，家事程序能够及时有效地将失败婚姻和破碎亲情的疗愈修复、对子女抚养的监督、对家暴行为的遏制等转介给政府机构或社会组织，共同实现家事治理秩序。

结　语

　　无论是健全家事秩序还是指引司法裁判，家事程序法的构建都是重中之重。在治理现代化的宽阔视野和司法改革的宏大背景下，孤立地对家事程序法的进行研究无异于观桑田之一隅。伊曼努尔·康德在《纯粹理性批判》中的断言，法学者们还在为法下定义，法的概念与时代紧密联系，始终没有定论。[1]家事程序法亦有其深刻的时代性。

　　1. 家庭关系和伦理身份人的现代性"回归"。

　　将家庭作为法律调整对象范畴，中国自古有之，但当下我们重新将家庭作为法律调整对象甚至国家治理的基础单元，已经完全不同于传统的个人依附于家庭的意义。百年来人格理论的长足发展，典型体现在家庭领域中理性人格人和伦理身份人相区分，重新将家庭纳入法律视野是源于个人自由主义对家庭伦理性的侵蚀的全新思考，而非对传统家庭功能的回归。以私权自治、契约自由和自我责任理论构建的民事诉讼程序保障了经济社会的发展，有其现实合理性，但是运用于以伦理性为本质属性的家事案件时，出现了严重的"排异反应"。2016年最高人民法院开始对家事审判方式进行改革试点意味着用财产关系诉讼的程序法法理审判家事案件，已经挑战了法律的正义和社会的秩序。家庭联结着每个个人"从胚胎到后代"的整个生命历程，国家对家庭关系的价值判断和调控政策，直接影响着个人、家庭和国家的关系，从家事纠纷多元化解决的需求看，最终进入司法裁判程序的家事纠纷也许占比并

---

　　[1]　参见［德］伯恩·魏德士：《法理学》，吴越、丁晓春译，法律出版社2003年版，第27页。

不大，但在法治国家和法治社会目标的背景下，国家司法程序构建所塑造的基本价值却意义重大，引导着社会化解决家事纠纷的正义走向。

家庭关系对一国的历史文化依赖性极强，百年前中国社会处于激荡变革中时，立法者制定并颁行了比较完备的家事程序规则，把握了家庭伦理性本质和家庭秩序对社会的公益作用。探寻中国历史上首部家事程序法，能够帮助我们从治理的视域去理解家事法和社会变迁的互动关系。从世界范围来看，大陆法系和英美法系法治发达国家均已经建立了比较健全的家事程序理论体系和详备的程序规则体系，其中有当代共识和共性部分，例如，国家亲权保障未成年人最佳利益的理论，也有国别之间差异的部分，例如，宗教、文化的原因等。所以在构建我国当下家事程序法时，在历史纵向比较上要保有历史局限性的警惕，在横向国别比较时要保有国情文化差异性的警惕，进而抽取出家事程序中本质的"家事"因素和当代"中国"因素，方有研究意义。

2. 家事程序法理的"本位观"。

家事纠纷属于民事私领域的私权纠纷，在我国《民法典》编撰过程中，民法学界对于家庭关系应当保留"单独立法"还是采取"回归民法"的立法模式展开了激烈的争论。其实在《婚姻法》单独立法的过去几十年里，家庭纠纷也是纳入民事诉讼程序审判的，并不因单独立法而有不同。最终立法者仍然采纳了"回归民法"的属性立场，符合了对其权利义务关系的基本判断。因而家事程序当然也是民事诉讼程序的一部分，应当在民事诉讼法理的脉络下展开修正性、特殊性法理研究。

诉权是民事诉讼的逻辑起点，相应地，家事诉权就是家事诉讼的逻辑起点。民事诉讼中判断诉权是否成立、法院是否具有审判义务时运用的是诉的利益识别理论，而识别诉的利益需要区分给付之诉、确认之诉和形成之诉分别予以识别，诉的分类具有基础性作用；那么，判断家事诉权是否成立就应遵循这个论证逻辑，先根据家事请求的性质，判断其所属诉的类别，确认之诉按照确认利益标准识别，形成之诉按照形成利益的标准识别。民事诉讼的目的在于解决纠纷、保护权利、维护秩序，家事程序也要完成这些目的。

但是，由于家事伦理、公益性的要求，更侧重于家事秩序的维护和保护未成年人等弱势群体利益，因为家庭关系是以时间轴开展的，家庭成员间总有相对强弱。家庭自治空间的合理性导致实体法对其规制较少，仅做必要性规范，但是司法裁判不能弹性自治、含糊其词，确定的司法判决要维护家庭秩序则需要在程序设计上进行必要的修正和考量。例如，诉讼标的是民事诉讼中当事人争议的对象、法院审理的对象和既判力作用的范围，相应地，家事程序标的也具有同样的功能和属性。于是家事程序标的的理论探讨的实际问题就是运用诉讼标的理论是否能达到上述目的，所以在特定诉讼标的范围时允许当事人以法律评价的"实体请求权单位"或"纠纷事实单位"特定程序标的，平衡实体利益和程序利益；法官可以通过释明和当事人协同确定程序标的；在非讼程序中法官可以不受当事人特定的程序标的的约束，广泛审理。以上例述表达了本书在探讨家事程序法理时候的脉络根基和论证逻辑，书中关于处分原则三个层面的修正、辩论主义三个命题的修正，都是遵循这样的论证逻辑开展的。值得注意的是，既然家事程序法理是在民事诉讼法理的脉络下展开的，这意味着民事诉讼法理是重要基准和参照物，而民事诉讼理论本身也在不断地发展、修正，例如，法官释明权的运用规则、自认的约束性效力等，所以在以民事诉讼法理为参照物对家事程序法理修正时，必须保有与民事诉讼法理同步的意识，否则将造成更大的混乱。

3. 国家治理与家庭自治的"内在自治"。

民事诉讼在福利国家的发展过程中逐步生成了非讼程序，和诉讼程序并列成为二元法理。其实非讼程序最早就是为了法官裁判子女监护权不受处分原则和辩论主义约束而出现的，大陆法系德、日等国均已经发展出了比较成熟的非讼程序法理，我国对非讼程序法理的运用还比较保守，仅在民事诉讼法中的特别程序中进行了规定。然而，随着家事程序法理研究的深入，家事非讼程序的重要性逐渐凸显，一方面非讼程序范畴中大量案件是家事案件，另一方面同一家事案件中可能有数个诉讼程序和数个非讼程序请求事项，不似一般民事案件中那样有泾渭分明的区分。因而揭示非讼程序的运行机理和程序规则，并扩充纳入非讼程序的家事请求范畴，如抚养费、赡养费和扶养费请求等，将有利于法官发挥未来安排请求事项的职权裁量功能，更好地实现家事程序目的。

家事秩序的稳定和健全对国家治理至关重要，家事审判方式改革又是在批评司法被动、诉讼刚性的背景下提出的，所以家事审判实践中出现了泛调解化和泛社会化的现象，对此需要保持警惕。家庭虽是自治体，但并非所有家事案件中都没有权利保护和法律争议的要素，家事非讼程序事项和当事人无处分权的身份关系案件（如亲子关系），都不应调解；即使是当事人有处分权的身份关系案件（如离婚）或财产关系案件（如离婚财产分割），也不是都适宜调解，双方能力强弱悬殊不可能平等合意的、有家庭暴力的、精神困扰无法表达的、双方均拒绝调解的情形，强制调解反而违背程序正义。家事程序中固然有必要引入家事调查员、程序监理人、心理咨询师等社会化资源、家事审判除了达到法律效果也追求社会效果，但要建立科学的家事程序社会化秩序框架：司法裁判的社会效果是通过高质量的个案裁判而产生的辐射效果，向社会宣示家事正义、引领社会化解决纷争的方向；司法的核心功能不应被"疗愈""修复"等社会功能稀释；家事程序是家事审判社会资源集合运用的平台，所有社会资源的运用都是为家事审判服务的；同时家事程序也是家事综合治理中的重要资源之一，因为纠纷暴露于法院后，法院可以通过转介功能及时转介给民政等主管部门，及时开展上述"疗愈""修复"工作。

以《民事诉讼法》做参照，本书对家事程序法理的研究还不够全面，仅仅局限在一审各阶段，没有对家事审级制度和救济审原理进行探讨，即使在一审程序中，关于集中审理、公开审判、证明规则等问题也尚未涉足。德国2009年通过的《家事事件与非讼事件程序法》，从1977年就开始酝酿，到2009年通过是经过了32年的时间。我国的家事审判方式改革才刚刚启动，还需要一个漫长的对家事诉讼基本法理和程序规则的探寻过程，上述未尽问题也需要在基础理论逐步理清的基础上进一步探讨。

参考文献

一、著作及译著类

1. ［日］滋贺秀三：《中国家族法原理》，张建国、李力译，商务印书馆 2013 年版。

2. ［日］松本博之：《日本人事诉讼法》，郭美松译，厦门大学出版社 2012 年版。

3. ［德］迪特尔·施瓦布：《德国家庭法》，王葆莳译，法律出版社 2010 年版。

4. ［美］哈里·D. 劳伦斯、大卫·D. 梅耶：《美国家庭法精要》，陈苇等译，中国政法大学出版社 2010 年版。

5. ［澳］帕特里克·帕金森：《永远的父母：家庭法中亲子关系的持续性》，冉启玉等译，法律出版社 2015 年版。

6. ［奥地利］尤根·埃利希：《法律社会学基本原理》，叶名怡、袁震译，中国社会科学出版社 2009 年版。

7. 张乃根：《西方法哲学史纲》，中国政法大学出版社 1997 年版。

8. ［美］弗朗西斯·福山：《国家构建——21 世纪的国家治理与世界秩序》，黄胜强、许铭原译，中国社会科学出版社 2007 年版。

9. 梁治平：《清代习惯法：社会与国家》，中国政法大学出版社 1996 年版。

10. ［法］科琳·雷诺-布拉尹思吉：《法国家庭法精要》，石雷译，法律出版社 2019 年版。

11. 范愉：《非诉讼纠纷解决机制研究》，中国人民大学出版社 2000 年版。

12. 陈会林：《地缘社会解纷机制研究——以中国明清两代为中心》，中国政法大学出版社 2009 年版。

13. 费孝通：《乡土中国 生育制度》，北京大学出版社 1998 年版。

14. 周雪光：《组织社会学十讲》，社会科学文献出版社 2003 年版。

15. ［德］弗里德里希·卡尔·冯·萨维尼：《论立法与法学的当代使命》，许章润译，中国法制出版社 2001 年版。

16. 张晓茹：《家事裁判制度研究》，中国法制出版社 2011 年版。

17. 赵蕾：《非讼程序论》，中国政法大学出版社 2013 年版。

18. ［德］K·茨威格特、H·克茨：《比较法总论》，潘汉典等译，法律出版社 2003 年版。

19. 冷罗生：《日本现代审判制度》，中国政法大学出版社 2003 年版。

20. ［日］高桥宏志：《民事诉讼法制度与理论的深层分析》，林剑锋译，法律出版社 2003 年版。

21. ［法］雅克·盖斯旦、吉勒·古博：《法国民法总论》，石佳友等译，法律出版社 2004 年版。

22. 李泽厚：《哲学纲要》，中华书局 2015 年版。

23. 张翔：《自然人格的法律构造》，法律出版社 2008 年版。

24. ［美］萨利·安格尔·梅丽：《诉讼的话语——生活在美国社会底层人的法律意识》，郭星华等译，北京大学出版社 2007 年版。

25. 李贵连：《沈家本传》，法律出版社 2000 年版。

26. ［美］黄宗智：《清代的法律、社会与文化：民法的表达与实践》，上海书店出版社 2001 年版。

27. （明）方孝孺：《逊志斋集》，宁波出版社 2000 年版。

28. 瞿同祖：《中国法律与中国社会》，商务印书馆 2010 年版。

29. ［日］松冈正义口述：《民事诉讼法》，熊元襄编，上海人民出版社 2013 年版。

30. 王坤、徐静莉：《大理院婚姻、继承司法档案的整理与研究——以民初女性权利变化为中心》，知识产权出版社 2014 年版。

31. ［美］约翰·亨利·梅利曼：《大陆法系》，顾培东、禄正平译，法律出版社 2004 年版。

32. 梁治平：《法辩：法律文化论集》，广西师范大学出版社 2015 年版。

33. ［美］加里·S.贝克尔：《家庭经济分析》，彭松建译，华夏出版社 1987 年版。

34. ［美］布莱克：《法律的运作行为》，唐越、苏力译，中国政法大学出版社 1994 年版。

35. 金眉：《中国亲属法的近代转型——从〈大清民律草案·亲属编〉到〈中华人民共和国婚姻法〉》，法律出版社 2010 年版。

36. ［德］康拉德·赫尔维格：《诉权与诉的可能性——当代民事诉讼基本问题研究》，任重译，法律出版社 2018 年版。

37. ［德］罗森贝克等：《德国民事诉讼法》，李大雪译，中国法制出版社 2007 年版。

38. ［日］新堂幸司：《新民事诉讼法》，林剑锋译，法律出版社 2008 年版。

39. ［法］罗素：《婚姻革命》，靳建国译，东方出版社 1988 年版。

40. ［英］约翰·伊克拉：《家庭法和私生活》，石雷译，法律出版社 2015 年版。

41. ［日］棚濑孝雄：《纠纷的解决与审判制度》，王亚新译，中国政法大学出版社 2004 年版。

42. ［德］卢曼：《社会的法律》，郑伊倩译，人民出版社 2009 年版。

43. 苏力：《法治及其本土资源》，中国政法大学出版社 1996 年版。

44. 曹贤信：《亲属法的伦理性及其限度研究》，群众出版社 2012 年版。

45. 景春兰：《婚姻家庭法理论与案例研究》，中国政法大学出版社 2017 年版。

46. 王新宇：《民国时期婚姻法近代化研究》，中国法制出版社 2006 年版。

47. ［美］路易斯·亨利·摩尔根：《古代社会》，杨东莼等译，江苏教育出版社 2005 年版。

48. 崔永东：《司法学论纲》，人民出版社 2014 年版。

49. 崔永东：《司法改革与司法公正》，上海人民出版社 2016 年版。

50. 刘敏：《裁判请求权研究——民事诉讼的宪法理念》，中国人民大学出版社 2003 年版。

51. 雷春红：《婚姻家庭法的地位研究》，法律出版社 2012 年版。

52. ［英］边沁：《道德与立法原理导论》，时殷弘译，商务印书馆 2000 年版。

53. ［美］本杰明·N.卡多佐：《法律的成长 法律科学的悖论》，董炯、彭冰译，中国法制出版社 2002 年版。

54. 沈冠伶：《诉讼权保障与裁判外纷争处理》，北京大学出版社 2008 年版。

55. 王洪：《婚姻家庭法》，法律出版社 2003 年版。

二、编著类

1. 王葆莳等译注：《德国家事事件和非讼事件程序法》，武汉大学出版社 2017 年版。

2. 陈刚主编：《中国民事诉讼法制百年进程（清末时期·第二卷）》，中国法制出版社 2004 年版。

3. 江苏省高级人民法院等编：《民国时期江苏高等法院（审判厅）裁判文书实录》，法律出版社 2013 年版。

4. 郭卫编：《大理院解释例全文》，成文出版社 1972 年版。

5. 杨荣馨主编：《民事诉讼原理》，法律出版社 2003 年版。

6. 陈刚主编：《比较民事诉讼法》（2007–2008 合卷），中国法制出版社 2008 年版。

7. 刘冠华主编：《家事审判研究》，人民法院出版社 2019 年版。

8. 陈刚主编：《比较民事诉讼法》（2003 年卷），中国人民大学出版社 2004 年版。

三、杂志类

1. 刘敏："论家事诉讼程序的构建"，载《南京大学法律评论》2009 年第 2 期。

2. 陈进华："治理体系现代化的国家逻辑"，载《中国社会科学》2019 年第 5 期。

3. 熊易寒："人民调解的社会化与再组织——对上海市杨伯寿工作室的个案分析"，载《社会》2006 年第 6 期。

4. 李浩："当下法院调解中一个值得警惕的现象——调解案件大量进入强制执行研究"，载《法学》2012 年第 1 期。

5. 张龑："何为我们看重的生活意义——家作为法学的一个基本范畴"，载《清华法学》2016 年第 1 期。

6. 侯子峰、周学智："论人的本质与人性"，载《福建论坛（社科教育版）》2010 年第 12 期。

7. 陈桂明、赵蕾："比较与分析：我国非讼程序构架过程中的基本问题"，载《河北法学》2010 年第 7 期。

8. 朱汉国："从离婚诉讼案看民国时期婚姻观念的演进"，载《河北学刊》2013 年第 6 期。

9. 薛宁兰："婚姻家庭法定位及其伦理内涵"，载《江淮论坛》2015 年第 6 期。

10. 李杰："完善我国身份关系诉讼制度的构想"，载《中国法学》1990 年第 6 期。

11. 傅郁林："家事诉讼特别程序研究"，载《法律适用》2011 年第 8 期。

12. 巫若枝："30 年来我国家事纠纷解决机制的变迁及其启示——基于广东省某县与福建省厦门市五显镇实践的分析"，载《法商研究》2010 年第 2 期。

13. 姚建龙："论英美国家对少年罪错的早期反应——童年社会学的视域"，载《法学杂志》2009 年第 4 期。

14. 夏吟兰、何俊萍："现代大陆法系亲属法之发展变革"，载《法学论坛》2011 年第 2 期。

15. 张卫平："诉的利益：内涵、功用与制度设计"，载《法学评论》2017 年第 4 期。

16. 陈杭平："诉讼标的理论的新范式——‘相对化’与我国民事审判实务"，载《法学研究》2016 年第 4 期。

17. 张海燕："家事诉讼证据规则的反思与重构"，载《政治与法律》2018 年第 11 期。

18. 段文波："我国民事自认的非约束性及其修正"，载《法学研究》2020 年第 1 期。

19. 孙笑侠："论司法多元功能的逻辑关系——兼论司法功能有限主义"，载《清华法学》

2016 年第 6 期。

20. 于明："晚清西方视角中的中国家庭法——以哲美森译《刑案汇览》为中心"，载《法学研究》2019 年第 3 期。

21. 巫若枝："三十年来中国婚姻法'回归民法'的反思——兼论保持与发展婚姻法独立部门法传统"，载《法制与社会发展》2009 年第 4 期。

22. 朱明哲："毁家建国：中法'共和时刻'家庭法改革比较"，载《中国法律评论》2017 年第 6 期

23. 白中林："亲属法与新社会——陶希圣的亲属法研究及其社会史基础"，载《社会学研究》2014 年第 6 期

24. 熊跃敏："辩论主义：溯源与变迁——民事诉讼中当事人与法院作用分担的再思考"，载《现代法学》2007 年第 2 期。

25. 张翔："论家庭身份的私法人格底蕴及其历史演变"，载《法律科学（西北政法大学学报）》2011 年第 2 期。

26. 雷春红："婚姻家庭法的定位：'独立'抑或'回归'——与巫若枝博士商榷"，载《学术论坛》2010 年第 5 期。

27. ［英］西蒙·休斯（Simon hughes）、爱德华·蒂姆普森（Edward Timpson）："英国家事司法的发展前景"，唐豪臻译，载《中国应用法学》2017 年第 5 期。

28. 陈玉玲："德国亲子法视野下的婚生子女的否认——兼论对我国立法的启示"，载《时代法学》2011 年第 2 期。

29. 侯明明："中国司法回应社会的方式、策略及其风险与出路"，载《法商研究》2020 年第 1 期。

30. 董昊霖："诉讼标的相对论：以程序保障论为视角"，载《当代法学》2019 年第 2 期。

31. 张卫平："诉讼请求变更的规制及法理"，载《政法论坛》2019 年第 6 期。

32. 郭美松："人事诉讼中传统当事人适格理论之嬗变——兼析检察官以当事人身份参与人事诉讼"，载《西南民族大学学报（人文社科版）》2009 年第 6 期。

33. 汤鸣："家事纠纷法院调解的范围与限度——基于比较法的分析"，载《南京航空航天大学学报（社会科学版）》2015 年第 2 期。

34. 曹慧婷："德国家事事件非讼化的发展及其启示"，载《司法改革评论》2016 年第 1 期。

35. 陶建国："德国家事诉讼中子女利益保护人制度及其启示"，载《中国青年政治学院学报》2014 年第 1 期。

36. 曾琼："婚姻家事案件对诉讼程序的特殊需求"，载《湖北社会科学》2009 年第 6 期。

37. 刘君博："家事第三人撤销之诉案件审理的实体与程序——首例第三人撤销之诉公报案例评释"，载《法律适用（司法案例）》2017 年第 8 期。

38. 杜万华："论深化家事审判方式和工作机制改革"，载《中国应用法学》2018 年第 2 期。

39. 刘敏："论新时代中国家事诉讼法学的建立和发展"，载《法治现代化研究》2018 年第 4 期。

40. 齐凯悦："论英国家事审判改革中的儿童程序参与及对我国的启示"，载《甘肃政法学院学报》2017 年第 6 期。

41. 赵蕾："问题、案例与程序：家事非讼事件的类型化研究"，载《云南大学学报（法学版）》2014 年第 4 期。

42. 王葆莳：" '儿童最大利益原则' 在德国家庭法中的实现"，载《德国研究》2013 年第 4 期。

43. 罗冠男："近现代意大利家庭法的发展阶段与借鉴——从与中国比较的角度"，载《政法论坛》2018 年第 6 期。

44. 赵秀举："家事审判方式改革的方向与路径"，载《当代法学》2017 年第 4 期。

45. 伊涛："家事审判的智慧输入与人伦资源的重组"，载《山东社会科学》2019 年第 6 期。

四、学位论文类

1. 汪维佳："通过私法的治理——近代以来我国政治秩序推进与家庭法的变迁"，浙江大学 2015 年博士学位论文。

2. 郭美松："人事诉讼程序研究"，西南政法大学 2005 年博士学位论文。

3. 穆红琴："山西省永济县家事审判实践变迁及启示"，华东政法大学 2012 年博士学位论文。